吕思勉历史编纂学研究论稿

朱慈恩 著

上海古籍出版社

图书在版编目(CIP)数据

吕思勉历史编纂学研究论稿 / 朱慈恩著. —上海：
上海古籍出版社,2022.7
ISBN 978-7-5732-0325-0

Ⅰ.①吕… Ⅱ.①朱… Ⅲ.①吕思勉-历史编纂学-
研究 Ⅳ.①K062

中国版本图书馆 CIP 数据核字(2022)第 111532 号

吕思勉历史编纂学研究论稿

朱慈恩 著

上海古籍出版社出版发行

(上海市闵行区号景路 159 弄 1-5 号 A 座 5F 邮政编码 201101)

(1) 网址：www.guji.com.cn

(2) E-mail：guji1@guji.com.cn

(3) 易文网网址：www.ewen.co

上海颛辉印刷厂有限公司印刷

开本 890×1240 1/32 印张 9.5 插页 2 字数 221,000
2022 年 7 月第 1 版 2022 年 7 月第 1 次印刷
ISBN 978-7-5732-0325-0

K·3184 定价：52.00 元

如有质量问题,请与承印公司联系

"新旧中西"之间的吕思勉（代序）

从二十世纪的史学实践来看，狭义的"新史学"由梁启超倡导，而广义的"新史学"已经发展出各种不同的类型。受梁氏影响，为数不少的史学家继续着梁氏的设想并用之于史学实践。吕思勉（1884—1957）自言：他的思想，受梁氏的"影响实最深，虽父师不逮也"①。但他的史学与梁氏的设想有同有不同，与"中研院"史语所的治史模式也有相当的差异。他的治史，很难归入现代史学史的某家某派，毋宁说他是二十世纪"新史学"中特立独行而做出重大成绩的史学大家。

一

严耕望曾说：吕思勉的史学是建筑在国学基础上，然而他的治史旨趣并不保守，并以他用白话文来撰写中国通史和赞同马克思以经济为社会基础之说为例来说明这一点。② 这是很有见地的看法。事实上，吕思勉的史学观念非但不保守，还颇得风气之先。早在二

---

① 吕思勉：《三反及思想改造学习总结》，《吕思勉全集》第 12 册，上海：上海古籍出版社，2015 年，第 1221 页。

② 严耕望：《怎样学历史——严耕望的治史三书》，沈阳：辽宁教育出版社，2006年，第 199 页。

十世纪二十年代,吕思勉就接触了马克思的学说,当时他在沈阳高等师范任教,所撰《士之阶级》(演讲稿)、《沈游通信》《南归杂记》等文章,都肯定唯物史观的经济分析方法。他说:"非难唯物史观者,谓其但取经济的原因,而置他原因于不顾,非也。社会现象,本唯一而不可分,曰某某现象云者,特为研究之方便,强划其一部分而为之名云耳。其本体既唯一而不可分,则任取其一部分,但能研究深切,皆足以见其全体。所谓'一多相容'也。"①他又说:"非意识决定生活,实生活决定意识。斯言也,无论受若何之非难,然终含有甚多之真理者也。原非谓人之行动,物质而外,别无支配之力。然物质之力终甚大,且更语其精微。"②他向青年学生介绍"研究历史的方法",也强调"马克思以经济为社会的基础之说,不可以不知道"③。他的历史著述,极注意社会经济方面的状况,通史及断代史的内容编次均是先社会经济,次政治制度,最后是学术文化,读史札记也有不少社会经济方面的条目,这都是受"经济为社会基础"观念的影响。

　　吕思勉也是较早注意西方社会学并提倡运用社会学方法来研究史事的学者。他认为:现代"治史学第一要留意的,就是社会学了!"④"史学是说明社会之所以然的,社会的方面很多,从事于观察的,便是各种社会科学……所以各种社会科学,实在是史学的根基,而尤其社会学。因为社会是整个的,所以分为各种社会科学,不过因一人的能力有限,分为各方面观察,并非其事各不相干,所以不

---

① 吕思勉:《南归杂记》,《吕思勉全集》第11册,第221页。
② 吕思勉:《士之阶级》,《吕思勉全集》第11册,第230页。
③ 吕思勉:《历史研究法》,《吕思勉全集》第18册,第71页。
④ 吕思勉:《历史研究法》,《吕思勉全集》第18册,第69页。

可不有一个综合的观察。综合的观察，就是社会学了。"①他这么
说，也尝试着这么做。他所撰的《中国社会史》，原是大学的授课讲
稿，取法于传统的"典章经制"，题为《政治经济掌故讲义》，后来按社
会学的观念做了系统的改写，扩充为农工商业、财产、钱币、饮食、衣
服、宫室、婚姻、宗族、国体、政体、阶级、户籍、赋役、征榷、官制、选
举、兵制、刑法等十八个专题。他的通史、断代史、专史，都有相当的
篇幅用来叙述社会史的内容，并运用当时的社会学理论来分析婚
姻、宗族等内容。

　　现代学者的治史，需要有观念上的更新，这是吕思勉非常强调
的。他曾对新、旧史学的治史观念做过一番评述。他认为：(一)治
史偏重于政治和战争，(二)崇古之念及过于崇拜英雄，(三)借历史
以激励爱国、爱民族之心，(四)借历史以维持道德，(五)西方史学
中借历史以维护宗教等观念，都是旧时史书的弊病。② 而今日的治
史，(一)历史是进化的，(二)经济为社会之基础，(三)社会学的观
念，(四)科学与物质文明对史事的影响等，都是现代史家需要树立
的新观念。他还提出"现代史学上的格言"是"求状况非求事实"。
他说：旧史的史家"重事实"，今日的史家要重"状况"。"这不是不
重事实，状况原是靠事实然后明白的，所以异于昔人的，只是所求
者为'足以使某时代某地方一般状况可借以明白的事实'。……
求状况的格言：是重常人，重常事；常人、常事是风化，特殊的人所
做的特殊的事是山崩。不知道风化，决不能知道山崩的所以然，
如其知道了风化，则山崩只是当然的结果。"③就史学观念而论，他

---

　　① 吕思勉：《从我学习历史的经过说到现在的学习方法》，《吕思勉全集》第12册，
第750页。
　　② 吕思勉：《史籍与史学》，《吕思勉全集》第18册，第19—20、56—59页。
　　③ 吕思勉：《历史研究法》，《吕思勉全集》第18册，第63页。

与梁氏的"新史学"不尽相同,似与马克思主义史学相近,但也不尽相同。

二

　　梁启超批评传统史学虽有偏激之处,但他批评旧史学只写"君史"不写"民史",诚为不诬之论。这不是说帝王将相的史事不该写,也不是说旧史中完全没有为民众立言的史家,但总体上说,"史权为统治阶级所窃"①,著史者自觉不自觉地站在帝王将相的立场上写史。所以,"新史学"之"新",也当体现在治史立场上的"新"。王家范教授曾说吕氏的史著"平民气息较为强烈"②。"平民气息"四个字,按我的理解,就是治史所取的立场和内容重心选择,这在吕著中有非常明显的体现。

　　吕思勉的著述,但凡婚姻、财产、赋税、实业、货币、物价、衣食、住行等有关民生的内容都有详详细细的叙述,这自然与上文所说的新观念有关,但也来自他对现状的深切关注。吕思勉的治史,非常关注现状。他曾因目睹清末滥铸铜元对底层民众带来的生活惨状,下决心研究历史上的物价问题。③ 他的史著不仅留意民众的日常生活,还特别写出民众生活窘困疾苦的史实。比如,写汉初休养生息及武帝时的富庶,论者常引《史记·平准书》中的一段话(自"汉兴七十余年之间"起,至"腐败不可食"止),以说明武帝时财力充足、国富民安的状况。而吕思勉则指出此段引文之下,还有"当是之时,网疏而民富,役财骄溢,或至兼并。豪党之徒,以武断于乡曲"的记载。他说:兼并是该行之于穷困之时的,富庶之日,如何反行起兼并来

　　① 吕思勉:《中国史籍读法》,《吕思勉全集》第 18 册,第 351 页。
　　② 王家范:《史家与史学》,桂林:广西师范大学出版社,2007 年,第 166 页。
　　③ 吕思勉:《四史中的谷价》,《吕思勉全集》第 11 册,第 614 页。

呢？结合董仲舒的言论，可见所谓汉之盛世，乃是帝王将相、兼并之家之盛世；"太仓之粟陈陈相因，充溢露积于外，至腐败不可食"，却非贫民"人人得而食之矣"。"所谓富者，不过总计全国的富量，有所增加，而并不是均摊在众人头上。所以这时候的富人，固然远较天下初平时为富，穷人则还是一样；而贫富相形之间，其悬殊或者反较大乱初平时为甚。"①又如写宋朝的社会，通常都写宋时的经济如何富庶、文化如何发展、市民生活如何丰富，即使说它"积贫积弱"，也多落笔在财政、兵力方面，少有顾及民生者。吕思勉则说："从唐中叶以后，豪强兼并，地权不平均，历五代、两宋之世，始终没有能够改正。加以南渡以后，两浙的腴田，都落入富豪世家之手，收租奇重。末年，贾似道做宰相，因国用窘迫，又把贱价强买做官田，即以私租为官税。"所以"宋朝的农民是很困苦的"。②

吕著也较多地肯定一般民众的贡献和作用，以纠正旧史中过于突出帝王作用的弊病。比如论清康熙盛世的原因，吕思勉认为：清初的政治，确较明中叶以后为清明；罢免三饷，厘订赋役，减免天下的钱粮，农民颇可减轻负担，且当时的用度也比较节俭。故以国富论，除汉、隋、唐盛时，也少可比拟。但这只是史事的一个方面，另一个方面是"中国的国民，自助的力量，本来是很大的。只要国内承平，没甚事去扰累他，那就虽承丧乱之余，不过三四十年，总可复臻于富庶"③。历代的盛世，都当如是观。又如写近代外人对东北的侵略，追溯到清入关后封锁东北的远因，进而称赞内地民众不顾禁令到东北拓展的功绩。后来伪满洲国成立，国联不予承认，就是因为东北的居民绝大部分都是汉人。所以，东三省的不失，靠的就是

①　吕思勉：《中国社会变迁史》，《吕思勉全集》第 13 册，第 484—485 页。
②　吕思勉：《初中标准教本本国史》，《吕思勉全集》第 21 册，第 273、272 页。
③　吕思勉：《复兴高级中学教科书本国史》，《吕思勉全集》第 20 册，第 379 页。

民众"天然拓展之力"①。

历史研究，离不开是非得失的评判，对此，吕著多站在民众的立场，以民众的利益为评判的准绳。比如，他论晚唐之役法说：力役是征收人民的劳力。人民所最缺乏的是钱，次之是物品。至于劳力，则农家本有余闲，但使用之不失其时，亦不过于苛重，即于私人无害，而于公家有益。（晚唐）之所以役民者，并非古代的力役之征，而是庶人在官之事。古代的力役之征，如筑城郭、宫室，修沟渠、道路等，都是人人所能为的；而且其事可以分割，一人只要应役几日，自然不虑其苛重了。至于在官的庶人，则可分为府、史、胥、徒四种。此等事务，是不能朝更暮改的。从事其间的，必须视为长久的职业，不能再从事私人的事业。所以"晚唐以后的役法，其厉民却是最甚的"②。他对制度的评价如此，对人物的评价也是如此。如梁太祖朱温，因他之篡皇位、杀无辜，历代史家对他都无好评。然吕思勉则说：梁太祖的私德，是有些缺点的，所以从前的史家，对他的批评，多不大好。然而私德只是私德，社会的情形复杂了，论人的标准，自亦随之而复杂，政治和道德、伦理，岂能并为一谈？就篡弑，也是历代英雄的公罪，岂能偏责一人？老实说：当大局阽危之际，只要能保护国家、抗御外族、拯救人民的，就是有功的政治家。当一个政治家要尽他为国为民的责任，而前代的皇室成为其障碍物时，岂能守小信而忘大义？在唐、五代之际，梁太祖确是能定乱和恤民的。③

就变"君史"为"民史"而言，吕著可说是梁氏"新史学"的具体实践。吕思勉曾说："大凡一个读书的人，对于现实社会，总是觉得不满足的，尤其是社会科学家，他必先对于现状，觉得不满，然后要求

————————

①　吕思勉：《白话本国史》，《吕思勉全集》第 1 册，第 478—479 页。

②　吕思勉：《吕著中国通史》，《吕思勉全集》第 2 册，第 107 页。

③　吕思勉：《吕著中国通史》，《吕思勉全集》第 2 册，第 322 页。

改革；要求改革，然后要想法子；要想法子，然后要研究学问。若其
对于现状，本不知其为好为坏，因而没有改革的思想；又或明知其不
好，而只想在现状之下，求个苟安，或者捞摸些好处，因而没有改革
的志愿，那还讲学问做什么？"①吕思勉的这番话，应该也是"新史
学"的共同目标；而传统史学中的"经世致用"，也有与"新史学"相符
合的精神。

三

梁启超在"新史学"的讨论中，曾设想过一种新"通史"的体例，
即以"载记""年表""志"和"纪传"四体配合而组织成一种新的综合
体裁。② 一生深受梁氏影响的吕思勉，在史书体裁的选择上却没有
尝试梁氏的这个设想。关于史书体裁及编撰的方式，吕思勉有自己
的做法。

读过吕著的都会发现，他的著述常常将政治史与文化史分为两
阕来叙述。如他的四部断代史(即《先秦史》《秦汉史》《两晋南北朝
史》《隋唐五代史》)，都分上下两册，上册叙政治史，下册叙文化史。
这种内容上的安排，是受传统史书的影响。吕思勉认为：马端临
《文献通考·总序》将历代史籍记载的重心分为"理乱兴亡"和"典章
经制"，很可代表从前史学家的见解。这虽是旧时史家的观念，但今
日撰史仍有借鉴参考的价值。他说："理乱兴亡一类的事实，是随时
发生的，今天不能逆料明天。典章经制，则为人预设之以待将来的，
其性质较为持久。所以前者可称为动的史实，后者可称为静的史

---

① 吕思勉：《从我学习历史的经过说到现在的学习方法》，《吕思勉全集》第 12 册，
第 750 页。

② 关于梁启超的新综合体的设想及价值，可参见白寿彝《中国通史》的论述，上海人
民出版社 1989 年版，第 309—310 页。

实。史实确乎不外这两类，但限其范围于政治以内，则未免太狭了。”尤其是“典章经制”的内容，要扩充到现代的文化史范围。“文化的范围……综合有形无形的事物，不但限制人的行为，而且陶铸人的思想。在一种文化中的人，其所作所为，断不能出于这个文化模式以外，所以要讲文化史，非把昔时的史料，大加扩充不可。”①所以，他的通史②和几部断代史著述，都分“理乱兴衰”和“典章经制”两大块，并加以扩充。“理乱兴亡”扩充为广义的政治史（包括历代王朝与周边民族的关系、中外关系等），“典章经制”扩充为文化史，内容范围有很大的扩展。③

旧史的“典章经制”，基本上限于沿革性的叙述，其视野比较狭窄，角度相对单一。吕思勉将传统的“典章经制”改造为文化史的专题研究，所呈现的历史画面就不一样了。比如《秦汉史》“秦汉时人民生活”中的“交通”一节④，共二十个自然段，每一个自然段可拟一个小标题，它们是：（一）乘车为体制起见；（二）畜牛者多于马，民间驾车、官家运输多用牛；（三）宫中用辇；（四）民间多用驴；（五）国家奖励民间养马；（六）汉之马政；（七）汉道路之修治；（八）汉时边方之道；（九）汉时道旁植树；（十）前后汉驿法一大变；（十一）私

---

① 吕思勉：《吕著中国通史》，《吕思勉全集》第2册，第11—12页。类似的论述，参见他的《历史研究法》和《史籍与史学》，《吕思勉全集》第18册，第10、54—55页。

② 即《吕著中国通史》。

③ 如《秦汉史》下册的文化史部分，设8章47小节：社会组织分昏制、族制、户口增减、人民移徙、各地风气；社会等级分豪强，奴、客、门生、部曲，游侠，君臣之义，士大夫风气变迁；人民生计分訾产蠡测、豪富、地权不均、禁奢之政、官私振贷；实业分农业、工业、商业、钱币；人民生活分饮食、仓储、漕运、籴粜、衣服、宫室、葬埋、交通；政治制度分政体、封建、官制、选举、赋税、兵制、刑法；学术分学校、文字、儒家之学、百家之学、史学、文学美术、自然科学、经籍；宗教分祠祭之礼、诸家方术、五德终始之说、图谶、神仙家、道教之原、佛教东来等专题。参见《吕思勉全集》第4册。

④ 吕思勉：《秦汉史》，《吕思勉全集》第4册，第421—433页。

家可置驿;(十二)邮驿;(十三)烽燧;(十四)汉时传舍;(十五)亭传之置;(十六)关梁;(十七)传信于郡国以符;(十八)水运与海运;(十九)汉世之造船;(二十)僻陋之地少舟船。① 这样的叙述,就不是传统的"典章经制"的翻版了。所以,有论者称"交通"一节,是"空前的对秦汉交通的集中论述,在中国交通史的学术史上是应当占有特别重要的地位"②。

　　不过,将"理乱兴亡"与"典章经制"分开叙述,只是史书撰写的阶段性成果。吕思勉指出:必须拥有详确的史料,对各方面的历史发展情况作出正确的概况和分析,才能用章节体裁以融会贯通的方式加以叙述。③ 依据吕思勉的遗稿和他的各种著述,我们可以推想其治史的大致程序:首先对史料进行分门别类的摘录汇编,即一边读史书(史料),一边按照自己设计的史著结构,将史料分门别类地摘录、归类,这是史料汇编性的工作。然后将归类的史料,进行读史札记式的考证。因为史料的收集是有门类有系统的,故读史札记式的考证也是成系统的。这种长编性质的札记,为他下一步撰史做好了准备。所以,第三步工作便是以系统的札记为基础来撰写论文和专著。到了这一步,就可以章节体裁进行融会贯通地叙史了,如他的《白话本国史》。总之,读史料,写札记,做长编,这种明显的本土特色的治史模式,也体现出一种"有理想、有计划""冷静、客观、勤力、谨慎、有责任感的科学工作者"④的态度和精神,而与传统时代"才子文士"式的治学迥然有别。⑤

---

① 吕思勉:《秦汉史》,《吕思勉全集》第 4 册,目录第 4—6 页。
② 王子今:《吕思勉及其〈秦汉史〉》,吕思勉:《秦汉史》,北京:商务印书馆,2010年,第 898 页。
③ 杨宽:《吕思勉的史学研究》,《中国史研究》1982 年第 3 期。
④ 严耕望:《怎样学历史——严耕望的治史三书》,第 202 页。
⑤ 严耕望:《怎样学历史——严耕望的治史三书》,第 116 页。

　　"新史学"的实践,已经走过一百多年了。然而何谓"新史学"?其主要标识是什么?似乎还有思考的必要。采用新材料,运用新方法,固然是"新"。但治史观念和治史立场上的"新",应该也是重要的标识。至于上文论述的吕思勉治史中的"经世致用"与史书编撰法中的本土特色,这是不是"新史学"的必要因素呢?我们不是想复制一种外来的"新史学"(如美国鲁滨孙式的、法国年鉴学派的"新史学"),而是要建成中国式的"新史学",那么,这些传统史学中的似旧实新的东西,仍须继承甚至发扬光大。如果这样的分析不误,那么吕思勉在现代史学史上的地位和贡献也就明白了。

张耕华

目　录

第一章　吕思勉历史编纂的史观、史料和史法研究

　　严耕望在《治史三书》中推崇吕思勉、陈垣、陈寅恪、钱穆为近代史学四大名家。2015 年，上海古籍出版社出版了《吕思勉全集》共 26 卷，对吕思勉的著作重新分类编排，又在此前《吕思勉文集》的基础上进行增补，所有著述均重新校正，是目前关于吕思勉著作的最好版本。①《吕思勉全集》的出版为全面系统地研究吕思勉提供了充分的条件。

　　本书以吕思勉的"历史编纂学"为题，需要先辨析一下"编撰"和"编纂"。张舜徽曾把中国古代文献分为"著作""编述"和"钞纂"三类："综合我国古代文献，从其内容的来源方面进行分析，不外三大类：第一是'著作'，将一切从感性认识所取得的经验教训，提高到理性认识以后，抽出最基本最精要的结论，而成为一种富于创造性

---

　　① 吕思勉的大多数史学论著在民国时期就已出版，有的还多次重版。从二十世纪八十年代开始，上海古籍出版社影印了《先秦史》《秦汉史》《两晋南北朝史》《隋唐五代史》4 种，其他出版社也出版、重印了一些吕思勉的著作。从 2005 年开始，上海古籍出版社系统地出版了"吕思勉文集"18 种，是当时最好的吕著合集，但也多少存在诸如收录不全、编排不当、遗漏删改等问题。本书所用即为上海古籍出版社 2015 年《吕思勉全集》本。因《吕思勉全集》对所收各书以及文章的各种版本和原始出处均有标注，本书除了论述需要外不再标明。个别之处涉及吕著的其他版本，文中均有具体的说明。

的理论,这才是'著作'。第二是'编述',将过去已有的书籍,重新用新的体例,加以改造、组织的工夫,编为适应于客观需要的本子,这叫做'编述'。第三是'钞纂',将过去繁多复杂的材料,加以排比、撮录,分门别类地用一种新的体式出现,这成为'钞纂'。"①"著作"是原创性的作品,"编述"和"钞纂"都是在原创作品的基础上次生的。《史记·太史公自序》云:"余所谓述故事,整齐其世传,非所谓作也,而君比之于《春秋》,谬矣。"这当然是司马迁的自谦之词,但也说明"述"和"作"是有区别的。严耕望认为"有几个人能像他(指吕思勉)那样抄书,何况他实有很多创见,只是融铸在大部头书中,反而不显露耳"②。严耕望肯定吕思勉的著作"有很多创见",但在形式上还是"抄书",所以本书即用"编纂"。

余英时提出史料派和史观派的对立是中国近代史学的重要线索之一。但是史料和史观不是非此即彼、截然对立的,吕思勉就是一个很典型的例子。吕思勉对史料的掌握是非常全面的,在考据方面的成就也是非常突出的。吕思勉曾以《礼记·礼运》为基础详细地阐发关于大同的历史哲学,成为其史书编纂的指导思想。

第一节 吕思勉的历史哲学

历史哲学通常指高度抽象思辨的,并且具有普遍性的历史理论,能够涵盖人类的一切历史。历史哲学是从全部历史的考察归纳而来,同时又可以解释各种人类文明的历史。有些历史理论的思辨性、普遍性很有限,但亦以历史哲学为名。所以本节从比较宽泛的

---

① 张舜徽:《中国文献学》,武汉:华中师范大学出版社,2004 年,第 25 页。
② 严耕望:《治史三书》,上海:上海人民出版社,2008 年,第 180 页。

概念来论述吕思勉的历史哲学,即对某种文明的起源、发展、动力、过程以及归宿等做抽象化概括的,亦以历史哲学为名。

一

自达尔文提出进化论以后,斯宾塞将生物学中的进化论用于人类社会,创立了社会达尔文主义,突出强调进化论中适者生存的竞争理念。1897 年严复翻译《天演论》使得社会达尔文主义在中国广为传播。

二十世纪以来中国的历史哲学大多都深受进化论的影响,尤其是进化论中弱肉强食、适者生存的观点更是带来了不少的消极因素。吕思勉就批评道:"人类奉生之具,出于天然。而天然之物,非劳力不能得。所以为人类计:'本应协力以对物,不该因物而相争。'因为因物而相争,即对物之力薄了。然而人类之生存,有一部分,实建筑于剥削他人之上。此事究极言之,实无异于人相食。在人相食的世界中,自然是强者为刀俎,弱者为鱼肉。"①人与人之间应该是协作关系而非竞争关系。在此理念的支配下,吕思勉以人类大同为目标,主要在《大同释义》《中国社会变迁史》②等著作中建构了其历史哲学体系。

在吕思勉看来,一般社会学上所讲的社会经济进化,是从渔猎到畜牧,再从畜牧到农耕,但是也需视乎其地。草原之民由渔猎进到畜牧,山林川泽之民则进为农耕,中国即是由渔猎而到农耕。"三

---

① 吕思勉:《中国社会变迁史》,《吕思勉全集》第 13 卷,上海:上海古籍出版社,2015 年,第 423 页。

② 《大同释义》曾以《孔子大同释义》为名刊于 1935 年《文化建设》月刊第 1 卷第 10、11 期,《中国社会变迁史》系吕思勉将《大同释义》改写为白话文稿。本文在征引时主要以白话文稿《中国社会变迁史》为主,必要时亦征引《大同释义》。

皇"以燧人、伏羲、神农较为可信,有巢、燧人、伏羲都是渔猎时代的氏族首领。很明显,神农是农业时代的首领,由燧人至神农是渔猎社会到农耕社会的和平过渡。农耕社会内部组织合理,相互关系平和,孔子所谓的大同社会就是指以农业为基础的原始农耕的共产小社会。

神农之后,以炎帝、黄帝为首的部族发生了剧烈的斗争,黄帝部族为游牧之族,与炎帝之农耕部族发生冲突,大抵前者于河北之地适于畜牧,后者于河南之地适于农耕,"一旦发生冲突,爱好平和的农耕之民,自非乐于战斗的游牧之民之敌……自为游牧之民所征服,于是发生阶级。上级之人,剥削下级的人以自养。其善者,不过小康之治。并此而不能维持,就入于乱世了。世运的升降,大略如此"①。炎、黄二族的阪泉、涿鹿之战,是大同转至小康的标志性事件,是"野蛮猎牧之民,克文明农耕之民者也","炎黄之际,盖古史之一大转折矣"。②

由黄帝开始进入了小康时代,五帝为黄帝、颛顼、帝喾、尧、舜,夏代与尧舜相差无几,此后殷因于夏,周因于殷,都是小康社会。小康社会必有一部分保存了大同之旧,吕思勉认为主要原因有四:征服者没有彻底破坏原有的社会组织;淫佚之习非一日可致;征服者具不好利的美德和仁心;慕悦被征服者的文化,就如同北魏孝文帝一般。小康社会中井田之制仍存,山泽公有,设官制造为供民用,商业作为共产的异己力量行诸国外,除少数人外并无贫富之差。在小康时代,"除多顶着一个偶像在头上,多养活一个寄生虫在身上外,其余还无甚大苦;病象不甚利害,总算还算个准健康

---

① 吕思勉:《中国社会变迁史》,《吕思勉全集》第 13 卷,第 433 页。
② 吕思勉:《大同释义》,《吕思勉全集》第 13 卷,第 376 页。

体"①。三皇、炎帝大同时代颇类似文明程度较高的希腊时代,黄帝时代则类似罗马时代,但是征服者保留吸收了被征服者的文化遗产。

大同时代是天下为公,由小康入乱世则公被私取代,"公心,是己欲立而立人,己欲达而达人","私心,是只顾自己不顾别人的,不但不肯损己以利人,还要损人以利己"。② 人心中公心和私心的交战,正如同善恶两念交战,便成为历史发展的动力。

至周秦则降为乱世。吕思勉认为从小康到乱世的主要原因有二:一是征服者征服日久,总不免归于腐化,奢侈堕落使其榨取日甚,破坏了被征服社会内部原有的社会组织;二是社会分工和商品交易的发展,人自为谋取代了人与人之间的互助合作。从小康到乱世,由此风俗大变,人心大变。大同小康时代淳厚质朴的社会风气被追名逐利、枉道屈行取代,法律、宗教等成维系社会关系的纽带。

综上所述,将吕思勉的历史哲学体系做一简要的概括,与《礼记·礼运》相对应,如下表所示:

表 1　吕思勉的历史哲学体系

三世	主要特征	历史时代	经济状况	社会风俗
大同	人不独亲其亲,不独子其子……货恶其弃于地也,不必藏于己。力恶其不出于身也,不必为己。……	三皇炎帝	由渔猎而至农耕,以农耕为主的公有制经济	人对物残酷而对人平和,人与人协力对物而无因物相争

① 吕思勉:《中国社会变迁史》,《吕思勉全集》第 13 卷,第 454 页。
② 吕思勉:《中国政治思想史十讲》,《吕思勉全集》第 16 卷,第 395 页。

（续表）

三世	主要特征	历史时代	经济状况	社会风俗
小康	天下为家，各亲其亲，各子其子……礼义以为纪，以正君臣，以笃父子，以睦兄弟，以和夫妇……	五帝夏商西周	游牧民族征服后接受了农耕文化，公有制依然十分浓厚	出现阶级分化，上下之间冲突并不剧烈。在上者以宽仁为美德，在下者以效忠为美德，上下合力维系人与人之间的关系
乱世		西周以降	商业与货币资本兴起，原始公有制彻底瓦解	上下对立关系日趋尖锐化。言利成为普遍的心理，利益取代了人与人之间相亲相爱的关系

　　自进入乱世以后，各家各派都有改革主张，"其时去大同之世未远，离小康之世则更近；虽说已入于乱世，而大同小康时代的遗迹，总还有若干保留的。……社会本不是如此坏的；而当前的社会，只是一个变态，总可以设法使之恢复常态的……当时的学者，对于社会改革问题，当然可有较彻底的意见了"①。道家、农家、儒家、法家、墨家等纷纷提出改革主张，在程度上有差异，但目标却是一致的。

　　先秦诸子的改革主张，到了汉代最终集中于王莽身上，王莽的各项措施反映了先秦诸子社会改革的共同愿望，所以王莽的失败不是其个人的失败，而是先秦以来谈社会主义和改革政策的人公共的失败，"因为王莽所行的，都是他们所发明的理论，所主张的政策，在

---

①　吕思勉：《中国社会变迁史》，《吕思勉全集》第13卷，第475页。

王莽不过见诸实行罢了。从此以后,大家知道社会改革,不是件容易的事,无人敢作根本改革之想。如其有之,一定是很富于感情,而不甚了解现状之人,大家视为迂阔之徒,于社会上丝毫不占势力。'治天下不如安天下,安天下不如与天下安',遂成为政治上的金科玉律。久而久之,就并社会本来是好的而亦忘掉,以为本不过如此,视病理为生理了"①。

秦汉之世颇有回到大同小康的主张,但东汉以后社会就无太大变动,一直延续至今,"我们所求明白者,为自大同时代直至现在的情形;我们心所向慕而薪其实现者,则尤在大同时代"②。吕思勉的历史哲学从探求本源到拯救时弊,陈古以鉴今,是为解决当时的社会问题并进而求得其大同理想。

吕思勉反复申说大同学说不是孔子的向壁虚构,而是实有其事,《桃花源记》便是典型的例子。吕思勉对《桃花源记》做了比较研究,将《桃花源记》与《经世文编》所载乔光烈《招垦里记》相对比,"便知道渊明所言,全系事实了"③。吕思勉举上海《申报》1933 年 11 月 15 日所载山东费县通信,所记的亦是一与世隔绝的社会组织。④ 又举报纸上记载山东有一海岛,居民自给自足,且认为其时尚在明朝。吕思勉一再强调历史学研究有赖于社会学,"稍涉社会学家言,乃知此类材料之可贵"⑤,以社会学的原理来解释桃花源、招垦里之

---

① 吕思勉:《中国社会变迁史》,《吕思勉全集》第 13 卷,第 491 页。
② 吕思勉:《中国社会变迁史》,《吕思勉全集》第 13 卷,第 420 页。
③ 吕思勉:《论学丛稿·民族英雄盖吴的故事》,《吕思勉全集》第 11 卷,第 560 页。
④ 吕思勉:《中国社会变迁史》,《吕思勉全集》第 13 卷,第 495 页。
⑤ 吕思勉:《史籍选文评述·乔光烈〈招垦里记〉》,《吕思勉全集》第 18 卷,第 187 页。陈登原《国史旧闻》"桃花源记"条举王维《桃源行》赵松谷注、刘义庆《幽明录》、黄宗羲《两异人传》以及《广阳杂记》《鲒埼亭集》中均有类似的相关记载。(参见陈登原:《国史旧闻》,《陈登原全集》第 6 卷,杭州:浙江古籍出版社,2015 年,第 466—467 页)

类的社会组织。臻郅大同不是意味着走如《桃花源记》《招垦里记》一般的回头路。世界上不同的国家、地区、民族要至大同之境，正是"天下同归于殊途，一致而百虑"，没有整齐划一的模式可循。就中国而言，吕思勉仅提三端：中国的社会革命当注重于农民；社会经济以地域为单位加以重新整合；将消费限制于一定的范围之内。吕思勉的主张都是"以为历史上的陈迹，仍足供今日谈社会革命的人的参考的。自然，社会改革之法，不尽于此三端"①。吕思勉理想中的大同世界，是"人与人之利害，全然一致。人对物，亦因抗争之力强了，只蒙其利而不受其害。因此，人与人，固然惟是互相亲爱，即其对物，亦无复憎恶、畏怖之念。……人就只有快乐，更无苦痛。而此等境界，又系人类觉悟之后，以自力所造成，并非靠偶然的幸运而遇到，所以能保其永不退转。夫是之谓大同"②。

第一次世界大战以后，主张以协作代替竞争者为数不少，如克鲁泡特金之互助论即是。韦尔斯《世界史纲》中以人类大同为全书结尾，在中国得到许多学者的积极回响，马克思主义的科学社会主义学说在中国更是广泛传播，正说明了人类大同的思想在中国有着良好的传播、接受环境。

二

吕思勉历史哲学的建构，受康有为的影响，以大同学说为基础，糅合了晚清以来的公羊三世说，结合了西方民族学、社会学的研究成果，并且还加入了马克思主义唯物史观的理论。

先秦时代的历史哲学，主进化论、循环论、退化论者皆有，《越绝

---

① 吕思勉：《中国社会变迁史》，《吕思勉全集》第13卷，第501页。
② 吕思勉：《中国社会变迁史》，《吕思勉全集》第13卷，第502页。

书》所记风胡子四时说，以石、玉、铜、铁之兵器为划分时代之标志，《韩非子·五蠹》以上古、中古、近古为三个阶段，都属进化论，邹衍所创五德终始说则为循环论，《礼记·礼运》中之大同小康说将原始公有制至私有制视为退化，并且加上了一些想象的情节，将以原始公有制为基础的大同时代加以理想化。

《礼记·礼运》的由大同入小康，再入乱世，显然是一种历史退化论，而历史退化论要赋予其积极意义，则需要与公羊三世说结合。

《公羊传》是对孔子《春秋》微言大义的解释，至何休则将《公羊传》中的"三世异辞"系统阐发为公羊三世说，建构了以历史进化为特征的，以"据乱世—升平世—太平世"为社会发展阶段的历史哲学。晚清公羊学复兴，至康有为将公羊三世说与《礼记·礼运》中的大同小康相结合，并且与西方的政治理论相贯通，提出了改变中国封建专制政体，经由君主立宪最终实现民主政治的学说，作为推动维新变法的理论纲领。① 大同小康与公羊三世，在时人看来就是一体的，即"《礼运》一篇，义与《春秋》相表里"②。

吕思勉的历史哲学应直接承袭康有为。根据吕思勉自己的说法："世之自谓护卫孔教，而转使孔道蒙垢，贻害于世者，实由执小康之义；其至所执者，为治乱世之法，有以致之。欲拯其弊，非昌明大同之说不可。此义惟康南海最明，然皆以空言说经，不知社会变迁之情状，固无以使人起信。"③吕思勉曾述其思想经三变，初时笃信康梁，即"为大同之境及张三世之说。以为人莫不欲善，世界愈变必愈善；既愈变必愈善，则终必至于大同而后已"。此后虽接受了西方

①　陈其泰：《清代公羊学》，上海：上海人民出版社，2011年，第230页。
②　郑沅：《礼运大道之行一节释义》，《中国学报》第4期，1913年2月，第18页。
③　吕思勉：《大同释义》，《吕思勉全集》第13卷，第413页。

新思想,但是"大同之希望及张三世之说,此时并未放弃,不过不暇作深远之思考,但以改善政治,为走向大同之第一步耳"①。清代中后期兴起了常州今文经学派,康有为要超越常州今文经学的范围,从托古转向改制。吕思勉的历史哲学主要建立在康有为今文经学的基础上,认为"康南海托古改制之论……轻事重言"②,因此其所详论者,正是为康有为所忽略的"社会变迁之情状"。

吕思勉所说的由大同入小康,是指社会组织的退化,并不是否定物质文明的进步。正如吕思勉所言:"东周以降,种殖、制造之技日精,通工易事之风亦益盛,则斯民之生计渐舒,户口日增,垦拓日广,道途日辟,风尚日同,则可以兴大师,则可以造利兵,则可以远征,则可以久驻。生事之演进,无一非军事、政事之先驱,而统一之业,与资本之昌骈进矣。"③吕思勉始终认为,孔子所说的大同在历史上是实有其事,"孔子治天下之法,具于《春秋》。《春秋》大义,在张三世。三世者:曰乱世,曰升平世,曰大平世,实与《礼记·礼运》大同、小康之义合。孔子谓世运之降,由大同入小康,由小康入乱世;欲逆而挽之,进于升平,更进于大平也。……若将大同之义,阐而明之,则其广大精微,而无所偏党,尚有非今人所能逮者,绝无陈旧不适于时之消矣。然大同之义,非可以空言释,非根据社会科学,阐明孔子思想之所由来"④。

《公羊传》中的"三世异辞",即所见异辞、所闻异辞、所传闻异辞,就是孔子所亲见的时代、所亲闻的时代和所传闻的时代,孔子所

---

① 吕思勉:《论学丛稿·三反及思想改造学习总结》,《吕思勉全集》第 12 卷,第 1221—1222 页。

② 吕思勉:《读史札记·禅让说平议》,《吕思勉全集》第 9 卷,第 56 页。

③ 吕思勉:《隋唐五代史》,《吕思勉全集》第 7 卷,第 2 页。

④ 吕思勉:《大同释义》,《吕思勉全集》第 13 卷,第 373 页。

见的时代自然是乱世,所闻与所传闻的则分别对应小康和大同。从社会组织来看,《礼记·礼运》是大同退化至小康,再至乱世,孔子所在乱世,作《春秋》是"欲逆挽世运,跻于郅隆",再由据乱世至升平世,复至于太平世。这样就赋予了大同小康以社会进化上的积极意义。

晚清时马克思主义已经传入中国。吕思勉对唯物史观的最早接触大约是在二十世纪初,至二十年代已经明确表示对唯物史观的赞同,尤其是唯物史观从经济角度来解释社会历史现象。①

在二十世纪二三十年代的中国社会史论战中,马克思主义的社会形态理论在论战中得到了充分阐发,吕思勉接受了马克思主义社会形态理论,即认为:"人类已往之社会,大变有四:曰原始共产社会,曰奴隶社会,曰封建社会,曰资本主义社会。"②吕思勉并进一步将上述社会形态与大同、小康、乱世相对应,按照吕思勉的表述:"孔子所谓大同,即古共产之世也,其和亲康乐无论矣。封建之世,黩武之族,虽坐役殖产之民以自活,然其所诛求者,亦税赋力役而已,于所征服之族社会固有之组织,未尝加以破坏也。以力胁夺,所得究属有限,而历时稍久,且将受所征服之族感化而渐进于文明,故封建之世,社会之规制,尚未至于大坏,犹之人体,虽有寄生之虫,犹未至于甚病,故孔子称为小康也。至资本主义既昌,则昔时之分职,悉成为获利之彰,尽堕坏于无形之中,社会遂变而为无组织,而民之生其间者苦矣。"③吕思勉的历史哲学与马克思主义社会形态理论对应如下。

① 张耕华:《吕思勉与唯物史观》,《华东师范大学学报》2013 年第 6 期,第 25—30 页。
② 吕思勉:《隋唐五代史》,《吕思勉全集》第 7 卷,第 1 页。
③ 吕思勉:《隋唐五代史》,《吕思勉全集》第 7 卷,第 2—3 页。

表 2　吕思勉历史哲学与马克思主义社会形态理论对照表

时　代	唯物史观社会形态	《礼记·礼运》
三皇、炎帝	原始共产主义社会	大同
五　帝	奴隶社会	小康
夏、商、西周	封建社会	
西周以降	资本主义社会	乱世

　　毫无疑问,大同思想与科学社会主义理论有合辙之处。但是吕思勉的历史哲学与马克思主义还是有所区别的。科学社会主义强调社会生产力的发展,消灭剥削,消除阶级对立,从而实现共产主义理想。吕思勉理想中的大同社会却并不以生产力的提高为先决条件,而是将大同社会的实现寄托于人心向善,这是一种对人性的乐观主义立场。社会进化并不仅仅是物质层面上的,还应包含人的道德情操等精神层面的内容。

　　吕思勉历史哲学的建构,最主要的就是上古到战国这一时期,而对这一时期历史现象的种种解释,有相当部分是将西方民族学、社会学①研究和中国上古文献记载相结合而做出的,而这部分的内容正是康有为的今文经学所缺乏的。

　　吕思勉根据西方民族学对初民社会的研究,以人类最初的组织是依据血缘而结合的,由血缘进而至地缘即为部落,部落又有渔猎、游牧、农耕三种。渔猎民族需要广大的土地养活少数人口,文明程度也较低,与游牧民族相争时不免败北。农耕民族文明程度较高,但是安土重迁,爱好和平,能战胜但却不能消灭游牧民族。

---

　　① 社会学主要以工业文明社会为研究对象,民族学主要以未开化民族为研究对象。吕思勉所一再强调的社会学,从严格意义上来说应该是民族学。本文对此不做区分。

游牧民族易于逃遁,却颇能乘农耕民族之隙。因此,"以斗争论,游牧民族,对于渔猎民族和农耕民族,都是很有利的"。游牧民族战胜农耕民族便可"强制他服从,勒令他纳贡。进一步,还可以侵入其部落之内,而与之同居;强制其为自己服役。如此,一个部落之内,有征服者和被征服者两个阶级对立……就成为现代国家的起源了"。①

吕思勉按照渔猎、游牧、农耕部落的区分,与上古文献中所记载的帝王如有巢、燧人、伏羲、神农对应,认为巢、燧、羲、农是位于古代山东半岛的由渔猎进化到农耕民族的各个不同时代的首领。黄帝是河北游牧部族的首领,阪泉、涿鹿之战就是游牧民族对农耕民族的征服,于是有了征服者与被征服者的阶级对立,这就是从大同而至小康之时代。显然,吕思勉对阶级对立、私有制出现和国家起源的解释,与恩格斯《家庭、私有制和国家起源》以及郭沫若等马克思主义史学家的解释还是存在很大差异的。

三

民国以来阐发孔子大同思想的不止吕思勉一人,例如 1913 年王树枬等人在北京成立世界大同学会,注重阐发"孔子之教,主于有教无类。……大同之教,亦自孔子发明,即《春秋》张三世大一统之义。非政教同化,不能跻世界于大同;非学术会通,不能致政教之同化"②。与之不同的是,吕思勉作为历史学家更多的还是要从事历史学的研究工作。历史哲学体系的建构和历史学研究的开展是并行不悖的,吕思勉的历史哲学与历史学研究存在着非常密切的

① 吕思勉:《中国政治思想史十讲》,《吕思勉全集》第 16 卷,第 397 页。
② 王树枬:《拟世界大同学会简章》,《中国学报》第 4 期,1913 年 2 月,第 4 页。

关联。

首先,吕思勉在通史、断代史编纂中,其对中国历史的分期都是按照其历史哲学体系进行的。

吕思勉认为就政治而言,秦、汉间是中国历史上的一大分界,即贵族政治到官僚政治的分界,故其四部断代史,即《先秦史》《秦汉史》《两晋南北朝史》《隋唐五代史》是从政治上进行划分。就社会而言,则新莽、东汉间是一大分界,这是从其历史哲学中得出的结论,在吕思勉的各部通史以及断代史中更是反反复复地申明分界之义:"自王莽举行这样的大改革而失败后,政治家的眼光,亦为之一变。根本之计,再也没有人敢提及。……这是中国历史上的一个大转变。"①《秦汉史》中也提到就社会组织而言,应当以新、汉之间为大界,"至新室亡,人咸知其局之不易变,或且以为不可变,言治者但务去泰去甚,以求苟安,不敢作根本变革之想矣"②。

在吕思勉的专门史著作中也有不少系对其历史哲学体系中某个部分做更为详细阐发的内容。以思想史而论,按照吕思勉的历史哲学体系,先秦是从部落到封建再到统一的时代,从社会组织看则是"因前此良好的制度逐渐废坠;人和人相互之间的善意逐渐消失;而至于酿成病态。于是有所谓政治者,起而对治之。……于是有政治上的种种的主张而形成政治思想"③。具体来说,先秦诸子中,农家代表神农时代的思想,道家代表黄帝时代的思想,墨家代表夏禹时代的思想,儒家和阴阳家代表西周时代的思想,法家和兵家代表

---

① 吕思勉:《吕著中国通史》,《吕思勉全集》第 2 卷,第 286 页。中华人民共和国成立后吕思勉拟编中国通史,撰成了《拟编中国通史说略》《中国通史的分期》《拟中国通史教学大纲》等通史提纲,仍然是以上古至新室之末为分期,并未以当时最为通行的五种社会形态理论为中国通史分期。

② 吕思勉:《秦汉史》,《吕思勉全集》第 4 卷,第 2 页。

③ 吕思勉:《中国政治思想史十讲》,《吕思勉全集》第 16 卷,第 402 页。

东周时代的思想。吕思勉在《先秦学术概论》《中国政治思想史十讲》等专著中即按照上述认识来阐发先秦诸子的思想，"老子、许行等，欲径挽后世之颓波，而还诸皇古。孔子则欲先修小康之治，以期驯至于大同。如墨子者，则又殚心当务之急，欲且去目前之弊，而徐议其他。宗旨虽各不同，而于社会及政治，皆欲大加改革，则无不同也"①。

当然，以历史哲学指导具体的历史研究，以历史哲学作为时代划分、材料组织以及解释评论的基点，最典型的当然是马克思主义史学。早在二十世纪三十年代，周谷城在社会史论战中受到马克思主义理论的启发，用以指导其《中国通史》的编纂，"他所处理的问题与其他马克思主义者所关注的几近相同，采用的历史分期框架显然也受到了马克思主义的启发，而且广泛地运用了马克思主义的概念（尤其是阶级）"②。但是，与马克思主义史学不同的是，吕思勉从历史哲学体系的建构到中国通史的编纂，基本上都属原创性的。

其次，吕思勉的历史哲学是思辨的历史哲学，是形而上的抽象。但是与纯思辨的历史哲学不同的是，吕思勉的历史哲学中还有形而下的考证，以考证得出的结论作为其建构历史哲学的基石。

在吕思勉的历史哲学体系中，考证是为其观点服务的，例如对于伏羲，吕思勉考证出伏羲不是"驯伏牺牲"之意，更不是"取牺牲以供庖厨，食天下"，前者误以为伏羲是畜牧君长，后者更是曲解"取牺牲"之义。伏羲应取《白虎通义》中"下伏而化之，故谓之伏羲也"③之义。《易·系辞下》称其网罟以佃有渔，所以伏羲应该是渔猎时代的首领。又例如通过考证明堂制度而论证中国古代文化由渔猎而

① 吕思勉：《先秦学术概论》，《吕思勉全集》第 3 卷，第 369 页。
② ［美］阿里夫·德里克著，翁贺凯译：《革命与历史：中国马克思主义历史学的起源，1919—1937》，南京：江苏人民出版社，2005 年，第 176 页。
③ 吕思勉：《读史札记·伏羲考》，《吕思勉全集》第 9 卷，第 29 页。

至农耕。吕思勉考证明堂又称辟雍,辟雍乃水中积高之处,故明堂建筑以水环宫室,筑城凿池。古代政令皆出于明堂,政令之要义在于顺时行令,"夫顺时行令,则农业国之要义也。农耕之世,政令之枢,实沿自渔猎之世"①。中国古代传说中的三皇五帝年代久远,异说颇多,又夹杂了许多荒诞难稽之神话传说,吕思勉考证以《尚书大传》中燧人、伏羲、神农为三皇之说较为可信,三皇递嬗之间,"实在平和之中,由渔猎进化到耕稼了"②。五帝则以《史记·五帝本纪》较为可信。三皇至五帝则反映了大同降为小康的历史事实。

从总体上看,吕思勉的历史哲学是概述其大要,考证属枝节,所以在行文时大多将考证置于附注,以免正文繁芜,"全书的纲领,自然要借重于现在社会学家的成说,可是由我考据所得,亦不能谓之绝无。我虽然不敢以有学问自居;可是所读的书,也还相当;立说也还谨慎;牵强附会,是生平所不肯出的"③。吕思勉《读史札记》中之"伏羲考""有巢燧人考""神农与炎帝、大庭""炎黄之争考"诸条则有详细考证。

复次,吕思勉从其历史哲学出发,对上古的名物、制度、风俗等做出了别具一格的解释,例如对于三代的赋税制度,基本上都是根据《孟子·滕文公》"夏后氏五十而贡,殷人七十而助,周人百亩而彻,其实皆什一也"。对于贡、助、彻的解释,历代众说纷纭。吕思勉则从其历史哲学体系出发,认为贡、助、彻是由于征服民族与被征服民族融合程度的不同而采取的差异化的赋税征收方式,对此给予了独特的解释:"夏后氏对于农民所收的租税称为贡,和这一国献给那一国的礼物,名称相同。其方法,则系按几年收获的平均额,向他征

---

① 吕思勉:《大同释义》,《吕思勉全集》第 13 卷,第 376 页。
② 吕思勉:《中国社会变迁史》,《吕思勉全集》第 13 卷,第 432 页。
③ 吕思勉:《中国社会变迁史》,《吕思勉全集》第 13 卷,第 421 页。

取。……可见这时候，征服之族和被征服之族，还没有融合。到殷周时代，情形就不同了。殷代收税之法名为助，是强制人民代耕公田的。周代收税的法子名为彻，是田亩不分公私，而国家按其所入，取其十分之一。可见这时候，征服者和被征服者，已合并成一个社会了。"①《孟子·滕文公》中还有一段关于井田制的著名对话，吕思勉亦从征服者和被征服者的角度出发，论述了畦田和井田："古有畦田，有井田。井田行诸野，畦田行诸国中。故孟子说滕文公，'请野九一而助，国中什一使自赋，卿以下必有圭田'，圭田即畦田，亦受诸国中者也。国中行畦田，野行井田者？野平正而国崎岖也。古者'国主山川'，故曰'王公设险以守其国'；故曰'域民不以封疆之界，固国不以山溪之险'也。国必居山险者？征服人之族，于此屯聚自守，而使所征服者，居四面平夷之地，任耕种，出税赋焉。"②

对于大同、小康而至乱世的历史进程，吕思勉还将其与后世种种类似的现象进行比较，从比较的相似性中进一步论证其历史哲学，例如炎黄之际游牧部族对农耕民族的征服，吕思勉将其与辽、金、元、清等少数民族王朝进行比较，"征服之族，虽能征服人而吸其膏血，而自居于寄生者的地位，然而社会的组织，以及其余诸文化，则必因仍被征服之族之旧。……若把它的社会，彻底破坏，则被征服之族，成为枯腊，而征服之族，也无所施其吸取了。辽、金、元、清所以不敢大破坏汉族的社会组织，即由于此"③。文献中所载黄帝之世号称黄金时代，其文化程度之高实源于其因袭吸收了农耕民族文化。北魏孝文帝行汉化，充分证明了"古代野蛮之族，慕悦文明之族之文化，而舍己以从之"，黄帝时代的文化都系采自炎帝之族，"所

---

① 吕思勉：《中国政治思想史十讲》，《吕思勉全集》第 16 卷，第 398 页。
② 吕思勉：《大同释义》，《吕思勉全集》第 13 卷，第 382 页。
③ 吕思勉：《中国社会变迁史》，《吕思勉全集》第 13 卷，第 434 页。

采取者如是之多，其勇决，正不下于北魏的孝文帝了"。①

四

中国自晚清以来屡遭列强侵略，社会达尔文主义得以在中国广为传播。其时的很多历史哲学理论都深受社会达尔文主义的影响，最典型的即是生物史观，将自然界的生物进化与人类社会发展相配拟，构建其历史哲学体系。社会达尔文主义的核心理念即是生存竞争，将生存竞争奉为社会发展的动力。吕思勉的历史哲学一反生存竞争的理念，认为效仿西方文化实有其弊，应从中国传统文化中寻找社会臻郅之途。中国传统文化特重人与人的关系，人与人之间不应存阶级对立而应和谐相处，"中国文化，以古大同之世为其根原，故能美善如此也"②。以大同和谐取代生存竞争，《礼记·礼运》中所描绘的原始共产社会之种种，正是理想中的"和谐社会"。

《礼记·礼运》中的大同理想反映的是原始共产主义的情形，而先秦以来的改革思潮在王莽那里遭到了彻底的失败。但以后各种均贫富的思想和实践无代无之，和马克思主义相比，"前者诉于享着不均之利的人，劝他们大发慈悲，去'行不忍人之政'；后者却诉于受着不均之害的人，要他们去创造自己的命运。前者把自身的实现付于不可知之数，后者却把自身的实现认为历史的必然"。这就是马克思所说的"乌托邦式社会主义"和"科学社会主义"的差别。③ 马克思主义唯物史观从生产力与生产关系、经济基础与上层建筑互动

---

① 吕思勉：《中国社会变迁史》，《吕思勉全集》第13卷，第451页。
② 吕思勉：《大同释义》，《吕思勉全集》第13卷，第411页。
③ 张荫麟：《南宋初年的均富思想》，《张荫麟全集》下卷，北京：清华大学出版社，2013年，第1569页。

的角度来审视人类历史的进程，在历史哲学领域实现了从内容到形式的划时代的变革。马克思主义在提出共产主义远大理想的同时，还提供了实现途径，即通过建立无产阶级政党，领导工人阶级和劳动人民进行斗争，在夺取政权后建立无产阶级专政，由社会主义社会进入共产主义社会。这种实现道路是吕思勉无法提出的，故此吕思勉在接触马克思主义后，认识到其虽然"夙抱大同之愿，然于其可致之道，及其致之之途，未有明确见解，至此乃如获指针也"①。在某些具体的观点上，吕思勉此后也有所改变，"予昔尝谓神农为河南农耕之族，黄帝为河北游牧之族，阪泉、涿鹿之战，乃河北游牧之族侵略河南农耕之族。由今思之，殊不其然"②。炎、黄二帝应为同族。但炎、黄二帝分别对应农耕民族和游牧民族之说"虽属武断，然谓炎、黄之际，为世变升降之会，则亦不尽诬也"③。这一重要观点的改变，其历史哲学中的很多相关内容也应该随之改变。

　　康有为人类大同的高远理想与其维新变法的政治实践之间存在世界主义与民族主义的内在矛盾，即人类大同是普世的、全人类的，而戊戌维新是甲午战败后亡国灭种危机之下的民族自强运动，是民族主义的。吕思勉的历史哲学承接康有为，当然也面临世界主义和民族主义的矛盾问题。朱杰勤反对"抱其偏狭之爱国观念，利用史为宣传国家主义之工具，自为爱国主张是务"，很容易走入歧路，而"新史学家盛倡人道主义，咸以人类全体为归，而不复囿于国界，一致扶植共同的理想，促成国际了解，无复前人之狭隘思想"，以

---

①　吕思勉：《论学丛稿·三反及思想改造学习总结》，《吕思勉全集》第 12 卷，第 1222 页。

②　吕思勉：《先秦史》，《吕思勉全集》第 3 卷，第 50 页。

③　吕思勉：《读史札记·炎黄之争考》，《吕思勉全集》第 9 卷，第 39 页。

世界大同为最终目标。① 吕思勉强调"我们非不赞成大同。……但是我们作事,眼光要看得极远,脚步要走得极稳;要以最高远处为目标,而从最切近处做起。大同的理想,未尝不高,然在今日,实苦无从着手。现在能自觉其为一国民、一民族员的人甚多,能自觉其为全世界人民中的一员的人很少。……我们也并非就把大同主义抛弃,却必须有一着手之途。于此,当知致力于部分的,与致力于全体无异。现在虽致力于部分,至其结合成一体时,其功效仍在,并不亡失。而且现在对部分的致力,亦正所以促进其结合的过程"②。将民族主义视作大同理想的实现步骤。当然,狭隘偏激的民族主义很容易导致盲目的排外主义,与人类大同是格格不入的,这也是吕思勉所坚决反对的。

第二节　吕思勉与正史

二十世纪二十年代由于疑古思潮的兴起而有"不看二十四史"之说,这体现的是一种重新材料轻旧材料的倾向。北伐前后史学研究取向中存在着"史料的广泛扩充"与"不看二十四史"并存的吊诡现象。③ 但在民国时期重视正史的也不乏其人,吕思勉便是很典型的一个例子。

一

一般认为,最早对正史加以全面论述的是刘知幾《史通》,《六

---

　　① 朱杰勤:《中国史学研究》,《书林》第 1 卷第 3 期,1937 年 4 月,第 24 页。
　　② 吕思勉:《中国民族演进史》,《吕思勉全集》第 15 卷,第 285 页。
　　③ 罗志田:《史料的尽量扩充与不看二十四史——民国新史学的一个诡论现象》,《历史研究》2000 年第 4 期,第 151—167 页。

家》篇所举《尚书》记言家,《春秋》记事家,《左传》编年家,《国语》
国别家,《史记》通古纪传家,《汉书》断代纪传家,此六家为正史。
《二体》篇所论编年、纪传二体为六家中之善者。《杂述》篇中之
十家为非正史。《古今正史》篇对刘知幾所认为的正史做简要的
概述。根据吕思勉的评论:"史本无所谓正不正;然其所记之事,
万绪千端,不能无要与不要之分。一时代之学者,认其所记之事
为要,则以为正史;谓其所记之事非要,则以为非正史而
已矣。"①

　　清代以来正史则等同于二十四史,《四库全书总目提要》"史部"
首列正史,云:"《正史》之名,见于《隋志》。至宋而定著十有七。明
刊监版,合宋、辽、金、元四《史》为二十有一。皇上钦定《明史》,又诏
增《旧唐书》为二十有三。……薛居正《旧五代史》得裒集成
编。……与欧阳修书并列,共为二十有四。今并从官本校录。凡未
经宸断者,则悉不滥登。盖正史体尊,义与经配,非悬诸令典,莫敢
私增。所由与稗官野记异也。"②《四库全书总目提要》叙述了二十
四史的形成过程,并将正史列于史部之首。强调了正史所记述内容
的权威性,非"稗官野记"之类可比。

　　乾嘉三大家之考史名作赵翼《廿二史札记》、钱大昕《廿二史考
异》、王鸣盛《十七史商榷》,所考均为正史。尤其是赵翼在《廿二史
札记》中反复强调正史具有权威性:

　　　　间有稗乘脞说与正史歧互者,又不敢遽诧得为奇。盖一代
　　修史时,此等记载无不搜入史局,其所弃而不取者,必有难以征

---

① 吕思勉:《史通评・六家第一》,《吕思勉全集》第 17 卷,第 228 页。
② [清]永瑢等:《四库全书总目》卷四五《史部一・正史类一》,北京:中华书
局,1965 年,第 397 页。

信之处。今反据以驳正史之讹，不免诒讥有识。

一代修史，必备众家记载，兼考互订，而后笔之于书。观各史艺文志所载各朝文士著述有关史事者，何啻数十百种。当修史时，自必尽取之，彼此校核，然后审定去取。其所不取者，必其记事本不确实，故弃之。而其书或间有流传，好奇之士往往转据以驳正史，此妄人识见也。

宋文帝命裴松之采三国异同，以注陈寿《三国志》。松之鸠集传纪，增广异闻。书成奏进，帝览而善之曰："此可谓不朽矣！"其表云："寿书铨叙可观，然失在于略，时有所脱漏。臣奉旨寻详，务在周悉，其寿所不载而事宜存录者，罔不毕取。或同说一事而辞有乖杂；或出事本异，疑不能判者，并皆钞内，以备异闻。"此松之作注大旨，在于搜辑之博，以补寿之阙也。其有诋谬乖违者，则出己意辨正，以附于注内。……范蔚宗作《后汉书》时，想松之所引各书，尚俱在世，故有补寿志所不载者。今各书间有流传已不及十之一，寿及松之、蔚宗等当时已皆阅过，其不取者必自有说，今转欲据此偶然流传之一二本，以驳寿等之书，多见其不知量也。①

二十世纪初，于正史最为耳熟能详的论断便是梁启超所说的"帝王将相之家谱"。马克思主义史学从阶级立场出发，亦认为"一部二十四史，其中触目惊心的巨像就是皇帝、圣人和英雄"②。二十四史水平参差，《史》《汉》以后，"继班书而作者，陈陈相因，了无新制，固为史学一厄，其尤剧者则官修是也……夫修史而视为奉行故

① ［清］赵翼著，王树民校证：《廿二史札记校证》上册，北京：中华书局，2013 年，第 1、14、136—138 页。

② 翦伯赞：《历史问题论丛·怎样研究中国历史》，《翦伯赞全集》第 4 卷，石家庄：河北教育出版社，2008 年，第 486 页。

事,卤莽灭裂,属草稿如寇盗之至,于是所谓正史者,托克托辈引弓持矢之人,竟司南董之职而修宋、辽、金三史矣! 宋濂、王袆诸人前后十三月而《元史》二百十卷告成矣! 纰缪芜杂,爬梳不易,宜乎先识之士为之太息"①。

正史为"帝王将相之家谱"在二十世纪初全面批判旧史学的语境下当然有其合理性,但是正史在历史研究中的价值却是显而易见的。梁启超之后便有很多学者从史料的角度对正史做出相当的肯定。杨鸿烈作为梁启超的学生,认为梁启超"攻击旧史专以记载帝室为政治中心的缺失,在当时真能言人所不敢言",但是"说《二十四史》只是二十四姓家谱或'一大相斫书',梁师以为不过分,著者却要抗议,以为未免'言过其实'。因为《二十四史》实在是如章学诚《文史通义》所说的'记注之史',除《本纪》而外,各史的《列传》也都含有极可宝贵的史料……我们对于《二十四史》的价值又怎能一笔抹杀? 这里我们须知梁师所言实'有触而发'耳"②。齐思和也认为:"二十五史皆非当事人之记述,而后人根据当时档案文件记录编纂而成之记载,在史料上自属记述一类,其中所记,自系间接知识。……吾人于其叙述之时代之史事,大部分于此中求之。"③

从史学史的角度来看,中国历史上大多数王朝都有对应的正史,"从《史记》至《清史稿》,源源本本,系统井然,而五千年之史事,连续无间,尽登于正史之编,求之世界万国,并无其例。此中国史学之特质与价值"④。"二十四史"之名称,"实经过唐宋元明清,千数

①　范文澜:《正史考略》,《范文澜全集》第 2 卷,石家庄:河北教育出版社,2002 年,第 9—10 页。

②　杨鸿烈:《史学通论》,长沙:岳麓书社,2012 年,第 60 页。

③　齐思和:《齐思和史学概论讲义》,天津:天津古籍出版社,2007 年,第 112—114 页。

④　魏应麒:《中国史学史》,重庆:商务印书馆,1941 年,第 3 页。

百年之演进,其悠久之历史,又与中国相始终者矣!"①贺昌群强调二十四史前后相继,是中国所独有的文化现象:"正史便有官书的记录,如周秦以下便属正史时期,到如今三千多年,历史记载有一贯的线索,年次分明,从来不曾中断。这是我国历史在世界史上可以骄傲的地方。"②

二

吕思勉深受以赵翼为代表的乾嘉考据学的影响,对于正史相当重视,从其本人的学习和治学经历来看,正史起了无可替代的作用。根据吕思勉的回忆:"小时读康南海《桂学答问》,尝见其劝人读正史,谓既不难读,卷帙实亦无多,不过数年,可以竣事。倘能毕此,则所见者广,海涵地负,何所不能乎? 当时读书之精神,为之一壮。"③学术界多传说吕思勉于二十四史曾从头到尾阅读三遍,对此吕思勉曾有解释:

> 我读正史,始于十五岁时,初取《史记》,照归方评点,用五色笔照录一次,后又向丁桂征先生借得前后《汉书》评本,照录一过。《三国志》则未得评本,仅自己点读一过,都是当作文章读的,于史学无甚裨益。……四史读过之后,我又读《晋书》《南史》《北史》《新唐书》《新五代史》,亦如其读正续《通鉴》及《明纪》然,仅过目一次而已。听屠先生讲后,始读辽、金、元史,并将其余诸史补读。第一次读遍,系在二十三岁时,正史是最零

① 介盦:《二十四史名称之演进》,《无锡图书馆协会会报》第 4 期,1935 年 1 月,第 22 页。

② 贺昌群:《历史学的新途径》,《贺昌群文集》第 1 卷,北京:商务印书馆,2003 年,第 280—281 页。

③ 吕思勉:《论学丛稿·史学杂论》,《吕思勉全集》第 11 卷,第 574 页。

碎的,匆匆读过,并不能有所得,后来用到时,又不能不重读。人家说我正史读过遍数很多,其实不然,我于四史,《史记》《汉书》《三国志》读得最多,都曾读过四遍,《后汉书》《新唐书》《辽史》《金史》《元史》三遍,其余都只两遍而已。①

从吕思勉的解释中可以看出,所谓吕思勉将二十四史曾从头到尾阅读三遍与事实并不完全相符,并且将正史从头至尾阅读对于史学研究来说也并无太大的裨益。在吕思勉看来,正史是零碎的,在阅读之时需要下很大的功夫。吕思勉本人即在阅读过程中加了很多符号、批注,下了非常扎实的基本功。

吕思勉主要从正史的编纂特点出发对其史料价值进行评估。在吕思勉看来,中国历代王朝大多设立史官,正史的编纂多为官方行为,就算有的正史纂述系出自私人,其材料来源亦必籍于官方方可,"正史"之名起亦在于此,"经之立于学官者,谓之正经;史之立于学官者,谓之正史。正史之名,由是而起也"②。正史的编纂带有浓厚的官方因素,故其特征主要表现在:一是正史的记载必取其史事重要者,如邻猫生子之类的必为其所不取。而史事中重要的无非是治乱兴亡和典章制度两大类,编年体只叙前者,政书只叙后者,但在正史中两者却是齐备的。二是在编纂过程中,最初编纂的史书大多数都是采用正史体裁的,其他史书则多系取材于正史。正史是原本,其他则为翻本,"正史并非最原始的史料,但作正史时所据材料,十九不存,故正史在大体上即为原始的史料"③。三是就史书体裁而言,可分为编纂成书的和保存材料的,前者作为正史是"负责把向

　　① 吕思勉:《论学丛稿·从我学习历史的经过说到现在的学习方法》,《吕思勉全集》第 12 卷,第 749 页。
　　② 吕思勉:《中国史籍读法》,《吕思勉全集》第 18 卷,第 367 页。
　　③ 吕思勉:《中国史籍读法》,《吕思勉全集》第 18 卷,第 364 页。

来史家认为重要的史实，都要想搜辑完全的"①。四是正史的编纂者是要负一种责任的，即要保证材料取其正确。正史最重要之性质为保存材料，故正史在现在史书中，仍占重要的位置。

　　吕思勉同样从正史的编纂特点出发讨论其所存在的问题。吕思勉认为，从总体上看，"凡正史皆非极精审之作，甚至系不精审之作，仅就某一时期所能得之材料，加以编纂而已。此中又分两问题：（一）材料不全，此撰述者不能负责；（二）编纂草率，此则撰述者应负其责，而其中最重要之关键为未作长编"②。对于梁启超所批判的"一部二十四史，只是帝王之家谱"，在二十世纪初批判旧史学、进行"史界革命"的语境下自然有其合理性。而从治乱兴亡和典章制度相区分的角度来审视，则正史"偏重政治的弊病，是百口莫能为讳的。且如衣、食、住、行，是人生最切要的事，读某一时期的历史，必须对于这种生活情形，知道一个大概"③。关于中国古代衣、食、住、行等社会生活方面的史料大多散见于正史之中，且记载不多。所以正史中虽然有着非常丰富的史料，但是正史基本上都是断代为书，记载分散，很难从整体上把握历史事实，"正史除志以外，纪传均以人为单位……一件较大的事，总要牵涉许多人，一事分属诸篇，即已知大要的人，尚甚难于贯穿，何况初学？即以志论，典章制度，前后相因，正史断代为书，不能穷其因果，即觉难于了解。况且正史又不都有志，那么一种制度，从中间截去一节，更觉难于了解了"④。且因时代的差异，古人所重视者在今天看来并不甚重要，而今人所重者则常为古人所忽略。所以尽管大多数正史体例完备，

---

①　吕思勉：《论学丛稿·乙部举要》，《吕思勉全集》第 11 卷，第 300 页。
②　吕思勉：《中国史籍读法》，《吕思勉全集》第 18 卷，第 364 页。
③　吕思勉：《历史研究法》，《吕思勉全集》第 18 卷，第 56 页。
④　吕思勉：《论学丛稿·怎样读中国历史》，《吕思勉全集》第 11 卷，第 487 页。

"足以概括编年、纪事本末、政书等,但就研究上言,则因其事实多分散于表志纪传中,欲知一事实之原委,极不容易,故于此入手不便,不如先就他种之书求之"①。所记事实分散是纪传体史书不可避免的缺陷,故吕思勉建议先要将《资治通鉴》《续通鉴》《明纪》《明通鉴》以及《文献通考》择要浏览,以期能够对重大历史事件以及典章制度等内容有比较完整的认知。

中华人民共和国成立后,吕思勉受马克思主义史学——尤其是阶级斗争理论的影响,将正史的编纂看成一种意识形态,"历代政府的罪恶,多被隐讳;人民的冤屈及优点,多被抹杀,其受病之根,乃在所传系政府方面的材料,而人民方面的材料,几于无有之故……史以正史为主,历代的正史,无论其为官纂、为私修,实皆带有官的性质。此乃被压迫阶级不能自有政权,而政权为压迫阶级所攘窃之故,非复著述上的问题了"②。开始从史料与史学的阶级性出发来看待正史。

吕思勉在全面认识历代正史优劣的基础上,还以指导阅读以及研究为基本出发点,对正史的阅读给出了个人的专业意见:

> 正史卷帙太繁,又无系统,非专门治史的人,依我说,不读也罢。但四史是例外。此四书关涉的范围极广,并非专门治史的人也有用,读了决不冤枉。至于专门治史的人,则其不可不读,更无待于言了。……专治国史的人,即可以进读全史。全史卷帙浩繁,不可望而生畏,卷帙浩繁是不足惧的,倒是太简的书不易读,只要我们有读法。读法如何,在乎快,像略地一般,先看一个大略。这是曾涤生的读书之法。专门治史的人,正史最好能读两遍,如其不然,则将《宋书》《齐书》《梁书》《陈书》《魏

---

① 吕思勉:《论学丛稿·整理旧籍之方法》,《吕思勉全集》第 11 卷,第 292 页。
② 吕思勉:《中国史籍读法》,《吕思勉全集》第 18 卷,第 350 页。

书《北齐书》《北周书》和《南史》《北史》分为两组,《新唐书》《旧唐书》《新五代史》《旧五代史》亦分成两组,第一遍只读一组亦可。《宋书》《齐书》《梁书》《陈书》《魏书》《北齐书》《北周书》和《南史》《北史》大体重复,《新唐书》《旧唐书》《新五代史》《旧五代史》实在大不相同。正史包含的材料太多,断不能各方面都有精究,总只能取其所欲看。看第一遍的时候,最好将自己所要研究的用笔圈识;读第二遍时再行校补。如此读至两遍,于专治国史的人受用无穷。正史的纪传太零碎了,志则较有条理。喜欢研究典章经制的人,先把志读得较熟,再看纪传,亦是一法。因为于其事实,大体先已明瞭,零碎有关涉的材料自然容易看见了。陈言夏的读史即用此法。正史中无用的材料诚然很多,读时却不可跳过,因为有用无用,因人的见解而不同。学问上的发明,正从人所不经意指出悟入,读书所以忌读节本。况且看似无用,其中仍包含有用的材料,或易一方面言之,即为有用。①

王国维认为"古来新学问之起,大都由于新发现"。二十世纪初以来新史料的大量发现极大地推动了历史学的进步。但是吕思勉在研究中较少运用新史料,而是能够通过最为习见史料的对照比勘,从他人的不经意中发现问题并进行研究,这是在"史料尽量扩充"的背景下吕思勉治史的特色之一。

三

吕思勉中国史的基本框架主要还是靠正史来建构的。虽然在早期的《白话本国史》中采取了上古、中古、近古、近世的分期法,但是这种分期法源自域外,其表述亦显模糊,所以吕思勉在后来断代

---

① 吕思勉:《论学丛稿·怎样读中国历史》,《吕思勉全集》第11卷,第490页。

史编纂中即以《先秦史》《秦汉史》《两晋南北朝史》《隋唐五代史》为名，在其编纂计划中还包括《宋辽金元史》和《明清史》。上述各部断代史的框架即是以正史为基础，正史以王朝为单位，《史通·六家》中的"《汉书》家"，"究西都之首末，穷刘氏之废兴，包举一代，撰成一书。言皆精炼，事甚该密，故学者寻讨，易为其功"。按照钱穆的说法："待前一朝代亡，后一朝代兴，乃本前代史官所书，及其他材料，由后朝编新史……此又中国历史精神之大传统所在，亦即中国文化道统之所在。"①正史成了中国民族精神之所系。吕思勉的断代史编纂虽然不以单一的王朝为单位，但是以数个王朝合成断代史，归根到底还是建立在以王朝为单位的正史基础之上。②

　　在梁启超举起"史界革命"的旗帜后，正史作为史书的性质被极大地弱化了，绝大多数学者只是强调其史料价值。《史记·太史公自序》云："百年之间，天下遗文古事，靡不毕集于太史公。""遗文古事"集中于司马迁之手，只是史料而不是史学。司马迁利用这些史料来撰写《史记》，方才成为史学，成为史学史的研究对象。司马迁所见的"遗文古事"原文现今已大多亡佚，但多保存于《史记》，于是《史记》便成为今日研究先秦、秦汉史的基本史料。

　　吕思勉认为正史最重要的功能即为保存史料。故在其史学研究与史书编纂中多用正史，"正史之在今日，已不尽供恒（常）人阅读之资，而特以备专家取材之用"③。根据黄永年的回忆，"我当

---

① 钱穆：《中国史学发微》，北京：生活·读书·新知三联书店，2009 年，第 114—115 页。
② 1958 年"史学革命"的主要内容之一即为"打破王朝体系"，但正如翦伯赞所言："不管按照什么体系编写中国通史，都不应该从中国历史上删掉王朝的称号。"（参见翦伯赞：《关于打破王朝体系问题》，《翦伯赞全集》第 4 卷，第 358 页）如果将与各个王朝相对应的历代正史抽走，中国通史便无从说起。
③ 吕思勉：《论学丛稿·与人论〈新元史〉〈元史新编〉书》，《吕思勉全集》第 11 卷，第 477 页。

吕先生的学生时，吕先生正在写《两晋南北朝史》，住在离中学不远的一家居民楼上，单身一间房，很清静。我课余去看他，看到他写作的实况：桌上是几堆线装《二十四史》中的《宋书》《南齐书》《南史》之类，吕先生一边逐卷看，一边摘抄用得着的史料。……摘抄的史料一笔不苟地写在自印方格纸上，既清晰又好看，体现出前辈学者谨严的治学风度。摘抄的史料分好类，加以排比，连贯成文。这正式的文稿我也看到，字的清晰不必再说，连文句都极少改动，最后就付印出书"①。

吕思勉认为"正史之名，系在所载的史事较重要、较完全、较正确之观念下成立"，所谓的"较重要"还是以马端临《文献通考·总序》中所区分之治乱兴亡和典章制度两者。

"治乱兴亡"即政治史。文献中对于某一历史事实存在两种或两种以上的记载，赵翼曾提到"稗乘脞说与正史歧互者"，上述情况在正史的记载中也是大量存在的。吕思勉深受赵翼影响，主要还是以"正史证正史"，例如汉武帝死后霍光任顾命大臣，在昭、宣之际发生了昌邑王废立的闹剧。按照传统的说法，霍光的废立，"向来读史的人都说他大公无私。把他和伊尹并称，谓之'伊霍'"。但是《汉书·霍光传》云："昌邑群臣坐亡辅导之谊，陷王于恶，光悉诛杀二百余人。出死，号呼市中曰：'当断不断，反受其乱。'"《汉书·夏侯胜传》云："昌邑王嗣立，数出。胜当乘舆前谏曰：'天久阴而不雨，臣下有谋上者，陛下出欲何之？'……是时，光与车骑将军张安世谋欲废昌邑王。光让安世以为泄语，安世实不言。乃召问胜，胜对言在《洪范传》曰：'皇之不极，厥罚常阴，时则下人有伐上者，恶察察言，故云

---

① 黄永年：《回忆我的老师吕诚之先生》，俞振基：《蒿庐问学记：吕思勉生平与学术》，北京：三联书店，1996 年，第 143 页。

臣下有谋。'光、安世大惊,以此益重经术士。"吕思勉在《白话本国史》中引上述两段记载,认为霍光废昌邑王不过是两者权力斗争的结果,"后来霍氏的权势,和他的结局,则所谓'伊霍',和历代所谓'权臣',原相去无几"①。史籍中关于霍光辅政以及霍氏族灭之事多有隐讳,需要将正史中的相关记载互证。

正史中的各种互歧记载若是无法考订,吕思勉则采条列各说、异说并存的处理方式。有的异说过多,列于正文稍显繁冗,则以注释形式列举,显得主次有别,并便于读者参考。例如唐初玄武门之变,唐太宗率亲信九人伏击于玄武门,九人之名多有异同,吕思勉列举新旧《唐书》中各传作举九人姓名,认为此役"定谋者以长孙无忌之功为大,而房、杜次之;武将中当以尉迟敬德之功为大"②。

"治乱兴亡"是"动的历史",是在特殊的时空点位中所发生的历史事实。与"动的历史"相对应的"静的历史"则是在某一时间和空间范围内所普遍存在的历史事实,对此,吕思勉从正史中罗列相关记载,从一个个特殊的事实中归纳得出具有普遍性的事实。吕思勉在札记"诸葛亮随身衣食悉仰于官不别治生"条中引《三国志》中夏侯惇、徐邈、邓芝、吕岱、朱桓等人传记中皆有类似记载,以证"诸葛亮随身衣食悉仰于官不别治生"在当时为普遍现象,"能为此者,非亮一人也"③。根据吕思勉的分析,士大夫治生易妨碍百姓,诸葛亮之不别治生的原因可能是为避免与民争利。

---

① 吕思勉:《白话本国史》,《吕思勉全集》第 1 卷,第 156 页。李源澄亦认为是昌邑王"不安于拱默,欲与权臣争,自不能保其位"。(参见李源澄:《霍光辅政与霍氏族诛考实》,林庆彰、蒋秋华主编:《李源澄著作集》第 3 册,台北:中国文哲研究所,2008 年,第 1546 页)

② 吕思勉:《隋唐五代史》,《吕思勉全集》第 7 卷,第 55 页。

③ 吕思勉:《读史札记·诸葛亮随身衣食悉仰于官不别治生》,《吕思勉全集》第 10 卷,第 662 页。

四

赵翼《廿二史札记》中"汉初布衣将相之局""东汉功臣多近儒""南朝多以寒人掌机要""江左世族无功臣""唐节度使之祸"等,都是偏重于政治史,从正史中为人所习见的史料出发进行归纳概括,从而得出普遍性的结论。吕思勉对于正史的利用,最有价值的是"典章制度",即社会文化部分的内容。尤其是在《先秦史》《秦汉史》《两晋南北朝史》《隋唐五代史》这四部断代史中,社会文化的部分相当细致,内容十分丰富。

吕思勉不以正史为史书,而是将正史作为研究的基本史料。具体的研究即是将正史予以拆解,拆成一条条具体的史料,然后按照自己的编纂框架体系进行重新分类,然后将各条史料进行填充,试以《两晋南北朝史》"商业"①一节中与少数民族贸易为例:

表3 《两晋南北朝史》"商业"与正史对照表

《两晋南北朝史》	正　史
库莫奚请市于冯跋。	《晋书·冯跋载记》:库莫奚虞出库真率三千余落请交市,献马千匹,许之,处之于营丘。
与魏交易于安、营二州。	《魏书·豆莫娄传》:世宗诏曰:"库莫奚去太和二十一年以前,与安、营二州边民参居,交易往来,并无疑贰。"
吐谷浑以商译往来,故礼同北面。	《宋书·吐谷浑传》:(吐谷浑)徒以商译往来,故礼同北面。

---

① 吕思勉:《两晋南北朝史》,《吕思勉全集》第6卷,第763页。

（续表）

《两晋南北朝史》	正　史
突厥以至塞上市缯絮，乃通西魏。	《周书·突厥传》：（土门）始至塞上市缯絮，愿通中国。
慕容翰之奔于宇文归也，皝遣商人王车阴使察之。还言翰欲来。乃遣车遗翰弓矢，翰乃窃归骏马，携其二子而还。	《晋书·慕容皝载记》：（慕容）翰奔于宇文归……（慕容）皝遣商人王车阴使察翰，翰见车无言，抚膺而已。车还以白，皝曰："翰欲来也。"乃遣车遗翰弓矢，翰乃窃归骏马，携其二子而还。
刘显之欲杀魏道武也，《魏书·本纪》言：商人王霸知之，履帝足于众中，帝乃驰还。慕容永之纳窟咄，道武奔贺兰部，遣安同及长孙贺乞援于慕容垂。安同者，辽东胡人。其先祖曰世高，汉时以安息侍子入洛阳。历魏至晋，避乱辽东，遂家焉。父屈，仕慕容暐。暐灭，屈友人公孙眷之妹没入苻氏宫，出赐刘库仁为妻，库仁贵宠之。同因随眷商贩，亦商人也。长孙贺亡奔窟咄，同间行达中山。垂遣贺骙步骑六千随之。同与垂使人兰纥俱，窟咄兄子意烈捍之。同乃隐藏于商贾囊中，至暮，乃入空井得免。仍奔贺骙。（引者注：当时商贾在北夷中活动之情形可见。）	《魏书·太祖纪》：商人王霸知之，履帝足于众中，帝乃驰还。……初，帝叔父窟咄为苻坚徙于长安，因随慕容永，永以为新兴太守。八月，刘显遣弟亢泥迎窟咄，以兵随之，来逼南境。于是诸部骚动，人心顾望。帝左右于桓等，与诸部人谋为逆以应之。事泄，诛造谋者五人，余悉不问。帝虑内难，乃北逾阴山，幸贺兰部，阻山为固。遣行人安同、长孙贺使于慕容垂以征师。垂遣使朝贡，并令其子贺骙帅步骑以随同等。 《魏书·昭成子孙传》：遣安同及长孙贺征兵于慕容垂。贺亡奔窟咄，安同间行遂达中山。慕容垂遣子贺骙步骑六千以随之。安同与垂使人兰纥俱还，达牛川，窟咄兄子意烈捍之。安同乃隐藏于商贾囊中，至暮乃入空井，得免，仍奔贺骙。
（引者注：盖惟此辈多往来于各部落中，熟习道路及各地之人情风俗，且多与其酋豪往还，故能知其机事，并可为间谍，可衔使命也。）	《魏书·安同传》：安同，辽东胡人也。其先祖曰世高，汉时以安息王侍子入洛。历魏至晋，避乱辽东，遂家焉。父屈，仕慕容暐，为殿中郎将。苻坚灭暐，屈友人公孙眷之妹没入苻氏宫，出赐刘库仁为妻。库仁贵宠之。同因随眷商贩。

（续表）

《两晋南北朝史》	正　史
阿那瓌之返国也,其人大饥,相率入塞。瓌表请赈给。诏元孚为北道行台,诣彼赈恤。孚陈便宜云:"北人阻饥,命县沟壑,公给之外,必求市易。彼若愿求,宜见听许。"(引者注:可见通易相需之殷。)	《魏书·太武五王传》:蠕蠕王阿那瓌既得返国,其人大饥,相率入塞,阿那瓌上表请台赈给。诏孚为北道行台,诣彼赈恤。孚陈便宜,表曰:"……今北人阻饥,命悬沟壑,公给之外,必求市易。彼若愿求,宜见听许。"
《南史·河南王传》言:其地与益州邻,常通商贾。	《南史·西戎传》:其地与益州邻,常通商贾。
陶侃之守武昌,立夷市于郡东,大收其利。(引者注:可见近塞部落,皆利交易,南北正无二致。)	《晋书·陶侃传》:(陶侃)迁龙骧将军、武昌太守……又立夷市于郡东,大收其利。

　　此节为叙述两晋南北朝时各政权与少数民族的贸易,所运用的史料涉及《晋书》《宋书》《魏书》《周书》《南史》五部正史计 11 条史料,各条史料之间没有逻辑联系,都是从各书纪传中摘抄出来的脱离文本的碎片化史料,然后将其排列组合。在叙事时,或将史料节录,如引《晋书·冯跋载记》《魏书·豆莫娄传》中史料;或将数条史料综合而成,如将《魏书·太祖纪》《魏书·昭成子孙传》《魏书·安同传》中的相关记载进行综合叙述。在广泛征引史料的基础上,再加以议论。相比于史料,议论部分所占比重极小。

　　在《先秦史》《秦汉史》《两晋南北朝史》《隋唐五代史》这四部断代史中,史料占了绝大多数的篇幅,史料则大多数都来自正史,试以《两晋南北朝史》第二十一章《晋南北朝人民生活》为例①:

---

　　① 此处只做粗略统计。吕思勉在引用时有少数材料未注明出处,笔者在统计时尽量找出原始出处,但难免会有个别遗漏。其中有些材料在各朝正史与《南史》《北史》中相重复,本文以书中所引为准,《隋书》中有部分内容涉及南北朝,特别是五代史志部分,故将《隋书》也列入统计。书中有些材料多次出现,因论证主题不同故有重复统计。

表 4　《两晋南北朝史》"晋南北朝人民生活"史料出处表

第二十一章　晋南北朝人民生活	两晋南北朝正史											其他	合计
	晋书	宋书	南齐书	梁书	陈书	魏书	北齐书	周书	南史	北史	隋书		
第一节　饮食	19	7	8	6		16	10	7	5	3	1	17	99
第二节　仓储漕运籴粜	19	8	3	2		14	4	4	2			6	62
第三节　衣服	13	13	8	7		13	7	4	5	6	10	57	146
第四节　宫室	28	24	11	16	7	41	18		16	5	12	4	191
第五节　埋葬	30	19	10	7		26	2		5	8	3	4	123
第六节　交通	28	18	9	13	2	33	14		9	10	4	4	147
合　　计	137	89	49	51	17	143	55	35	42	27	37	86	768

从上表可以看出，第三节《衣服》中所引正史占 61％，因其内容涉及很多名物制度，故多引《说文》《尔雅》《礼记》《通典》等文献。第二节《仓储漕运籴粜》则全引正史，其他各节所引正史分别占 83％、98％、97％、97％。可见正史在其中所占比例极高。其中《魏书》《晋书》引用最多，这和《魏书》《晋书》两部正史本身篇幅较大有关。

吕思勉的史书编纂，其框架体系来自正史，主要史料来源亦来自正史。吕思勉在研究中则需要在通读正史的基础上，将正史中的各条记载分门别类地予以摘录，然后再分类归纳，这是非常艰辛的研究过程。

五

吕思勉的四部断代史《先秦史》《秦汉史》《两晋南北朝史》《隋唐五代史》，后三部的史料大多取自正史，但《先秦史》则有其特殊性。"先秦之书，有经、子、集三部而无史，前已言之。然经、子实亦同类之物"，儒家本为诸子之一，但自汉代罢黜百家，立诸经博士于学官后，儒家经典上升为经，传注训释亦特多，"故治古史而谋取材，群经实较诸子为尤要"，①治先秦史者必先通经学。先秦诸子之书也有着非常高的史料价值，例如《庄子》"论人所以自处之道，则皆社会组织业经崩溃以后之说，可以觇世变矣"，《管子》"涉及制度处尤多，实治古史者之鸿宾也"，《吕氏春秋》"所存故事及古说甚多，亦为史家鸿宾"②。集部的《楚辞》等亦具史料价值。正史所不及者，亦条列其他相关史料，如后羿代夏政事，《史记·夏本纪》未及一语，吕思勉引用了《左传》《楚辞》中所载后羿事迹，并作相关考证。

吕思勉的断代史写至隋唐五代，其后的宋辽金元史和明清史亦在其编纂计划之中，据说宋辽金元的部分已经开始摘抄了许多相关史料并做了不少的笔记，但是宋辽金元史和明清史均未能完成，实为一大憾事。从传播的角度来看，唐宋之际应该是中国史学的一个重要转折。由于印刷术的发明以及出版业的发展，宋代的各种书籍大量出版，广泛流通，很多得以保存到现代。《宋史》成于元代，宋代史书如《续资治通鉴长编》《三朝北盟会编》《建炎以来系年要录》等史料价值均比《宋史》高，宋代于史部之外的其他文献亦大量存在。一般习称正史至宋而成十七史，十七史与此后所成的宋、辽、金三史以及《元史》《明史》在史料价值上是完全不可同日而语的。吕思勉计划中的宋辽金元史和明清史并未编纂完成，故此也无法分析其在上述断代领域中的史料运用情况。

吕思勉看重正史，并不意味着正史以外的文献不重要，"我们要治史，所读的书，并不能限于史部。在后世不能不兼考集部，正和治

---

① 吕思勉：《先秦史》，《吕思勉全集》第3卷，第11—12页。
② 吕思勉：《先秦史》，《吕思勉全集》第3卷，第17—18页。

古史不能不兼考经、子相同"①。吕思勉在其史书编纂中对于史料的运用,主要以正史为主,正史之外的相关史料也均加以关注,正如《高等小学校用新式历史教授书》中所言,其书编纂"大率以正史为根据,而旁及于诸子百家十三经,及其他稗官野史,名人笔记杂录之类。每一项下,皆注明出自某书,或某书某篇,以孚传信之旨"②。在《秦汉史》《两晋南北朝史》《隋唐五代史》中基本上运用正史,一方面是正史具有权威性;另一方面也是因为上述历史时期的其他相关史料较少,无法充分利用之故。

第三节　吕思勉与史注

史注即是对史书的注解,基本功能有二:一是解释文义、疏通文句,一是注明出处。前者是解释学层面的,后者是学术规范层面的。刘知幾和章学诚都曾对史注进行专门论述,刘知幾是从史注解释文句、疏通文义的功能出发,至章学诚则开始论述史注的学术规范功能。吕思勉对史注的阐述主要是在刘知幾、章学诚二人所论的基础上结合自身的研究实践而加以论述。自二十世纪以来,随着西方史学的传播,史注作为史学方法与学术规范为学术界普遍接受。

一

"注"原本是训诂学上的一个概念,本意是用水以此挹彼,即灌注、灌输之意,引申之,是以今语释古语,以今事喻古事。③ 中国古

---

① 吕思勉:《中国史籍读法》,《吕思勉全集》第 18 卷,第 347 页。
② 吕思勉:《高等小学校用新式历史教授书》,《吕思勉全集》第 22 卷,第 181 页。
③ 刘治立:《魏晋南北朝时期的史注体式》,《固原师专学报》2003 年第 1 期,第 45—48 页。

代的史注起于经注,刘知幾《史通·补注》中对史注的起源、发展、类型以及各家史注的优劣得失做了评论。

　　章学诚在《文史通义·史注》中,从"述本旨"和"见去取"两方面特别论述了史书自注。"述本旨"是指通过史注来阐发作者撰述之本意。古代经师授业借口耳相传,孔子作《春秋》,以微言大义,口授其徒。《左氏》《公羊》《穀梁》三传之作,因三传作者得孔子亲授,方才"得各据闻见,推阐经蕴,于是《春秋》以明"。在章学诚看来,《史》《汉》之注尚存著者本意,但自魏晋以来,家学既坏,义例又失,史注则流于猥滥。因此后世史注,常失著者本意。所以"述本旨"的最善形式为著者本人"自注"。"见去取"是通过史注标明著者对于史料何所去和何所取。章学诚推崇古学尚简,但魏晋之后,纪传浩繁,繁芜复沓,不仅是因著者才力不逮,更重要的是史无注例,章学诚特赞考异之作,既使史文简要,又能标明去取,是史注之"良法"。在"见去取"的过程中,"一字片言,必标所出"①。从史料学的角度来看,通过自注标明去取,还可保存古代典籍,"夫文史之籍,日以繁滋,一编刊定,则征材所取之书,不数十年,尝失亡其十之五六,宋、元修史之成规,可覆按焉。使自注之例得行,则因援引所及,而得存先世藏书之大概,因以校正艺文著录之得失,是亦史法之一助也"②。

　　章学诚曾于刘知幾所提出的史家三长才、学、识之外,别倡"史德"。所谓"史德",就是"著书者之心术也"③。在章学诚看来,"在官修书,惟冀塞责,私门著述,苟饰浮名,或剽窃成书,或因陋就简,

　　①［清］章学诚著,叶瑛校注:《文史通义校注》上册,北京:中华书局,1994 年,第 349 页。
　　②［清］章学诚著,叶瑛校注:《文史通义校注》上册,第 238—239 页。
　　③［清］章学诚著,叶瑛校注:《文史通义校注》上册,第 219 页。

使其术稍黠,皆可愚一时之耳目,而著作之道益衰"①,当然于史德有亏。章学诚对于"自命专门著述者,率多阴用其言,阳更其貌。且有明翻其说,暗剿其义"②的现象极为不满。因此,通过自注所标注材料之去取,可以看出作者"闻见之广狭,功力之疏密,心术之诚伪,灼然可见于开卷之顷,而风气可以渐复于质古,是又为益之尤大者也"③。通过史注著明出处,是尊重前辈学者劳动成果的表现,"前人纂录,具有苦心。后人袭其书而不著前人之序例,或仅存序跋,而不著前书之义例如何,则几于饮水而忘源矣。故创辑者,必著取材之所自,否则等于无征弗信也"④。必须做到信而有征,无征则不信。对"前人成说"之标注,也不是随意的,而是有一定规范,"所出之书,或不一二而足,则必标最初者。最初之书既亡,则必标所引者,乃是慎言其余之定法也。书有并见,而不数其初,陋矣。引用逸书而不标所出,罔矣。以考证之体而妄援著作之义,以自文其剿窃之私焉,谬矣"⑤。

章学诚的《文史通义》与刘知幾的《史通》并称为中国古代史学理论的"双璧"。就史注而论,章学诚从编纂学和学术规范的双重角度谈论史注,倡言自注,这是其超越前人之处,显示了章学诚在史学理论上的卓识。

二

吕思勉曾著《史通评》和《文史通义评》,对两书中的史注专篇均

①　[清]章学诚著,叶瑛校注:《文史通义校注》上册,第239页。
②　[清]章学诚:《与邵二云论学》,《章学诚遗书》,北京:文物出版社,1985年,第82页。
③　[清]章学诚著,叶瑛校注:《文史通义校注》上册,第239页。
④　[清]章学诚:《高邮沈氏家谱叙例》,《章学诚遗书》,第119页。
⑤　[清]章学诚著,叶瑛校注:《文史通义校注》上册,第349—350页。

有评论,在评论的同时也阐发吕思勉本人对史注的看法。

吕思勉把史注看作一种史书编纂形式,但却并非是能够独立存在的史书体裁。吕思勉将史书"从内容上分起来,不过(一)纪载,(二)注释,(三)批评三种。其中又以纪载为主,必须有了纪载,批评、注释两种,才有所附丽,其间有主从的关系"①。就古代的史注而言,又可细分为三:"一释文,二补遗,三考异。考异又分两种:一考事实之异,一考文字之异。"②

史注对于史书,尤其是年代久远的史书是非常重要的,"注释:因前人书中之名物、训诂,后人不易明了而为之说明"③。古代文献在注之后还有疏,"古书有《注》的总得看注,有疏的并得兼看《疏》,因为我们年代同古人相隔远了;不如此,往往容易误解"④,"今既欲求治古书,即宜得古书之真相。汉人去古近,其所说易得古人之真相,而宋人则较难。故言治经,宋人之说,不能径以之为根据,但亦可为参考之资料。自汉至唐之经学,细别之又可分为'传注时代'与'义疏时代'。义疏时代之人所攻究,即为传注时代之人之传注"⑤。

吕思勉对于史注的史料价值特别看重。裴松之注《三国志》,"网罗旧文,足以补正文之不备,而且略有考证,以断定其可信不可信,不是钞撮汇齐,便算了事的。必如此,才可以称为注史,若单是训释文义,那未免于史的文字方面太注重,于作史的意思,反抛荒了",裴骃《史记集解》,"其中存古书旧说极多,亦可宝贵"⑥。在裴松之《三国志注》的评价上,吕思勉并不认同刘知幾的批评,"刘氏讥

---

① 吕思勉:《白话本国史》,《吕思勉全集》第1卷,第4页。
② 吕思勉:《史通评·补注第十七》,《吕思勉全集》第17卷,第243页。
③ 吕思勉:《中国史籍读法》,《吕思勉全集》第18卷,第346页。
④ 吕思勉:《论学丛稿·乙部举要》,《吕思勉全集》第11卷,第301页。
⑤ 吕思勉:《论学丛稿·整理旧籍之方法》,《吕思勉全集》第11卷,第288页。
⑥ 吕思勉:《论学丛稿·乙部举要》,《吕思勉全集》第11卷,第301页。

裴松之'好采异同'，而'不加刊定'，在当时自为笃论，然后人读古史，则正宜多考异同，少下论断；以古史所存已少，年代又相去久远，情势迥殊，难于臆度，贸然武断，势必缪误也。惟在裴氏当时，情形与今大异，所搜采之异同，断无不能明辨其得失者。乃考辨之语，十无一二；徒勤采获，而甘苦不分，自不免为刘氏所讥矣"①。

从编纂学的角度来看，"修一代之史，必求网罗完备；繁芜固当力戒，漏略尤所深讥，过而存之，未为大失，原不必谓他书已有，此即当芟也。清侯君模尝谓：'注史与修史异；注古史与注近史又异。何者？史例贵严，史注贵博。注近史者，群书大备；注古史者，遗籍罕存。''当日吐弃之余，在今日皆见闻之助。'其论甚允。此等随时而变，因宜而立之例，读史者必不可以不知也"②。

对于章学诚的观点，吕思勉认为《史注》篇"论考索，其言作史，当以自注，详去取则兼涉义例"。吕思勉赞同章学诚的自注考异之法"为近代良法，洵不诬也"。但对于章学诚所提出的通过自注来纠正在史书撰述过程中专辄附会、剽窃成书、因陋就简的弊端，判断著者"闻见之广狭，功力之疏密，心术之诚伪"，吕思勉则认为此有其局限性，"未必足恃"，"凡史文，重修之稿，恒不如原稿之可信……重修之稿，不徒无心之误不可知，即其专辄附会、剽窃成书、因陋就简，亦莫得而正之矣。此篇欲借自注以祛其弊，固是一说，然仍未必足恃，何则？其人而苟矫黠，断不肯于注中自暴其短；读者未见原文，亦断无以知其心术之不诚、闻见之狭、功力之疏也。自注如此；得人为之校注，亦不过一二人之智，未必能极公极密。予谓一书之作当否，应由学者公同考校，随时复核，其大体不善者，并可毁之而重作，然则

① 吕思勉：《史通评·补注第十七》，《吕思勉全集》第17卷，第244页。
② 吕思勉：《史通评·断限第十二》，《吕思勉全集》，第17卷，第240页。

史虽修成,仍当保其长编,其说固确不可易矣。"①倡导建立公共领域式的学术批评机制。

从学术规范的角度来看,注明文献以示出处有征,并且可供读者核查检验。更进一步来说,注释中涉及相关学科所必备的参考文献,也可以为初学者指示门径,根据注释中的文献按图索骥进行阅读,正如吕思勉在《中国民族演进史》中所说:"务求多输入常识,多指示读书的方法。所以此书的注语,特别详尽。譬如引及纬书,便略说明纬书的性质,这一类的注语,似乎以前的书籍,是很少的。"②五四新文化运动中开始提倡使用新式标点符号,吕思勉认为新式标点符号中引号最为有用③,使用引号可以将作者本人论述与引用他人论述区分开来。注明处亦应具体问题具体分析,"古人引用他人之言,不必著其所出;然治某家之学者,其所引则无非此一家之言,此由古代学有专门,使之然也。后人辑佚,因此而得所借手不少。又引用书籍,古人亦多不著明,此由书少,人人知之故也;在今日则自以著明并详其卷第、篇目为宜,以便读者按核,非以避抄袭之嫌也。学有心得,用前人之说,而不为嫌;苟其无之,纵力避古人之形貌,仍不免于盗袭之诮,章氏固已言之矣"④。

从总体上看,吕思勉对史注的认识,与刘知幾所论不相契合,而与章学诚比较接近,尤其是从学术规范的角度出发来看待史注的部分。

三

章学诚所说的通过史注来判断作者"闻见之广狭,功力之疏密,

---

① 吕思勉:《文史通义评·史注》,《吕思勉全集》第17卷,第326页。
② 吕思勉:《中国民族演进史》,《吕思勉全集》第15卷,第213—214页。
③ 吕思勉:《章句论》,《吕思勉全集》第17卷,第14页。
④ 吕思勉:《文史通义评·言公》,《吕思勉全集》第17卷,第324页。

心术之诚伪,灼然可见于开卷之顷",应该是史学批评的重要标准之一。孙楷第统计陈垣在《明季滇黔佛教考》中共引书 167 种,"虽前人撰书以博雅自许者,亦无过于此。寅恪先生谓所引书未见者什之七八"①。本节拟以《白话本国史》第一篇"上古史"试做简要的分析,并与其他各家通史之上古部分略做比较。下表为《白话本国史》第一篇引书,其余的参见附表1:②

表5　《白话本国史》"上古史"引书

文　献　史　料	清人考据及近现代学者研究成果
《尚书》《周礼》《礼记》《仪礼》《周易》《诗经》《春秋公羊传》《春秋穀梁传》《春秋繁露》《论语》《孟子》《左传》《国语》《史记》《汉书》《后汉书》《三国志》《南齐书》《隋书》《南史》《北史》《华阳国志》《元史译文证补》《逸周书》《山海经》《竹书纪年》《白虎通义》《潜夫论》《风俗通义》《水经注》《史通》《通典》《意林》《文献通考》《括地志》《清一统志》《孙子》《六韬》《墨子》《庄子》《荀子》《韩非子》《吕氏春秋》《管子》《淮南子》《盐铁论》《新序》《一切经音义》《尔雅》《说文解字》《释文》《离骚》《昭明文选》《初学记》《北堂书钞》《太平御览》《艺文类聚》《玉海》	萧吉《五行大义》 顾炎武《日知录》 胡渭《禹贡锥指》 阎若璩《四书释地三续》 陈乔枞《今文尚书经说考》 朱右曾《诗地理征》 俞正燮《癸巳类稿》 王鸣盛《尚书后案》 金鹗《求古录礼说》 宋翔凤《过庭录》 江永《群经补义》 崔适《史记探原》 魏源《书古微》 吴大澂《字说》 严复译《社会通诠》 廖平《今古文考》 康有为《孔子改制考》

① 孙楷第:《评明季滇黔佛教考》,《沧州后集》,北京:中华书局,2009 年,第 248 页。
② 本文选取夏曾佑、周谷城、尚钺三家,对各家通史引书作大致上的罗列,古籍文献的各种注释不单列。所引文献只列一次,其后出现的次数、频率等亦不再统计。

（续表）

文　献　史　料	清人考据及近现代学者研究成果
	俞樾《达斋丛说》 梁启超《饮冰室文集》 梁启超《中国之武士道》 章太炎《太炎文集》 章太炎《神权时代天子居山说》 蒋观云《中国人种考》 蒙文通《古史甄微》 《马克思〈资本论〉解读》（《建设杂志》） 《地学杂志》 ［朝］金泽荣《韩国小史》

史学批评往往通过注释征引材料来评判论著的广度和深度。吕思勉与夏曾佑、周谷城、尚钺三家通史上古部分引用比较如下：

表6　吕思勉、夏曾佑、周谷城、尚钺四家通史上古部分引书对照表

	引用文献史料	引用清人考据及近现代学者研究成果
吕思勉《白话本国史》	58	26
夏曾佑《中国古代史》	33	2
周谷城《中国通史》	27	26
尚钺《尚氏中国通史》	29	19

从上述统计来看，《白话本国史》在文献史料以及吸收借鉴其他学者的相关研究成果方面都要比其余三家多。当然，上古史部分直接史料相当有限，任何一家通史的上古史部分在文献史料方面都可

以尽量占有，吕思勉还运用了汉魏南北朝时期史料中有关上古史的记载。但是上古史部分需要运用大量的考古材料，周谷城和尚钺两家通史均大量引用了甲骨文，在新史料的运用方面较为成功。吕思勉认为"古书不易解者，一经清人疏证，皆可明晓，此实清儒不可没之功。清代汉学家最重归纳之法，所列证据，务求完备。吾人苟循其所列之证据而求之，可得许多整理旧书之方法"①。故此大量引用了清代学者的研究成果。而二十年代初，先秦史的研究尚未充分开展，所以吕思勉对当时学术界的相关研究成果引用较少。《尚氏中国通史》是中华人民共和国成立后以马克思主义为指导写作的一部通史，所以对马列经典著作的引用较多，既反映了其书的特色，亦反映了时代背景。②

随着西方史学的传播，史学注释在形式上采用了西方学术界所通行的附注（footnote）形式。附注是在正文中需要加注释之处依次标明编号，而将注释之内容写于文末或页下，在前加编号并和文中所标明之编号一一对应。读者可以依照文中编号次第在附注中查找。文末附注可称尾注，页下附注可称脚注。但是吕思勉对于附注并不接受，依然认为传统的双行夹注为最善之款式，近人"于有注之处，加'注一''注二'等字，而注则并写于后。实不如旧式双行书写，即写在加注之处为得。……夹注及正文相随，读书不劳翻检；另书于后者则不然。若欲先读正文，后读注语，双行大字，眉目亦极清晰"③。吕思勉在其通史、断代史以及其他著作中依然使用双行夹

---

① 吕思勉：《论学丛稿·整理旧籍之方法》，《吕思勉全集》第 11 卷，第 291 页。

② 有学者统计了中华人民共和国成立后 17 年间各类史学论文 214 篇，引用马、恩、列、斯以及毛泽东的经典著作 2 046 次，充分体现了马克思主义对史学研究的指导作用。

③ 吕思勉：《章句论》，《吕思勉全集》第 17 卷，第 30 页。

注。很明显，双行夹注是很不适应现代学术规范以及史学自身发展要求的。

现在学术界所通行的注释，注出处外还需注明页码，以便随时翻检核对。中国古代书籍在刊印时很少有标明页码的，故书籍中的卷数、篇目等实际上即起到今日页码的功能。清代学者已经开始注意到引用注明卷数的问题，余萧客认为"引书各注某卷，向谓体始辽僧行均《龙龛手鉴》、宋程大昌《演繁露》二书，皆偶一二条注卷。后见江少虞《事实类苑》，竟体注卷，在程大昌前。今《三洞珠囊》每条称某书某卷。王悬河，唐人，又在江少虞前"①。余嘉锡则认为"引书必著卷数者，为其便于检查，且示有征也。自以帛写书而后有卷数，若用简册之时，则但有篇章耳。书之篇第，往往移易，故同一书而次序不同。若但引其篇第，无以知其为某篇也，举其篇名，则便于检索矣。故引篇名，犹之引卷数也。《左传》《国语》引《书·盘庚》《泰誓》之类，往往举其篇名，至引《易》而举某卦某爻，引《诗》而举某诗之几章，则更细矣。此自相传之古法，不始于六朝唐人也。……清儒虽守之颇严，然亦不能尽然也。若惠定宇之《后汉补注》，不独不引卷数，且凡引佚书，皆不注出处，则尤非矣"②。引书标注页数，不但信而有征，更方便读者按照页数找出原文核对，于学术规范意义重大。

但是吕思勉的各部通史、断代史、专史在注解中均未曾标注页码。在吕思勉看来，"后人分卷，亦有计文义起迄者，此犹古人之分篇册；专计短长，则犹古人之分卷。……近人引书，往往注页

①［清］钱大昕：《十驾斋养新录》，上海：上海书店出版，1983年，第440页。梁章钜《退庵随笔》中所论与钱大昕同。

②余嘉锡：《论引书注卷数之缘起》，《中华图书馆协会会报》第15卷第1、2期，1940年10月，第5—6页。

数,然篇章随文义不易变,页数因版式而有不同,似不如注篇章之为善也"①。篇名、卷数、页码实际上所起的功能是一样的,标注三者之中的任何一项都可以起到注明出处以便核查、翻检、比对的功能。标明篇名,则可从篇名中推知文义,而卷数、页码则可能会发生变动,尤其是页码,因版本的不同也随之不同。② 所以吕思勉只标注篇名也不为无因。《白话本国史》序例提到"引据的书和举出的参考书,都注明篇名卷第。惟当然可知其在何篇何卷的,不再加注,以避繁琐。如某君时代某人之事,当然在正史某帝纪某人传中,某朝的赋税兵刑制度,当然在某史的食货刑法志内之类"。《白话本国史》最初是供初学者"门径之门径""阶梯之阶梯"而作,对初学者而言,注明篇卷次第乃至章节页码,还是非常有必要的。

四

中国古代的史注,或注明音义,或补充史实,其功能主要为疏通文意,便于读者阅读和理解。二十世纪初期由于西方客观主义史学的传入,对于史注的功能,则从学术规范的角度出发强调要注明出处。章学诚在《文史通义·史注》篇中的史书自注与西方客观主义史学所提倡的从学术规范的层面上使用注释有契合之处。

在西方史学史上,从学术规范的角度使用注释,始于德国著名

---

① 吕思勉:《文史通义评·篇卷》,《吕思勉全集》第 17 卷,第 329 页。

② 当前论文写作格式都要求版本和页码同时标注,正基于此。但有些专著在注释中将篇名、卷数、页码统统标注则似显烦琐。二十世纪二三十年代史学期刊大量出现,标注史学期刊中所刊载的学术论文,通常都是标明论文篇名和所载期刊,两者约对应于余嘉锡所说的篇名和著作。故标注史学期刊中的学术论文,篇名之外再标明页码,亦显繁复。

历史学家、客观主义史学的创始人兰克(L.V.Ranke)。根据格拉夫顿(Athony Grafton)的研究,兰克最先将注释这一形式标准化、规范化。兰克创立了现代的文献批评和脚注范式,譬如注释放置文末,关键内容置入正文,对每页或每部分的行数进行编号,此外,在著述的初稿中有简短的引注,并标出著者、题名和页码。可以说,近代史学著述的书写格式是从兰克起方才定型的。① 国人所译介的西方史学方法论的专著也开始从学术规范的角度提及史注,例如李思纯译朗格诺瓦、瑟诺博司合著的《史学原论》,将"史文造作之科学形式"分成专载和普通性质著作,前者是专业学术论文,后者大体上可以视作历史通俗读物。"专载"的写作,"须常以确切之小注,使人知所使用这为若何之史料"②。美国历史学家弗领(Flint)编写《历史方法概论》,此书有薛澄清和李树峻两译本。弗领认为,研究和撰写史学论文和著作,都必须重视注释的来源。历史学家在研究的过程中,"须时时注意笔记簿中的史料来源,最好办法大纲附注史料的参考。这种附注法,或用号码,标明在大纲的右侧。或另纸贴附在大纲上面,记明参考的地方。这样一来,那末无论什么时候,要参考史料,即刻可以得到"③。而在撰写的过程中,史文是"引入史料的原文而写成的。究竟那一段应该引用原文,引用多少,都要作者自己决定……明白了史证的重要,我们对于引用史料和附加注文这两件事,就不会反对了"④。弗领把注释分成三种:(1)说明史证出自

---

① Athony Grafton, *The footnote: a curious history*, Cambridge, MA: Harvard University Press, 1997, pp.63 - 64.

② 陈廷湘、李德琬:《川大史学·李思纯卷》,成都:四川大学出版社,2006年,第307页。

③〔美〕弗领著,薛澄清译:《历史方法概论》,上海:商务印书馆,1933年,第107页。

④〔美〕弗领著,薛澄清译:《历史方法概论》,第125—126页。

哪一本书哪一页；(2) 按照史文的原文引出；(3) 讨论史证的。前两种即是通过注释来说明作者征引的材料来源。弗领把第三种称为"批评的注脚"(Critical notes)，并且认为这种注释最难写，"批评的注脚"实际上就是对某一史事遍引诸说，考证辨异，得出结论。因考证篇幅过长，放入正文颇显累赘，妨碍阅读，故而放于注释。

在西方客观主义史学传入中国，提倡从学术规范的层面上来使用史注的学术背景下，章学诚的史书自注思想被许多学者发掘并详加阐发，有以下几点值得注意：

首先，二十世纪二三十年代以来，中国学术界大多从学术规范的角度来论述史注，从提倡学术道德、反对抄袭剽窃的角度来进行阐发。《文史通义·史注》篇中有关学术规范的论述："且人心日漓，风气日变，缺文之义不闻，而附会之习，且愈出而愈工焉。在官修书，惟冀塞责，私门著述，苟饰浮名，或剽窃成书，或因陋就简。使其术稍黠，皆可愚一时之耳目，而著作之道益衰。诚得自注以标所去取，则闻见之广狭，功力之疏密，心术之诚伪，灼然可见于开卷之顷，而风气可以渐复于质古，是又为益之尤大者也。"在许多学者的著作中反复被征引。何炳松在《历史研究法》中引章学诚所论，认为"史实贵征，不尚浮谈。征实之道，除引用成文之外，并有自注之一途。疏漏之防，不嫌太密。历史若无凭藉，将如性命之空谈"，故此，"著作中要附有注脚。注脚这种东西在现代各种科学的著作上都占极重要的地位，几乎成为不可或缺的一部分"。根据何炳松的分析，注脚之长有四："表明材料的来历……有了注脚，就可以表明这种作品的根据何在，这些根据是否强固"；"保存可用的书目：在作品里面，附有注脚，那末别人要想对于同一主题加以更详细的研究时，他就可以将我们作品里所附的书目当作一部分的指导"；"革除剽窃的恶习：剽窃是一件极不道德的事。如果著作中有了注脚，我们不但可以避去这种嫌疑，而且可以自然而然的革除这种陋习”；“表示作者的人格：著作中间，如果有注脚，那末著作者见闻的广狭，功力的深浅和心术的诚伪，都可以使读者一目了然”。[①]

其次，对于史注的论述通常将其置于中西史学比较的大背景之下。例如张其昀曾著《刘知幾与章实斋之史学》一文，称赞章学诚的“自注之例”，“大有功于史法。盖足以考见作者功力之疏密，心术之诚伪。则著述之业，自然日趋于诚朴。而前世藏书，亦因援引所及，保存大略”。张其昀同时又认为，“西洋史家之著作，有能重科学之精神，用批评之方法者……开其端者，德史家朗凯（Ranke，生 1795年殁 1886 年）是也”，而在兰克之前，史家大多“徒矜文采，尚弘丽而失信。至于能商榷史法，讨论书之体裁、文之法度者，有史以来甚不多观。其在西洋德史家贝恒（Bernheim），始考史著，裁定史例”。相比之下，章学诚的史学思想和治史方法，“惜前世大儒，罕有用之。章君既建言，为将来法，则继志述来，后学者责无旁贷矣”。张其昀认为，“自注与西洋所谓 Critical note 者，若合符契。西洋史家所谓科学之著作者 Scientific Exposition 具有三部：Prose narrative 一也，Foot-note 二也，Critical bibliography 三也”，张其昀又认为，“章君所谓裁篇别出之法与 Bibliography 相近”。[②] 陆懋德的《史学方法大纲》将历史分为考证（Historical criticism）和解释（Historical interpretation）两大类，陆懋德提倡加强“历史技术方法的训练”（Systematic training of the technique of history）。对史料的搜集考证工作体现在文本上便是附注（Footnotes）、参考书目（Bibliography）、相

---

① 何炳松：《历史研究法》，《何炳松文集》第 2 卷，北京：商务印书馆，1997 年，第 261—262 页。

② 张其昀：《刘知幾与章实斋之史学》，《学衡》第 5 期，1922 年 5 月。

关文件（Documents）、考辨（Critical Discussions）诸形式。在陆懋德看来，"近世西方著作，皆以注明材料来源，及附列参考书目为要……美国、德国著作家于此最为注意。尤足为吾人师法"，"依近时著作严格的体例，成书之后，必附以参考书目，即西文所谓 Bibliography 者是也。并注明材料出处，即西文所谓 Reference 者是也。则其所用材料之广狭，及所用材料之高下，皆无所遁形"。①

最后，民国时期各大高校的历史教育，都有加强对学生进行学术规范训练的内容。例如何炳松于 1920 年应北大史学系主任朱希祖之请，开设"历史研究法"课程，并撰写同名著作。陆懋德的《史学方法大纲》是其在辅仁大学、北平师范大学、西北大学开设"史学方法论"课程的讲义。齐思和于 1936 年在北平师范大学授课时，对史注的用法进行了详细的说明，如对书本史料而言，"何者宜录全文，何者仅述大意，或但注明出处"，都需要"详加斟酌"。除了书本史料之外，引用"未经刊布之档案刻文""实物照片""当事人之谈话，或他人之口碑"，均需一一注明，"以参读者之参考"。② 在注释的技术上，如何抄录原文避免讹误，如何节录原文而不致断章取义，如何略述大意，都有讨论。洪业在燕京大学历史系曾开设相关课程并于 1938 年撰有《研究论文格式举要》一文。③ 通过现代史学方法和学术规范的专业课程训练，高校学生在学术专著中能够科学规范地使用注释。

提倡学术规范，注明文献出处，这在今天已经成为常识，但二十世纪初中国史学由传统向近代转化的过程中则很有必要进行提倡。吕思勉等人主要从《文史通义·史注》进行引申发挥，陆懋德等人则

① 陆懋德：《史学方法大纲》，北京师范大学史学研究所史学史资料丛刊本，1980年，第21页。

② 齐思和：《齐思和史学概论讲义》，天津：天津古籍出版社，2007年，第124页。

③ 张存武、陶晋生：《历史学手册》，台北：食货出版社，1977年，第1页。

主要从西方史学方法论出发来进行阐释，又或者兼综中西来论述史注，其目的都是一致的。

附表1：

周谷城《中国通史》（上海人民出版社 1957 年版）

文　献　史　料	后人相关研究成果
《尚书》《诗经》《周易》《周礼》《礼记》《论语》《孟子》《春秋繁露》《史记》《汉书》《后汉书》《左传》《国语》《战国策》《通典》《文献通考》《老子》《墨子》《庄子》《荀子》《吕氏春秋》《韩非子》《管子》《论衡》《说文解字》《尔雅》《昭明文选》	洪迈《容斋随笔》 康有为《新学伪经考》 崔述《崔东壁遗书》 刘鹗《铁云藏龟》 罗振玉《殷墟书契考释》 罗振玉《殷墟书契前编》 罗振玉《殷墟书契后编》 罗振玉《铁云藏龟之余》 林泰辅《龟甲兽骨文字》 章太炎《国故论衡》 章太炎《检论》 王国维《观堂集林》 蒙文通《古史甄微》 郭沫若《中国古代社会研究》 郭沫若《卜辞通纂》 郭沫若《青铜时代》 范文澜《中国通史简编》 裴文中《中国史前期之研究》 容庚《商周彝器通考》 《古史辨》 《安阳发掘报告》 《小屯龙山与仰韶》（《庆祝蔡元培先生六十五岁论文集》） 《国粹学报》 安特生《中国人的史前期研究》 《东洋天文学史研究》 斯宾塞 *Principles of Sociology*

夏曾佑《中国古代史》

文献史料	后人相关研究成果
《尚书》《诗经》《周礼》《礼记》《周易》《春秋繁露》《春秋公羊传》《孟子》《史记》《汉书》《后汉书》《左传》《国语》《越绝书》《逸周书》《山海经》《路史》《通典》《荀子》《管子》《吕氏春秋》《淮南子》《风俗通义》《白虎通义》《黄帝龙首经》《灵枢》《素问》《说文解字》《楚辞·天问》《昭明文选》《北堂书钞》《太平御览》《玉函山房辑佚书》	日本鸟居龙藏引西书 英文《图书集成》

尚钺《尚氏中国古代通史》

文献史料	经典著作	后人相关研究
《诗经》《尚书》《礼记》《论语》《孟子》《史记》《汉书》《后汉书》《左传》《国语》《竹书纪年》《世本》《山海经》《逸周书》《越绝书》《老子》《墨子》《庄子》《荀子》《商君书》《韩非子》《吕氏春秋》《管子》《列子》《新语》《淮南子》《白虎通义》《黄帝内经》《太平御览》	《马克思恩格斯选集》《马克思恩格斯全集》《资本主义生产以前各形态》《资本论》《列宁选集》《斯大林选集》《斯大林全集》《联共（布）党史简明教程》	《日知录》 《殷契粹编》 《殷契卜辞》 《殷契佚存》 《周金文存》 王国维《观堂集林》 郭沫若《十批判书》 郭沫若《甲骨文字研究》 郭沫若《青铜时代》 郭沫若《卜辞通纂》 郭沫若《两周金文辞大系考释》 贾兰坡《山顶洞人》 潘克拉托娃《苏联通史》 尹达《中国新石器时代》 梁思永《小屯龙山与仰韶》 《城子崖》 陈梦家《殷代社会的历史文化》 徐中舒《豳风说研究》 徐中舒《试论周代田制及其社会性质》

第二章　吕思勉的中国通史和断代史编纂研究

　　自 17、18 世纪以来西欧民族主义的兴起，尤其是自德国的普鲁士学派开始，各国历史学界皆开始借重于历史以发扬民族精神。民族主义的历史教育经日本传至中国，"中国人应该知道些中国史。中国史讲的中国人之本原和来历，我们知道了中国史，才算知道了中国人……我们也可以说，知道了中国史才算知道了我们各自的自己"①。中国有着五千多年的悠久历史，各类史籍浩繁，不知从何读起，这就十分有必要编纂一部整体性的中国通史将其条理融贯。二十世纪的中国通史编纂工作取得了突出的成就，而在编纂中国通史的同时，也应该不断深入地总结中国通史编纂的理论与方法，建立"中国通史编纂学"，以便系统地总结中国通史编纂各方面的成果。② 从二十世纪初章太炎、梁启超提出中国通史编纂的整体构想始，到 1999 年白寿彝总主编多卷本《中国通史》，编纂的中国通史不下上百部。在编纂中国通史的同时，断代史也大量出现。

---

　　① 钱穆：《中国历史研究法》，《钱宾四先生全集》第 31 卷，台北：联经出版事业公司，1998 年，第 1—2 页。
　　② 赵梅春：《二十世纪中国通史编纂研究》，北京：中国社会科学出版社，2007 年，第 293 页。

众所周知,吕思勉以个人之力编纂了两部通史和四部断代史,两部通史即《白话本国史》和《吕著中国通史》,四部断代史即《先秦史》《秦汉史》《两晋南北朝史》《隋唐五代史》,合计三百多万字,计划中的《宋辽金元史》和《明清史》则未能完成。吕思勉的断代史实际上是以断代为形式的国史长编。如果从广义的角度来看,中国近现代史实际上也应该是断代史。《白话本国史》和《吕著中国通史》最初都是作为历史教科书的,除此之外,吕思勉还编纂了一批中学历史教科书。本章将其一并列入讨论。

第一节　吕思勉中国通史与断代史
编纂之比较研究

会通和断代是中国历史编纂学上的一对重要范畴。史学家对历史的观察,因其旨趣和视野的不同而产生种种歧异,会通和断代便是比较突出的一种。① 在史学批评以及对历史编纂的研究中,比较是较为常见的研究方法,如童书业比较吕思勉《白话本国史》和钱穆《国史大纲》,认为"吕著长于社会文化的叙述,钱著则长于国史大势的认识"②。而将吕思勉本人的通史与断代史之作互相比较,或可为中国通史之编纂提供一些参考。

一

中国通史,其最关键之点即在于"通"。按照当代系统论中整体大于部分之和的观点,正如彩虹的七种颜色析分开来只是单另的颜

---

① 瞿林东:《中国古代史学批评纵横》,重庆:重庆出版社,2016年,第64页。
② 童书业:《读钱著〈国史大纲〉》,童书业著,童教英整理:《童书业史籍考证论集》,北京:中华书局,2008年,第738页。

色,但合在一起成为彩虹,其视觉效果就明显不同(尽管是幻像)。人体由各细胞构成,但是人体却具备了各单细胞所不具有的功能。同样,中国通史也应该是对中国历史的整体认识,而不是把重点放在对历史事件和人物的具体认知上。钱穆即认为"今日所急需者,厥为一种简要而有系统之通史,与国人以一种对于已往大体明晰之认识,为进而治本国政治、社会、文化、学术种种学问树其基础"①。

　　近代以来,中国通史的各家编纂者都是从整体出发来进行编纂的。钱穆观夏曾佑《中国历史教科书》,以其"气魄之开大,譬如登泰山而眺众峰,上下千古,豁然在目。岂与夫撷拾《二十四史》《九通》,拉杂拼凑,非之无可非,刺之无可刺,无所略亦无所详,无所失亦无所得,披卷使人睡,熟读使人愚,窃乡愿之故智,徒以陈纸相钞,不以心胸相示;而夏书则不失为豪杰之面目矣"②。吕思勉的通史编纂也是如此。吕思勉强调会通,主张"史学者,合众事而观其会通,以得社会进化之公例者也"③。对于会通和专门的关系,主张"我们要研究一个专门问题,须先了解全体的现象,明了整个的情形,也就是须先具有普遍的历史知识,然后对于各个问题的相互关系,方才有法子了解,否则仍是没有方法研究"④。中国通史是一个整体,分断析代只为研究便利的需要,"史事后先一贯,强分朝代,本如抽刀断流……以体例论,自以通史为便"⑤。中国史学史上的会通和断代之争是由其具体的时代环境所决定的,"盖刘氏之时,史书尚少,披

---

① 钱穆:《中国学术思想史论丛·评夏曾佑中国古代史》,《钱宾四先生全集》第 23 卷,第 280 页。

② 钱穆:《中国学术思想史论丛·评夏曾佑中国古代史》,《钱宾四先生全集》第 23 卷,第 291 页。

③ 吕思勉:《史籍与史学》,《吕思勉全集》第 18 卷,第 9 页。

④ 吕思勉:《论学丛稿·研究历史的感想》,《吕思勉全集》第 11 卷,第 550 页。

⑤ 吕思勉:《史通评·六家第一》,《吕思勉全集》第 17 卷,第 232 页。

览易周,故其所求在精详,不在扼要;欲求精详,自以断代为易。章氏之时,史籍之委积既多,史体之繁芜尤甚,编(遍)览已云不易;况乎提要钩元(玄,避康熙讳),删繁就简,实不容已,此其持论所以不同也"①。吕思勉所处的时代,史籍之浸繁远过于郑樵、章学诚之时。二十四史已不知从何读起,更无论正史之外的其他史籍,故此,吕思勉在《白话本国史》之"序例"中明确提出"想做一部《新史钞》,把中国历史上重要的事情,钞出来给大家看看。……中国历史是很繁的。要想博览,很不容易"②。

通史讲求会通,历史是不断发展变化的,变是恒常的,但要从恒常之变中找出变动之点,即历史发展的量变何以导致质变,就是历史分期。在《白话本国史》中,吕思勉将中国历史分成五个时期:(1)上古史,周以前;(2)中古史,秦统一至唐代全盛;(3)近古史,唐中叶至南宋;(4)近世史,元至清中叶;(5)最近世史,西力东渐迄今。秦以前是由部落而至封建的时期,秦汉以后是中国由封建至统一的时期,封建时期的各种制度逐渐被统一之世所需要的制度所取代。安史之乱作为中古、近古的分界,是因为"中国前此,不曾以一个国家的形式,和别一个国家接触而失败,这时代却不然了"。③元、明、清三代,中国又有十分之七是在少数民族统治之下的。

当然,吕思勉对中国历史发展阶段的认识,在编纂中也不乏前后矛盾之处,例如在《白话本国史》"绪论"中将元归于近世史,但在叙述中却将元归入近古。《白话本国史》中提出在中古史和近古史之中有个绝大的异点,便是"从汉到唐,中国是征服异族的;从宋到

①　吕思勉:《史通评·六家第一》,《吕思勉全集》第17卷,第233页。
②　吕思勉:《白话本国史》,《吕思勉全集》第1卷,第1页。
③　吕思勉:《白话本国史》,《吕思勉全集》第1卷,第261页。

清,中国是给异族征服的"①。在断代史中又认为上述民族关系应以两汉、魏晋为界,"自汉以前,为我征服异族之世,自晋以后,则转为异族所征服矣"②。

吕思勉自称对中国历史的分期是"大略的区划",是为研究上的便利,对于通行的上古、中古、近世的划分也"颇不谓然"。③ 但吕思勉对于中国历史的整体把握,始终遵循两个分界;就政治而言,周、秦之际是中国历史发展的一大分界;但就社会而言,则以新莽为断代。从政治的角度来看,"周和秦,是从前读史的人看作古今的界线的。我们任意翻阅旧书,总可见到'三代以上''秦、汉以下'等辞句。从前人的见解,固然不甚确实,也不会全属虚诬"④。周、秦之际是中国由封建而至统一的关键。从社会的角度来看,吕思勉认为自古以来皆三代并称,东周以降则资本势力日进。秦汉正是封建势力与资本势力兴替之际,"晚周以来,盖封建势力日微,而资本势力方兴之会。封建势力,如死灰之不可复然矣,而或不知其不可然而欲然之;资本势力,如洪水之不可遽湮也,而或不知其不可湮而欲湮之;此为晚周至先汉扰攘之由,至新室亡,人咸知其局不易变,或且以为不可变,言治者但务去泰去甚,以求苟安,不敢作根本变革之想矣"⑤。故此,新汉之界是中国社会发展的重大转折。在《拟编中国通史说略》(1953 年)中依社会发展情势分中国历史为三期: 第一期,自上古至新莽;第二期,自后汉至安史之乱;第三期,自唐中叶至鸦片战争。

---

① 吕思勉:《白话本国史》,《吕思勉全集》第 1 卷,第 261 页。
② 吕思勉:《秦汉史》,《吕思勉全集》第 4 卷,第 3 页。
③ 吕思勉:《先秦史》,《吕思勉全集》第 3 卷,第 9 页。
④ 吕思勉:《吕著中国通史》,《吕思勉全集》第 2 卷,第 266 页。
⑤ 吕思勉:《秦汉史》,《吕思勉全集》第 4 卷,第 1—2 页。

　　中国通史不是各个王朝断代历史的简单叠加,而是在深入研究中国各断代的基础上对中国历史的提纲挈领式的整体把握。① 同样,近代以来的断代史编纂也不是简单地以一家一姓王朝之兴衰为对象的记述,而是在对中国历史整体把握的前提下,对某个断代的深入研究。综观近代以来断代史的编纂,主要着眼点还是通史。金毓黻观萧一山《清代通史》,认为其"纂清代史实,而题之曰《通史》。余初颇不解,以叙一代事,不得谓之通也。兹览其导言,始知其欲撰《中国通史》"②。而断代史的编纂尚需以通史为依托,金毓黻本人欲编撰《隋唐五代史》,"以范著《中国通史简编》和尚著《中国历史纲要》为主,兼采他书拟写一隋唐五代史研究提纲"③,亦是此义。

　　吕思勉的断代为史,不是王朝的断代,而是将断代史视作中国历史的各个发展阶段,在中国历史发展的整体之下来进行断代史的编纂,并且断代之中包含了对各个历史阶段特征的认识。

　　吕思勉认为从政治的角度观察,周、秦之间为中国历史发展之一大界,而从社会的角度观察,则新室与东汉之间为古今之一大界,"魏、晋以后之释、老,宋、明两代之理学,实改造社会之义既湮,人类再求所以自处,而再败绩焉者也。此又其所以若相反而实相类也。读隋、唐、五代之史者,其义当于此求之"④。《先秦史》《秦汉史》《两晋南北朝史》《隋唐五代史》四部断代史,均按此义编纂。

　　吕思勉的断代史当然有别于中国古代史学传统的王朝断代,对于各个断代侧重于其具体的时代特征。先秦至秦汉,"封建废而郡

---

　　① 世界史也不是国别史的简单叠加,而应将整个世界视为一个整体。二十世纪六十年代以来兴起的"全球史"即是如此。

　　② 金毓黻:《静晤室日记》第四册,沈阳:辽沈书社,1993年,第2674页。

　　③ 金毓黻:《静晤室日记》第九册,第7039页。

　　④ 吕思勉:《隋唐五代史》,《吕思勉全集》第7卷,第3页。

县兴,则我民族抟结内地及辽宁之告成,而其经营吉、黑及蒙、新、海、藏之发轫也。其为史事一界画,不亦可乎"①。秦汉统一帝国建立后,在历史发展中总是出现中央集权与地方割据之争以及少数民族入据中原的现象,按照吕思勉的解释,即"以吾国疆域之广,水陆程途之修阻,风同道一,固非一蹴可几,地方豪右及政府所命官吏之桀骜者,盖罔不乘隙思逞,一旦中枢失驭,则纷然并起而图割据矣,此州郡藩镇之祸所由来也,瘠土之民,睨沃土之富厚而思攘夺之,势也。⋯⋯争战必资物力,瘠土之民,固非沃土之民之敌,汉、唐盛时,所以能威棱远憺以此,然自来操政治之权者,多荒淫而无远虑,睹异族之臣服,则苟利一时之休息,而不暇维万世之安,而官吏、豪民,又利其可供赋役,恣虐使也,则使之入居塞内;而风尘有警,又驱其人以为兵;于是太阿倒持矣,此五胡及沙陀、契丹、党项之祸所由来也"②。三国以前是中国征服异族,五胡之乱后则中国转而为异族所征服,这就是两晋南北朝的时代特征。两晋南北朝时期成就有四:士庶等级之平夷;地方畛域之破除;山间异族之同化;长江流域之开发。③隋唐五代竞言释、老,不求社会改革,亦是东汉以来"治天下不如安天下,安天下不如与天下安"之义,而在对外关系上,"东西民族动息之交替,实在唐世,读隋、唐、五代史者,于此义亦不可不知"。④

中国历史上有统一与分裂,相伴随的是各个王朝的兴衰治乱。吕思勉认为:"人类已往的社会,似乎是一动一静的。我们试看,任何一个社会,在已往,大都有个突飞猛晋的时期。隔著一个时期,就

---

① 吕思勉:《先秦史》,《吕思勉全集》第3卷,第9页。
② 吕思勉:《隋唐五代史》,《吕思勉全集》第7卷,第2页。
③ 吕思勉:《两晋南北朝史》,《吕思勉全集》第5卷,第4页。
④ 吕思勉:《隋唐五代史》,《吕思勉全集》第7卷,第3页。

停滞不进了。再阅若干时，又可以突飞猛晋起来。已而复归于停滞。如此更互不已……世界是无一息不变的。人，因其感觉迟钝，或虽有感觉，而行为濡滞之故，非到外界变动，积微成著，使其感觉困难时，不肯加以理会，设法应付……这是世界一治一乱的真原因。"①在各部断代史中，吕思勉将三国置于秦汉之后，将五代置于隋唐之后，似乎是比较重视统一的王朝，而对于分裂以及时代转型之于开创历史新局面的作用可能也并不太关注。

就《白话本国史》和《吕著中国通史》两部通史的编纂初衷而言，前者是高中适用教材，后者是大学教材，未必是吕思勉心目中理想的中国通史。而断代史则是吕思勉为作通史而进行的长编。资料长编和编纂成书所对应的是"存先代事迹，与备学者诵读"，两者是并行不悖的，"存先代之事迹，自以完备为贵。备学者之诵读，则随各人资性之不同，或详或略，可由学者纂述，听人自择也。故知作史可仍存其长编，而史文难于割弃之忧解；知诵习不必专于一书，而史文动忧汗漫之难除"②。资料长编是基础，在资料长编的基础上视需要编纂各种类型的通史。长编好比"知识仓库"，各人可以从中有选择性地选取材料进行编纂，"长编者，举所有事实，悉数网罗，无或遗弃者也。则后人去取标准设或有异前人；更事搜罗，不患无所取材矣"③。故吕思勉的通史和断代史各有其价值。

中国通史编纂中会通和断代的关系，实际上就是中国历史发展中整体和局部的关系。借用西方诠释学的观点，整体和局部的关系实际上就构成了著名的"诠释学循环"。按照施莱尔马赫（Schleiermach）的看法：必须从整体中理解部分，又必须通过部分

① 吕思勉：《吕著中国通史》，《吕思勉全集》第 2 卷，第 11 页。
② 吕思勉：《史通评·烦省第三十三》，《吕思勉全集》第 17 卷，第 253 页。
③ 吕思勉：《史通评·书事第二十九》，《吕思勉全集》第 17 卷，第 252 页。

来理解整体。经过多次循环，才能达到对文本的深入理解。整体与部分孰先孰后，孰轻孰重，通观中国史学史很难得出一致的答案。但从系统论的视角出发，整体则应是处于优先地位。

二

众所周知，二十世纪初梁启超《新史学》开启了"史界革命"，1902 年 2 月 8 日，梁启超在《新民丛报》上发表《新史学》，批判旧史学有六病：知有朝廷而不知有国家；知有个人而不知有群体；知有陈迹而不知有今务；知有事实而不知有理想；能铺叙而不能别裁；能因袭而不能创作。传统史学的弊端积习有三：难读；难别择；无感触。① 旧史学与新史学之间的区别在于"前者史家不过记述人间一二有权力者兴亡隆替之事，虽名为史，实不过一人一家之谱牒；近世史家必探索人间全体之运动进步，即国民全部之治乱及其相互关系"，"前者史家不过记载事实，近世史家必说明其事实之关系与其原因结果"。梁启超明确提出，"历史者，叙述人群之进化现象而求得其公理公例也"。②

梁启超对中国传统史学进行了彻底的批判，将二十四史视作帝王将相家谱的看法在学界产生了深远影响。吕思勉在史学思想与方法上也颇受梁启超影响，认为旧史首要的弊病在于偏重政治，"'一部二十四史，只是帝王的家谱。'这一类的话，在今日，几乎成为口头禅了。这些话，或者言之太过，然而偏重政治的弊病，是百口莫能为讳的"③。旧史偏重政治不等于说政治不重要，"旧史偏重政

---

① 梁启超：《新史学·中国之旧史》，《饮冰室合集·文集》第九，北京：中华书局，1989 年，第 1—7 页。

② 梁启超：《新史学·史学之界说》，《饮冰室合集·文集》第九，第 7—11 页。

③ 吕思勉：《历史研究法》，《吕思勉全集》第 18 卷，第 56 页。

治,人人所知;偏重政治为治史之大弊,亦人人所知。然政治不可偏重,非谓政治可以不重"①。政治史亦是中国通史的重要内容。但是,除政治史之外,还应注重社会史,"且如衣、食、住、行,是人生最切要的事,读某一时期的历史,必须对于这种生活情形,知道一个大概,这是无待于言的了"②。

吕思勉认为,史书中所记的历史事实,可以借《文献通考》之说分成"治乱兴亡"和"典章制度"③两大类,恰可以分别对应政治史和社会史,编年体和纪事本末体专记前一类史实,政书专记后一类史实。纪传体中的"纪""传"记前一类史实,"志"记后一类史实,因之纪传体体例最为完备。吕思勉见日本林泰辅《朝鲜通史》中介绍"朝鲜人有一种史,用编年或纪事本末体,以叙理乱兴衰;而典章经制,别为专篇附后,颇得此意也"④。

治乱兴亡和典章制度实际上就是分别指"动的史实"和"静的史实"⑤。"动的史实"是在特定的时空背景下所发生的历史事实,如战争、革命、改革等,即以治乱兴亡为主要内容的政治史。"静的史实"是在相当长的一段时间内,在某一特定范围内所普遍存在的历史事实,除了"典章经制"外还包括社会生活、文化等方面的内容。

---

① 吕思勉:《中国史籍读法》,《吕思勉全集》第 18 卷,第 368 页。
② 吕思勉:《历史研究法》,《吕思勉全集》第 18 卷,第 56 页。
③ "治乱兴亡""典章制度"是吕思勉历史编纂学中两个相对应的关键性概念,但吕思勉对此的用法并不一致。《吕著中国通史》中作"理(避唐高宗讳,改治为理)乱兴亡""典章经制",(参见吕思勉:《吕著中国通史》,《吕思勉全集》第 2 卷,第 11 页)本书以《白话本国史》中所述为准,除引用外一律作"治乱兴亡""典章制度"。
④ 吕思勉:《史通评·载言第三》,《吕思勉全集》第 17 卷,第 234 页。
⑤ 吕思勉:《白话本国史》,《吕思勉全集》第 1 卷,第 4 页。对于历史事实作"动""静"区分的还有张荫麟,其在《论历史学之过去与未来》中提到"史事可分为二类:一为动的事实,如革命战争等是也;一为静的历史,如政治制度及风俗、习惯等是也"。(参见张荫麟:《论历史学之过去与未来》,《张荫麟全集》中卷,第 951 页)

吕思勉又将其称作特殊事实和一般状况:"史事有'特殊事实'和'一般状况'之分。对于特殊事实……往往要隔了一个相当的时期,然后渐明;再隔了一个较长的时期,然后大白的。因为许多事情,都有其内幕,而其内幕,在当时总是秘密的。局中人固不肯宣泄,更不能宣泄;局外人既不能宣泄,亦或不肯宣泄;必隔了一个时期,其材料才得出现。……至于一般状况则不然,现在的上海,物质生活是怎样? 人情风俗是怎样? 将来的人,无论是怎样一个专家,对于现在的上海,无论研究得如何精密,其了解的深切,总还不如现在久居上海的一个无甚知识的人。"①特殊事实和一般状况是密切相关的,从风化而知山崩,"常人、常事是风化,特殊的人所做的特殊的事是山崩。不知道风化,决不能知道山崩的所以然,如其知道了风化,则山崩只是当然的结果"②。

吕思勉的中国通史和断代史编纂,最显著的特点就是将政治史和社会史并重,从"动的事实"和"静的事实"两方面进行。

《白话本国史》于王朝兴亡之后,专门论述各个时代的官制、学校、选举、兵制、刑制、租税、货币、学术、风俗等内容。《先秦史》《秦汉史》《两晋南北朝史》《隋唐五代史》四部断代史之编例同于《白话本国史》。《吕著中国通史》是吕思勉在光华大学的授课讲义,初为文化史,后改为通史,其书就分为两部分,"上册以文化现象为题目,下册乃依时代加以联结",所谓的"文化现象"就是"静的事实",分婚姻、族制、政体、阶级、财产、官制、选举、赋税、兵制、刑法、实业、货币、衣食、住行、教育、语文、学术、宗教。《先秦史》《秦汉史》《两晋南北朝史》《隋唐五代史》等各部断代史于"静的事实"部分,则分门别

① 吕思勉:《历史研究法》,《吕思勉全集》第18卷,第62页。
② 吕思勉:《历史研究法》,《吕思勉全集》第18卷,第63页。

类叙述政治制度、社会等级、社会组织、人民生计、人民生活、实业、学术、宗教等内容。吕思勉所编纂的《中国社会史》，分十八专题：农工商业、财产、钱币、饮食、衣服、宫室、婚姻、宗族、国体、政体、阶级、户籍、赋役、征榷、官制、选举、兵制、刑法，亦作分门别类地叙述。

当然，按照通史的编纂要求，通史有纵通与横通之分，治乱兴亡当是纵通，典章制度当是横通。横通亦需着眼于"通"，而不是分门别类加以排比罗列。按照吕思勉的说法："专门家每缺于普遍的知识，所以发出来的议论，往往会荒谬可笑……普通史家自无此弊。然普通史的任务，在于综合各方面，看出一时代一地域中的真相，其所综合的，基础必极确实而后可，如专门的知识太乏，又不免有基础不确实的危险。"①《中国社会史》中所论述的各门类，大多都是从远古叙至近现代，如《通典》《文献通考》的编纂体例而加以分门别类的编排，各门类于纵可说是"通"，但各门类之间却无任何关联，在横向上没有糅成一个统一的整体，却难符横通之义。吕思勉在上海执教多年，"对于上海的了解，不能用某一事份来代表全体，须知道上海社会的各方面，像各界的生活状况，工商业的现象，外国人的势力等等，如你仅知道某一方面，这仍旧不能算是已了解上海的。研究历史也是一样，仅仅专门研究一方面，那是不够的"②。二十世纪二三十年代的中国社会史论战，讨论的焦点是社会性质，吕思勉的社会史从严格意义上来说应该就是社会生活史，由社会性质而入社会生活或可成横通。吕思勉虽然较早地接受了唯物史观，但在中国社会性质和社会史的研究路径上与马克思主义史学家还是存在着显著

---

①　吕思勉：《历史研究法》，《吕思勉全集》第 18 卷，第 74 页。
②　吕思勉：《论学丛稿·研究历史的感想》，《吕思勉全集》第 11 卷，第 549 页。

的差异。

从纵的方面来看，很多学者普遍都认为对于中国通史的整体把握是对于深入和细化断代史研究的前提和基础。同样，从横的方面来看，对于中国通史的整体把握同样也是研究典章经制各个门类的前提和基础。张孟伦曾举史学史为例，认为"从史学史到史学史，则范围嫌于狭隘，发而为文，也就很难'揆端推类，原始要终'，说得脉络分明；甚而枯萎干瘪"，故此在史学史的教学和研究中，要求"务要阅读《资治通鉴》《续通鉴》以及吕思勉先生关于这方面的著作，求得一个较有系统的知识。然后再就所研究的专题进一步深入的研究，则所作的论著，才能原原本本，条理通畅"①。

吕思勉在中国通史中有关"静的历史"的部分，亦有学者做类似的处理，例如邓之诚的《中华二千年史》，其书编纂"略依纪事本末之例，先之以世系，著明年代，稍及统系，以存通之本义，使读者得以与本书互参。次之以一代大事，尤重民族变迁……次之以制度。制度为一代典则，不仅观其因革损益，及政治良窳，实欲借以测其影响于社会者安在，尤重地理官制者……次之以学术、文学、艺术，期以著学术之渊源，思想之变迁，亦以见时代递变递进之迹。终之于生计，以为读史意义，根本在此。民族兴亡，无不关乎生计之盈绌"。以纪事本末叙历代大事，而后分述制度、学术、生计诸内容。《中华二千年史》邓之诚自认并非通史，而是"依本末之体，区分事实、制度学术、文学、风俗等等，亦可为通史底簿"。② 邓之诚自认其是"通史底簿"而非通史本身。

---

① 张孟伦：《张孟伦自述》，高增德、丁东编：《世纪学人自述》第3卷，北京：十月文艺出版社，2000年，第52页。

② 邓之诚：《中华二千年史》第1册，北京：东方出版社，2013年，第2—3页。

三

　　中国古代的史著体裁，以叙事类居多，如编年、纪传、纪事本末、典制以及方志、传记等皆是，史考与史论相对较少。当然，古代史著也不是于叙事、考证、评论三者之中判然区分，如司马迁《史记》便是"于序事中寓论断"①。二十世纪以来以夏曾佑《中国历史教科书》为开端，出现了以章节体为主要形式的新体史学著作。新体史学著作于叙事中又有考证、评论，在叙事、考证、议论三者之中，议论都是基于叙事、考证而发，可先置不论。将吕思勉的两部通史和四部断代史相比勘，最根本的当然是详略上的差异，有叙事上的详略，亦有考证上的详略。

　　通史重贯通，叙事重钩玄提要，断代为史叙事则详述史实，例如南北朝经历了九个王朝，正史中之"八书二史"均与之相关。吕思勉在《白话本国史》中仅以"宋齐的治乱""北魏的盛衰""东西魏的纷争和侯景乱梁""周齐的兴亡和隋的统一"四节来进行叙述，《两晋南北朝史》中则以相当的篇幅来叙述南北朝时诸王朝之兴亡，"宋初南北情势"章下设宋初内衅、拓跋氏坐大、宋初与魏兵衅、义民抗魏、魏大武南寇节；"宋齐兴亡"章设元凶弑逆、孝武世诸王之祸、前废帝之败、子勋败亡、宋失淮北、明帝诛戮宗室大臣、宋治盛衰、后废帝之败、齐高篡宋节；"齐梁兴亡"章设齐武文惠猜忌杀戮、郁林王之败、明帝诛翦高武子孙、齐治盛衰、东昏时内外叛乱、梁武代齐节；"元魏盛衰"章设冯后专朝、孝文迁洛、齐魏兵争、梁初与魏战争节；"元魏乱亡"章设魏政荒乱、北方丧乱、尔朱荣入洛、梁武政治废弛、梁纳元

　　① 陈垣：《日知录校注》，《陈垣全集》第 16 卷，合肥：安徽大学出版社，2010 年，第 1504 页。

显、孝庄帝杀尔朱荣、齐神武起兵、魏分东西、东西魏争战节;"梁陈兴亡"章设侯景乱梁、江陵之变、陈武帝却齐师、陈平内乱节;"周齐兴亡"章设齐篡东魏、文宣淫暴、孝昭武成篡夺、武成后主荒淫、周篡西魏、周齐兵事、陈取淮南、周灭北齐、陈失淮南节;"南北统一"章设隋文帝代周、陈后主荒淫、隋并梁陈节,有部分比较重要、头绪较多的史实又析分多个小节进行叙述。叙事上详略的差异使得通史和断代史两者可以互补,从前者看中国历史发展的脉络线索,从后者得以了解历史中的大小事件。

相比于叙事上的详略,考证中的详略差异更为重要。《白话本国史》于正文夹注中均有考证,其夹注中或解释文字、标列地理、补充史实,而考证史实亦为夹注中之重要内容。金毓黻曾评价"金兆梓所撰高中本国史,颇有文学趣味。其现代史一部,似胜于吕思勉之作,古代史仍以吕氏为佳,盖一长于考证,一长于叙述也"①。

吕思勉对考证学极为重视,因为"研究历史,最紧要的就是'正确的事实'。事实不正确,根据于此事实而下的断案,自然是不正确的了。然而历史上一大部分的事实,非加一番考据,断不能算做精密正确的。所以考据之学,实在不能不讲",其中最重要的是兼通乾嘉考据学和域外材料。② 吕思勉将历史事实分为"动的史实"和"静的史实",对上述两种史实的考证则遵循了两种路径:对于"动的史实",则是搜集材料,进行综合分析,辨其异同;对于"静的史实",则是一一枚举事实,归纳得出结论。

吕思勉对"动的史实"的考证,在通史中所占的比重极少,而在各部断代史中则对相关的历史事实详加考证,例如西晋初的封建之

① 金毓黻:《静晤室日记》第六册,第4356页。
② 吕思勉:《白话本国史》,《吕思勉全集》第1卷,第5页。考证学、考据学系同义词,"证"和"据"合称为"证据",考证学、考据学所考者即为"证据"。

制，《白话本国史》中仅简单叙其为"封建制度第二次反动力"，在《两晋南北朝史》中，则对此"先考其制度，继观其议论，而此事之得失了然矣"。① 考证晋初宗王分封在当时并没有很好的实行，正因为宗王分封未定而代以宗王出镇，才导致了八王之乱。隋代仁寿宫变，吕思勉博引正史中相关记载，考证晋王夺宗之时已与宣华夫人交通，《隋书·后妃传》及《废太子传》《柳述传》之记载不足为信，事实可能为柳述与杨素倾轧夺权而致。安史之乱爆发后的马嵬驿兵变，吕思勉从考证参与兵变人员的身份入手，明确"驿门之围，遮道之请，东宫皆与其谋可知"②，灵武内禅便是其理想结果。唐德宗时泾原兵变，旧史以李怀光与卢杞、赵赞、白志贞矛盾而致，吕思勉则从考证唐代党争入手，认为旧说系卢杞等三人政敌构陷而被作史者所采入。

就"静的史实"而言，首先也是详略上的差别，即断代史中所述的内容远超通史。例如吕思勉以农工商并称实业，《吕著中国通史》中于农业仅述古农业之兴起及进化、古农学、蚕桑业、林政、渔猎畜牧等内容，以先秦的内容占了绝大部分。断代史中的相关内容则大大丰富，《秦汉史》述其时之耕作、灌溉、陂渠、劝耕、农书、盐铁、屯田以及渔猎树植等，《两晋南北朝史》则述其时各王朝，尤其是游牧民族所建之少数民族王朝的农政，以及畜牧、山泽、水利、矿业、农学等。从各断代史中可以看出当时农业的发展情况，"自晋室东渡而后，荆、扬二州，农业日见兴盛……隋、唐而后，此等情势，仍有加无已"③。《隋唐五代史》详述其时农业兴盛的情形，农耕之外，畜牧业亦见繁盛。有许多内容通史无而断代史有，如《白话本国史》中的"典章经制"部分涉及了阶级、封建、官制、教育、选举、兵制、法律、农

---

① 吕思勉：《两晋南北朝史》，《吕思勉全集》第 5 卷，第 21 页。
② 吕思勉：《隋唐五代史》，《吕思勉全集》第 7 卷，第 149 页。
③ 吕思勉：《隋唐五代史》，《吕思勉全集》第 8 卷，第 582 页。

业、工商业、货币、赋税、财政、生计、哲学、宗教、文字、学术等,而各部断代史中又增加了婚制、族制、人口、迁徙、饮食、衣服、宫室、仓储、交通、葬埋、史学、文学、美术、自然科学、经籍等内容。

以"典章经制"为主要内容的"静的史实"在中国古代正史中之"志"以及政书中都有记载。但正史中之"志"以及政书大多只介绍其设置、内容、流变等,只介绍制度本身却离开了人的活动。对"静的史实"的考证,则仿赵翼《廿二史札记》广泛使用归纳法,"汉初布衣将相之局""东汉功臣多近儒""南朝多以寒人掌机要""江左世族无功臣"等,都是枚举史实后加以总结概括。虽然"述"多于"考",但亦属考证。吕思勉对"静的史实"的考证就是多方举证,尽可能地罗列史实来论证其时的制度、风俗、文化等内容,以《两晋南北朝史》中之"昏制"为例,吕思勉认为两晋南北朝时"昏姻自由之风,斯时尚未尽泯","离昏颇尚容易,改嫁实为恒事",①考婚姻自由之风举证 5例,离婚便利举证 5 例,改嫁为恒事举证 19 例。举证详尽使其断代史著作中之史料相当丰富。

吕思勉在考证中"罗举多证",即大量使用原始材料,使其书的材料相当丰富可观。顾颉刚认为吕思勉的各部断代史以国史长编的形式日积月累地积叠,"邓氏《二千年史》自然倒坠"②。严耕望认为中国通史讲授可以钱穆《国史大纲》为主,以吕思勉几部断代史为辅,钱著"圆而神",吕著则"方以智","讲者可以拿它作为钱书之辅,以济钱书之疏阔。而且吕书征引原料甚详备,最便讲授者参考之用"③。对于吕著的各部断代史来说,无论叙事还是考证,都是适用的。

众所周知,考证与历史学研究两者不能等同。章学诚处于乾嘉

---

① 吕思勉:《两晋南北朝史》,《吕思勉全集》第 6 卷,第 627—628 页。
② 李永圻、张耕华:《吕思勉先生年谱长编》上册,第 560 页。
③ 严耕望:《治史三书》,第 194—195 页。

考据学兴盛的年代,但是"章氏所以不认考据为学者,以其徒能考据事实,而未能综合之以立一原理也。学问之所研究者为事,而其所求者为理。徒考据事实,而未能因之以见理,则其考据为无谓"①。章学诚所言的是考证与原理,即事与理的关系,考证与史书编纂同样如此,考证只是史书编纂的基础性工作。吕思勉的考证应该都是断代史以及通史编纂的需要。

吕思勉的通史、断代史编纂是一项规模浩大的工程,与单篇论文以及专门性的论著还是有差异的,因为"写单篇论文容易见精采,写通史、断代史则很难写好,这是因为论文总挑自己有研究的东西来写,没研究过的可以回避不写,而通史、断代史必须面面俱到,不管有没有研究都得写,遇到没研究过的就只好敷衍剿袭,自然精采不起来。吕先生这几部书则不然,几乎每个问题每一小点都下过功夫钻研,所以写出来的可说有百分之九十五以上是自己的东西。如果把这几部书拆散改写成单篇论文,恐怕要数以千计"②。吕思勉在通史、断代史中各个相应的研究点如果再加以引申发挥,都是极有价值的学术论文。考证在吕思勉的通史、断代史编纂中只是基础性的工作。从梁启超提倡"史学革命"开始,史学开始趋向于"网罗天下的史料,钩稽史实的真象,辨别指归,刊洛繁芜,从事于大规模的系统的研究,阐明中国先民各方面绵续活动的产品和情态,推求其因果关系,而为之解析,勒成删定"③。吕思勉的通史、断代史编纂不局限于狭隘的考证,而是大刀阔斧地去整理史事,大规模地作史,是完全符合中国史学发展趋势的。

---

① 吕思勉:《文史通义评·博约》,《吕思勉全集》第 17 卷,第 323 页。

② 黄永年:《回忆我的老师吕诚之先生》,俞振基:《蒿庐问学记:吕思勉生平与学术》,第 144 页。

③ 刘石臣:《中国史学论》,《文化批判》第 1 卷第 2 期,1934 年 6 月。

第二节　《白话本国史》与《吕著中国通史》
之比较研究

　　《白话本国史》和《吕著中国通史》是吕思勉所编纂的两部体例截然不同的通史著作，这在二十世纪诸多编纂中国通史的史学名家中是绝无仅有的。吕思勉曾言："史汉同异，词句为多，即宋、齐、梁、陈、魏、北齐、周之书之于南、北史亦然，且本有此缺而以彼补之者。……新旧唐、五代，事实同异太多，即其同者，辞句亦皆大异。"①吕思勉所论的是正史的互相校勘，而对于其他史书亦可采取此法互为对读，比较异同。本节拟将《白话本国史》和《吕著中国通史》两部通史互相比较，以分析通史编纂及应用等方面的得失。

一

　　《白话本国史》原名《自修适用白话本国史》，1923 年由上海商务印书馆出版，系吕思勉"历年在学校里教授所豫备的一点稿子"，作为给学生学习历史"门径之门径，阶梯之阶梯"。②《吕著中国通史》是吕思勉在上海光华大学讲授中国通史的讲稿整理而成。严格意义上来看，两书原本都是作教材之用。按照张舜徽的说法，自清末以来，为从事中国通史教学需要而用章节体编纂了很多中国通史的教材，"在中国社会长期流行之后，人们便不知不觉地误认为这便是'中国通史'了。有些编书的人，也就直标这种课本为'中国通史'。可是无论从内容、体式各方面来看，距离'通史'的要求还太遥

---

　　① 吕思勉：《论学丛稿·与人论〈新元史〉〈元史新编〉书》，《吕思勉全集》第 11 卷，第 477—478 页。

　　② 吕思勉：《白话本国史》，《吕思勉全集》第 1 卷，第 1 页。

远,名与实是很不相称的"①。而从历史教学的角度来看,《白话本国史》和《吕著中国通史》的编纂方式互为补充,对于当时历史教学中所普遍存在的问题,颇有可借鉴之处。

民国时期的历史教学处于起步阶段,被批评最多的即是初中、高中历史教学体系相同、内容重复,中学生"读了六年历史,是每三年为一圆周,只读了两周"②。中国历史作为一个整体,不可能将其割裂为两段以适应初中、高中,也不可能做不同的叙述。初中、高中历史教学只是在内容的深度广度上有所差异,但此差异并非是根本性的,并不能解决初中、高中历史教学体系相同、内容重复的问题。当时有不少学者提出过解决方式,即将初中、高中的历史教学以不同的体系来进行编排内容讲授,按照张荫麟的设想:

> 我们劈头碰到的问题就是国史教材在初中和高中两阶段里的分配。……这两级的课本,内容大半雷同。学生们在初中时读的是一套,在高中时读的还是那一套,这最足为兴味的障碍。我们第一步要使初中的国史课本不是高中同类教本的缩影或稀淡剂。要使它们各有各的范围,各有各的生命。这目的怎样达到呢? 中国史是一而无二的,我们怎能给它做两种不同的叙述呢? 我们不能把它斩成两概,以一概给初中,一概给高中;若如此,则读了初中而不升学的学生对本国史只认识一半。那又怎行呢? 我们对于这分配的问题的解答是这样:第一,在

---

① 张舜徽:《中国文献学》,武汉:华中师范大学出版社,2004 年,第 276—277 页。现学术界一般都将《白话本国史》和《吕著中国通史》视为通史而非历史教科书。上海古籍出版社所出的《吕思勉文集》和《吕思勉全集》,均将吕思勉所著其他中学历史教科书合编。但是将《白话本国史》和《吕著中国通史》作为历史教科书亦无不可。

② 黎东方:《关于大学中国通史课程的几个问题》,《教育杂志》第 31 卷第 11 号,1941 年 11 月,第 1—4 页。

初中采用纵的划分,在高中采用横的划分。所谓纵的划分者,即是将历史的众(纵?)方面,如民族的斗争和离合,国境的开拓,物质生活的变迁,社会结构的演化等等,分别叙述,各方面从古及今,自为段落。这种方法最宜于简要的鸟瞰和现状的溯源,这些正是初步的历史智识所需要的。所谓横的划分者,即是以整个的时代为段落,其目的在显示各时代的特殊面目,这正适合于历史之较深刻的认识。第二,在初中详今略古,详近略远;在高中则各时代的叙述力求比较的平均。①

显然,从历史教学的角度来看,《白话本国史》和《吕著中国通史》的编纂在一定程度上是比较合乎张荫麟设想的。

《白话本国史》以时间为序,分上古史、中古史、近古史、近世史、现代史五篇,每篇之下各有章节,中古史、近古史、近世史内容较多,便析为上中下或上下各部。历时性是历史学的基础,以时间为序把历史事实联接为一个可以认识和理解的过程。《吕著中国通史》则按照吕思勉所一贯倡导的"治乱兴亡"和"典章制度"为互补的思想,分成上下两册,上册为"典章制度",分门别类地论述了婚姻、族制、政体、阶级、财产、官制、选举、赋税、兵制、刑法、实业、货币、衣食、住行、教育、语文、学术、宗教共十八个门类;下册为"治乱兴亡",即以时间为序叙述了中国历代各王朝的兴衰递嬗。

《白话本国史》和《吕著中国通史》两种完全不同的编纂模式对于历史教学而言很有借鉴参考价值,前者和绝大多数的中学教科书一样,以时间为序,分章析节介绍中国古代政治、经济、社会、文化等方面的历史事实,后者实际上是以专题的形式来介绍中国历史上的

---

① 张荫麟:《中学本国史教科书编纂会征稿启事》,《张荫麟全集》上卷,第191—192页。

各个方面。如果说《白话本国史》是纵的历史,那么《吕著中国通史》就是横的历史①,纵横交错,既可以很好地解决学生在各个不同学习阶段历史教学的重复问题,又能够取得比较好的教学效果。

《吕著中国通史》编纂的初衷其实就是为了避免中国通史教学中的重复。根据吕思勉的回忆:创办光华大学的钱基博曾言:"讲通史易与中学以下的本国史重复,不如讲文化史。"后教育部颁行大学课程,以中国文化史为各院系一年级必修课,后改为通史,而注明须注重文化,"大学的中国通史,讲授的时间,实在不多。若其编制仍与中学以下同,所讲授者,势必不免于重复。所以我现在,换一个体例。先就文化现象,分篇叙述,然后按时代加以综合"。② 故在光华大学讲授中国史时将文化史和政治史分别讲授,后陆续修订而成《吕著中国通史》。

《白话本国史》和《吕著中国通史》在编纂体例上可以互为补充,但于上引张荫麟的设想却并不完全符合。如果按照张荫麟的设想,《吕著中国通史》作初中教科书比较适合,《白话本国史》则应作为高中教科书。而从两书内容的深度和难度来看,《吕著中国通史》稍显浅显,比较适合低层次读者的接受水平,《白话本国史》则具有相当的深度和难度。《白话本国史》中有的内容便似一篇篇简要的读史札记或学术论文,例如"中国古代的疆域",吕思勉先是按照古人所说的"服"的里数和封建的国数来计算,其次是按古人所说的"州"来考察古代疆域,最后是考校古人所说"疆域的四至"。其研究都是罗列各说,考辨异同,所引文献包括今古文《尚书》、《周礼》《礼记》《尔雅》《史记》以及马融、郑玄等诸家注。最后吕思勉以秦的设郡再来

---

① 笔者所理解的"纵的历史"是按照时间为序进行叙述,"横的历史"是按照专题门类为序进行编纂。与张荫麟所说的正相反。

② 吕思勉:《吕著中国通史》,《吕思勉全集》第2卷,第12页。

考校古代疆域。吕思勉的这种研究当然有其学术价值,但将其作为教学内容,则未必合适。

二

中国通史编纂的首要问题是分期问题。非但是通史,各断代史、专门史也都面临分期问题,"由于标准的不同,在各家的原书与原著论文中,他们都提出所以如此分期的理由,也叙述了各段分期内的现象,因此他们都能成一家之言"[1]。但就《白话本国史》和《吕著中国通史》而言,两部通史在分期问题上还是存在很大差异的。

《白话本国史》分为五期:(1)上古史(周以前);(2)中古史上(从秦朝统一起,到后汉全盛)、中(从汉末分裂起,到南北朝止)、下(从隋朝统一起,到唐全盛时代止);(3)近古史上(从唐中叶以后藩镇割据起,到五代止)、中(北宋)、下(南宋);(4)近代史上(元)、中(明)、下(清中叶以前);(5)最近世史(从西力东渐到现在)。[2] 此种分期当然有其理由,"秦代以前的世界,是个封建之世;秦汉以后的世界,是个郡县之世;其情形是迥然不同的:中国成一个统一的大国,实在是从秦朝起的","从汉到唐,和从宋到清,其间的历史,有一个大不相同之点,便是'从汉到唐,中国是征服异族的;从宋到清,中国是给异族征服的'"[3],其间的转折点便是安史之乱。

---

① 查时杰:《中国近代史与现代史的断代与分期问题》,张玉法主编:《中国现代史论集》第一辑,台北:联经出版事业公司,1980年,第38页。

② 吕思勉:《白话本国史》,《吕思勉全集》第1卷,第6页。吕思勉在《白话本国史》第四章"本书的分期"与其目录章节编排颇有差异,前者将元代作为近世史,但在目录章节编排以及正文中却将元代纳入近古史。在目录章节中以明、清两朝为近世史,辛亥革命以后为现代史。

③ 吕思勉:《白话本国史》,《吕思勉全集》第1卷,第125、261页。

　　按照吕思勉所一贯主张的治乱兴亡和典章制度的区分,断代分期标准实际上是根据治乱兴亡而非典章制度。治乱兴亡即政治史,典章制度则约相当于正史中之书志就是今日的专门史,而专门史亦各有其分期,与断代史的分期可以一致,也可以不一致。所以《白话本国史》的分期是政治史的分期,而非是各专门史的分期。《白话本国史》中典章制度的部分是按照政治史的分期标准,将各专门史的内容系于相应的历史阶段中。《白话本国史》以时间为序,按照政治史的标准进行分期,既无法兼顾到专门史的分期,也无法将政治史和专门史有效地加以融合。这一点在吕思勉的四部断代史中表现得尤为突出,在四部断代史中"典章经制"的部分同样也是将各时代之相关材料分系于相应的类目之下,例如"葬埋",吕思勉认为"厚葬之弊,至秦、汉之世而大著,故自后汉以来,薄葬稍成为舆论。至魏武、文二帝,乃大革其弊。晋世亦因仍之"①。但就葬埋风俗而言,决不是经历了由厚葬到薄葬的发展阶段。秦汉时厚葬之风盛,主薄葬和行薄葬者只在少数。当然厚葬、薄葬只是对王公大臣、富贵豪奢之家而言,贫民则只能薄葬或不葬。魏晋南北朝以至隋唐五代,实际上厚葬还是当时社会的主流。吕思勉在各部断代史中于"葬埋"一节介绍了各个时期的帝陵、陵寝、葬仪、守冢、棺椁、葬品、殉葬、合葬、归葬、弃尸、墓祭、招魂、堪舆、掘墓等。"典章经制"是"静的历史",是不限于具体的时间地点而长期普遍存在的历史事实,例如掘墓,"厚葬既终不能革,故发掘之事,亦终不能绝"②,史籍中关于掘墓的记载本质上无甚差别,但是吕思勉限于断代的编纂方式而将各个不同历史时期掘墓的记载系于各部断代史中。

① 吕思勉:《两晋南北朝史》,《吕思勉全集》第 6 卷,第 823 页。
② 吕思勉:《两晋南北朝史》,《吕思勉全集》第 6 卷,第 830 页。

　　当然,《白话本国史》中的断代分期作为一家之言很有影响,特别是其打破王朝为断代,而以唐中叶安史之乱作为分期,对唐长孺影响很大。唐长孺认为唐中叶以前封建国家土地所有制居于统治地位,构成了其通史理论体系的核心,封建大土地所有制对国家所有制的胜利,寒门地主的兴起,皇权基础的改变,选举制度的变革等一系列历史事件由此展开。[①] 唐长孺的上述通史理论应该是将经济、政治、社会文化等内容融合到一起。

　　《白话本国史》无法体现典章制度部分内容,即专门史的分期。而在《吕著中国通史》中,其上册实际上就是婚姻等十八部专门史的汇编,每部专门史都能够介绍其发展演变的情况,而不是在通史、断代史中附于政治史之后,所以各专门史的编纂能够自为首尾,独立成篇,可以独立叙述其发展演变之迹。在"兵制"章中,吕思勉将兵制分为八期:(1) 在古代,征服之族全体当兵,被征服之族则否,为部分民兵制度;(2) 后来战争剧烈,动员军队多了,则为全民皆兵制;(3) 天下统一后,则无需全民皆兵,而地方势力崛起,出现了州郡之兵;(4) 南北朝后期,财政窘迫,不得不令耕以自养,出现了部分民兵制,即北周、隋、唐之府兵;(5) 府兵废坏后,地方多事,因而藩镇兵起;(6) 宋惩唐、五代之弊,而立募兵制;(7) 元以少数民族入主中原,其兵制带有其本民族的特色,明代的府兵和卫所实际上暗袭了元代的兵制;(8) 清代八旗、绿营兵制,至太平天国崩坏。[②] 又如"学术",吕思勉将中国学术思想分为三个时期:(1) 自上古至汉魏之际;(2) 自佛学输入至清亡;(3) 自西学输入以后。[③] 在《白话

　　① 唐长孺:《在中国通史研究中探讨史学体系问题的一些体会》,《光明日报》1961年1月12日,第2版。
　　② 吕思勉:《吕著中国通史》,《吕思勉全集》第2卷,第114页。
　　③ 吕思勉:《吕著中国通史》,《吕思勉全集》第2卷,第212页。

本国史》中，吕思勉则都是把相应的内容系于各个不同历史时期之下。

与"动的事实"相比，"静的事实"是长期存在的历史事实，在很长的时间段中都无甚改变，"吾国社会，根柢实定于古代。至后世，则但奉行古义，无大改变矣"①。所以吕思勉在《吕著中国通史》各专题中对持续至今的"静的事实"比较简略，而对"根柢实定于古代"则论述较详。例如对于婚姻，古人"以为隆古的社会，亦像后世一般，以一夫一妇为基本，成立一个家庭，由此互相联结，成为更大的组织。……然而事实是否如此，却大是一个疑问"②。吕思勉论述了一夫一妻制以前的婚姻形态，与婚姻相关的氏族、姓氏、礼仪等内容。一夫一妻制成于父系氏族社会并延续至今，所以在《白话本国史》中就没有"婚姻"的相关内容。

对于"一切历史都是当代史"的一般性理解，历史和现实密不可分，过去以当前作为参照，历史存在于现实之中。吕思勉即认为："须知我们要知道一个人，并不要把他已往的事情，通统都知道了，记牢了。我，为什么成为这样一个我？反躬自省，总是容易明白的，又何尝能把自己已往的事，通统记牢呢？然则要明白社会的所以然，也正不必把已往的事，全数记得，只要知道'使现社会成为现社会的事'就够了。"③要实现"使现社会成为现社会的事"的目标，《白话本国史》似乎并不太成功。按照"治乱兴亡"和"典章制度"的划分，《白话本国史》先上古时期的"治乱兴亡"，再是上古时期的"典章制度"，然后又是中古时期的"治乱兴亡"，再是中古时期的"典章制度"……以各个时期分成两部分轮流叙述。相比之下，《吕著中国通

---

① 吕思勉：《中国社会史》，《吕思勉全集》第 14 卷，第 185 页。
② 吕思勉：《吕著中国通史》，《吕思勉全集》第 2 卷，第 13 页。
③ 吕思勉：《吕著中国史》，《吕思勉全集》第 2 卷，第 8—9 页。

史》则不以时间的分期割裂"治乱兴亡"和"典章制度"的具体内容，以"典章制度"为中心的社会文化史各个专题首尾一贯，"治乱兴亡"的政治史亦是一以贯之，能够将过去和当前很好地融合起来，例如吕思勉论述中国农业的进化，"一言以蔽之：曰：自粗耕进于精耕"。但另一方面，中国古代讲求农学的人太少，土地私有后寸寸割裂，无法展开公共水利灌溉等大工程，再加上农村封建势力和高利贷者的巧取豪夺，"也是农田的一个致命伤"，所以"农业有其进化的方面，而亦有其退化的方面。进退相消，遂成为现在的状况"。①

《吕著中国通史》对于社会文化的部分分门别类地"叙述了一个大略"，但是吕思勉也认识到"社会是整个的，作起文化史来，分门别类，不过是我们分从各方面观察，讲到最后的目的，原是要集合各方面，以说明一个社会的盛衰，即其循着曲线进化的状况的"②。婚姻、族制、政体等十八个门类都是单独的，没有融成一个整体。《白话本国史》则以时间为序，将中国社会作为一个整体来叙述其发展演进。故此，吕思勉两部通史的编纂都各有其价值，可以互为补充。

三

《白话本国史》和《吕著中国通史》作为编纂体例截然不同的两部通史，在内容以及编纂方式等方面也存在着很多差异。从两书的差异入手，作比较分析，或可为中国通史的编纂工作提供某些参考借鉴。

《白话本国史》初版于 1923 年，《吕著中国通史》分上、下册分别

---

① 吕思勉：《吕著中国通史》，《吕思勉全集》第 2 卷，第 143—144 页。
② 吕思勉：《吕著中国通史》，《吕思勉全集》第 2 卷，第 243 页。

初版于1940年和1944年。在此期间，吕思勉的某些学术观点也发生了改变。例如尧舜禅让，《白话本国史》中就儒家文献举出四证，以证所谓的"唐虞揖让"都是为公不为私，"是儒家的学说，并非实有其事"，"儒家的学说，都是孔子所创造的，并没有所谓尧、舜、禹、汤、文、武、周公等等的圣人。后世实行儒家之学，便是实行孔子之学"①。其结论很明显是受到了古史辨派的影响。而在《吕著中国通史》中，则认为无论是儒家所美化的禅让，还是刘知幾等人所说的篡夺，都不是事实真相。在古代，君位与王位是不同的，"尧、舜、禹的相继，乃王位而非君位，这正和蒙古自成吉思汗以后的汗位一样。成吉思汗以后的大汗，也还是出于公举的。……自夏以后，变为父子相传，古人谓之'家天下'，又可见得被举为王的一个部落，渐次强盛，可以久居王位了"②。以后世少数民族的王位继承来说明尧舜禅让。

　　二十世纪初以来中国历史学发展迅速，而吕思勉也注意吸收学术界的相关研究成果补充到通史中。《白话本国史》中吕思勉持汉族西来说，并举昆仑、大夏两证，当然上述两证也并非是充分的确证，而在《吕著中国通史》中吕思勉已改变了西来说，认为"以汉族开化起于黄河流域，而疑其来自黄河上源，因此而信今新疆西南部的山为汉族发祥之地，根据实在很薄弱"③。重要的是在《吕著中国通史》中补充了很多考古学方面的材料，包括比较重要的周口店发现的北京猿人，安特生在仰韶等地发掘的彩陶文化，城子崖等地的新石器文化，吕思勉还是比较倾向于仰韶文化、龙山文化二元对立说，"中国文化，在有史以前，似分东、西两系。东系以黑陶为代表，西系

　　① 吕思勉：《白话本国史》，《吕思勉全集》第1卷，第22—23页。
　　② 吕思勉：《吕著中国通史》，《吕思勉全集》第2卷，第252—253页。
　　③ 吕思勉：《吕著中国通史》，《吕思勉全集》第2卷，第244页。

以采陶为代表,而河南为其交会之地。采陶为西方文化东渐的,代表中国固有的文化的,实为黑陶"①。这种观点是当时学术界所流行的主流观点。

从吕思勉在两部通史编纂过程中观点的变动以及材料的增补等方面的情形可以看出,中国通史不是"百世不移"的定本,"它必然会根据历史科学的发展经常简易修改,以至于重新编写"②。当然,《白话本国史》也存在不少错误,例如牟润孙评价《白话本国史》,"大体尚佳,不失为初学之良读物……窃念此书为学校教本,其自身之错误尚小,其贻害于来学实大,故略为勘订"③,订正书中 11 条讹误。通史中的错误需要在学术发展的进程中不断地被修正。

从篇幅上看,《白话本国史》约 65.6 万字,《吕著中国通史》约 41.2 万字④,前者比后者多了约 37%。造成两者在篇幅上差异的主要原因是《白话本国史》兼有考证、叙事和评论,《吕著中国通史》则主要是叙事和评论。

金毓黻评价吕思勉《白话本国史》中考证:"具有新解,而无穿凿武断之失。凡创一义,必罗举多证,而后折衷一是,断其或然或不然。此清代汉学家治学方法,而吕氏依用之者。"⑤吕思勉考证粤族为马来人,举出两个"坚证",一是"文身",博举《礼记·王制》《汉书·地理志》《后汉书·哀牢传》《后汉书·东夷传》《北史·流求

① 吕思勉:《吕著中国通史》,《吕思勉全集》第 2 卷,第 245—246 页。
② 尹达:《改进历史科学的研究工作——为毛泽东同志发表"改造我们的学习"十五周年而作》,《人民日报》1956 年 5 月 30 日,第 3 版。
③ 牟润孙:《吕思勉著〈白话本国史〉订讹》,《海遗丛稿(初编)》,北京:中华书局,2009 年,第 277 页。
④ 两书字数系笔者根据版权的出版字数所做的约略统计,仅供参考。
⑤ 金毓黻:《静晤室日记》第二册,第 1470 页。

传《南史·扶南传》以及阎若璩《四书释地三释》等文献为证。二是食人的风俗,则举《墨子·鲁问》《左传》《南史·毗骞传》《北史·流求传》《隋书·真腊传》等文献为证,"以上两种证据,都系略举。若要全抄起来,还可得许多条"①。以上各条证据全录原文史料,便是"略举"也是占了很大的篇幅。在《吕著中国通史》中则简要叙述为:"此族有断发文身和食人两种风俗,在后世犹然,古代沿海一带,亦到处有这个风俗,可知其为同族。"②《白话本国史》中的考证太多以至于占了全书很大的比重,这就使得其在篇幅上远超《吕著中国通史》。

在通史编纂中,考证和叙事两者应该是相辅相成的,例如童书业即认为:"考订和贯述是两件不可偏废的工作,考订是审定史料,是写作历史的预备工作;贯述是根据已审定的史料,通论历史的大势,是史学的最大目的。在写作通史时,需要有考订的常识,并需要明了当代史料考证的成绩,而在考订史料时,也需要有通史和社会科学的常识;否则写作通史变成了架造空中楼阁,考订史料变成了玩物丧志。"③中国通史应该是叙事之体而非考证之体,中国通史论述的范围上下五千年,纵横几万里,涉及的内容相当之多,如果将每一个问题都考证清楚编入通史,那肯定是俟河之清未有期。将考证的过程编入通史,则体量太过巨大,与通史编纂之本旨相违。按照邓之诚的说法,即"史学本贵考证,惟通史则有间,所重乎系统沿革,所要乎事实纲领"④。故此中国通史的编纂只能采叙事之体,所叙

---

① 吕思勉:《白话本国史》,《吕思勉全集》第 1 卷,第 61 页。

② 吕思勉:《吕著中国通史》,《吕思勉全集》第 2 卷,第 264 页。

③ 童书业:《从史料考订与通史著作谈到古史的研究》,童书业著,童教英整理:《童书业史籍考证论集》,第 768 页。

④ 邓之诚:《中华二千年史》第 1 册,第 6 页。

为考证的结论,而考证的过程则需省略。中国通史作为叙事之体,其编纂应该是建立在对史料全面搜集批判考证的基础之上的,考证之体必须注明史料来源,利用他人研究成果也必须要求标注,但叙事之体无此必要,章学诚认为:"考订之书袭用前人成说,本不足怪,但须注明来历耳。惟著述之体不须注明来历。"①章学诚所说的"著述之体"即叙事之体,张荫麟的《中国史纲》在撰写之前"对历史问题做过非常艰苦的考证工作,文章中也利用了旁人不少考据的成果"②。但考证的过程、出处等在通史编纂中则尽可能地被省略。

从叙事来看,《吕著中国通史》叙事则太过简略。同是"北宋的积弱"一章,《白话本国史》分"宋初与辽夏的交涉""宋初的政策和后来腐败的情形""王荆公的变法""神宗的武功""元祐绍圣的纷更和徽宗的衰侈"五节,《吕著中国通史》"北宋的积弱"一章的内容约相当于《白话本国史》中的一节。所以在中国通史编纂中,详略也是很重要的,太过繁复,则容易导致"一部十七史,从何说起"之弊;太过简略,则将中国通史编成一部提纲。当然,对于详略的尺度亦没有统一的标准,需要编纂者自己加以把握了。

第三节　吕思勉《秦汉史》与翦伯赞
《秦汉史》之比较研究

秦汉时期是中国历史的一个重要发展阶段,当代学者的秦汉断代史专著直到二十世纪四十年代方才出现。按照翦伯赞的说法,"秦汉的历史直至今日,我们还没有看到一部完整的科学的专著;有

---

① 章学诚:《乙卯札记·丙辰札记·知非札记》,北京:中华书局,1996年,第22页。
② 程应镠:《程应镠史学文存》,上海:上海人民出版社,2010年,第621页。

之,只是以一个章目列于诸家通史之中"①。1946 年出版的劳榦《秦汉史》系通俗读物,李源澄的《秦汉史》则是"人人所知者不复言,即其关系甚大不能不言者,言之亦从简略。若所关甚大而为人所忽者,则言之从详,其中引用原书处,多是人所忽略处"②。严格意义上的断代史应该是全面系统地对中国历史上的某个历史时期进行撰述,故其书也算不上是真正意义上的秦汉断代史著作。翦伯赞《秦汉史》和吕思勉《秦汉史》先后初版于 1946 年和 1947 年,均为体大思精、材料丰富之作。本节拟从编纂学的角度对两部《秦汉史》作比较研究。③

一

二十世纪以来,会通和断代对应中国通史和断代史的编纂。对于两者的关系,贺昌群曾言:"断代史是一代的通史,应当比一般通史的撰述较为详细周密,与断代史的专题研究亦应有区别,但却不能说断代史因此就应当极力避免与一般通史的叙事相重复,据我看来,断代史恰恰是从属于通史并为通史服务的。断代史和通史的区别是对历史事件和历史发展分析的深度与广度的不同,而不是重复或避免重复的问题。一定的历史时代是全部社会发展过程中的一个阶段,对一定历史时代的历史事件和历史发展进行细致深刻的分析,有助于更科学地阐明和认识全部社会历史发展的客观规律。"④

---

① 翦伯赞:《中国史纲·秦汉史》,北京:商务印书馆,2010 年,第 1 页。

② 李源澄:《秦汉史》,林庆彰、蒋秋华主编:《李源澄著作集》第 1 册,第 80 页。另有瞿兑之《秦汉史纂》(中国联合出版公司 1944 年版)和瞿益锴、张树棻《秦汉史》(华北编译馆 1943 年版),笔者未见。

③ 翦伯赞、吕思勉《秦汉史》版本甚多,本文所用为商务印书馆 2010 年版,均为"中华现代学术名著丛书"之一,便于比较。

④ 贺昌群:《读〈隋唐史〉》,《贺昌群文集》第 3 卷,第 526 页。

这种认识是比较具有代表性的。萧一山《清代通史》,一是取普通史(genera history)之"通",另一便是指中国通史之清代部分。① 李洵曾著《明清史》(1956 年),但其自认在多年的中国通史教学实践中对中国史有了"通史感""全史感""整体感","这种'通史感'是研究断代史、专门史的主要学术思想基础。……构成了我从事明清史专业工作的新的基础"。②

　　自二十世纪初梁启超批判中国传统的二十四史为帝王将相之家谱,以中国历史上的各个王朝为断限的断代史的编纂模式已经被否定。新式的断代史的断限应当是以某个时期为断代,之所以其为断代,必须要体现出此一断代的时代特征以区别于其他断代,例如李源澄的《秦汉史》,对秦汉时代特征的关注点即是"封建、郡县、儒术三事,秦、汉为封建变为郡县之历史,封建制度消灭,郡县制度完成,儒术与君主结合,三者实秦、汉历史之中心"③。李源澄对秦汉历史特征的概括是否正确姑置不论,但其书的编纂,却是按其所概括的时代特征展开的。如果在断代史的编纂过程中缺乏对此断代时代特征的概括和把握的话,秦汉与魏晋南北朝、隋唐五代、宋辽金元、明清各断代便无区别。若是每一时期的断代均按政治、经济、社会、思想文化等结构罗列史料进行编纂,便无法突出其时代特征。当然,以秦汉为断代还有着更重要的意义,即在二十世纪二三十年代的中国社会史论战中,秦汉以后的中国社会性质是争论的三大焦点问题之一,"中国社会史上争论之点,在秦、汉以后,不在秦、汉以前"④。

---

① 萧一山:《清代通史》第 1 卷,上海:华东师范大学出版社,2006 年,第 2 页。
② 李洵:《李洵自述》,唐振常、王元化:《世纪学人自述》第 6 卷,第 133 页。
③ 李源澄:《秦汉史》,林庆彰、蒋秋华主编:《李源澄著作集》第 1 册,第 80 页。
④ 李源澄:《略论中国社会》,林庆彰、蒋秋华主编:《李源澄著作集》第 4 册,第 1610 页。

吕思勉在其通史和断代史著作中反复申说：就政治史而言，当以周、秦为大界；就社会史而言，则以新、汉为大界：

> 自来治史学者，莫不以周、秦之间为史事之一大界，此特就政治言之耳。若就社会组织言，实当以新、汉之间为大界。……晚周以来，盖封建势力日微，而资本势力方兴之会。封建势力，如死灰之不可复然矣，而或不知其不可然而欲然之；资本势力，如洪水之不可遏潴也，而或不知其不可潴而欲潴之；此为晚周至先汉扰攘之由，至新室亡，人咸知其局之不易变，或且以为不可变，言治者但务去泰去甚，以求苟安，不敢作根本变革之想矣。故曰：以社会组织论，实当以新、汉之间为大界也。①

翦伯赞《秦汉史》实际上是其计划的八卷本《中国通史》之一部。作为西周封建论者，吕振羽、范文澜、翦伯赞等马克思主义史学家都主张西周开始的是领主封建制，秦统一后则是从领主封建制过渡到地主封建制。但是吕振羽、翦伯赞的西周封建论与范文澜不同的是其理论还或多或少地受到了苏联商业资本主义理论的影响。

所谓的商业资本主义是波格达诺夫（Bogdanov）在《经济科学大纲》中提出的一个概念，波格达诺夫把人类历史的发展分为"原始的自给自足社会"、"商业社会"和"社会化的有组织的社会"。此后，托派的拉狄克将商业资本主义这一概念运用于阐释中国历史，认为中国历史"从秦始皇起，所有中世纪时代的官僚，都代表这个阶级"②。拉狄克以吕不韦为例，认为秦政权是代表商人地主的利益，秦统一是商业资本主义的胜利。自秦统一后，中国的商业资本已有了几千

---

① 吕思勉：《秦汉史》，北京：商务印书馆，2010年，第1—2页。
② ［苏联］拉狄克著，克仁译：《中国革命运动史》，上海：新宇宙书店，1929年，第77页。

年的发展,土地可以自由买卖,从而集中到商业资产阶级手里。因之,中国无所谓封建势力,只有商业资产阶级。

在二三十年代的中国社会史论战中,亚细亚生产方式、奴隶社会有无和秦汉以后的社会性质是论战的三大焦点,对于秦汉以后的社会性质,中国托派以及新生命派均受托派拉狄克的影响将其判定为商业资本主义社会而非封建社会。中国的马克思主义史学家在批判托派错误理论的同时也或多或少受其影响,翦伯赞即是典型的例子。

翦伯赞的《秦汉史》就是在西周封建论的理论体系中加入了商业资本主义的内容。翦伯赞认为,西周的封建领主到了战国时代就逐渐被新兴的商人地主所取代,或发生剧烈的分化,或走向没落,或发生转化。商人地主为了实现商品的流通与货币的转化,在政治上迫切需要打破领主割据的局面,实现国家的统一。秦政权即是商人地主的利益代表而肩负着这一历史使命。秦统一是商人地主对六国旧贵族的胜利。当然,从封建领主到商人地主的政权转移,并不改变封建社会的性质,只不过是在土地所有权上由旧的封建领主过渡到新兴的商人地主而已。农民则由原来的依附于封建领主的农奴转变为商人地主的佃农。

西汉的建立,是因为庞大的商人地主集团成了汉高祖的"后台老板","汉高祖公开地站在商人地主的方面,替他们执行讨伐旧贵族的反动之历史任务。历史发展的倾向,决定了这个斗争的胜利属于商人地主"①。王莽改制,最主要的是打击商人地主的土地兼并、物价垄断和高利贷盘剥。王莽的一系列政策都是违反商人地主利益的,当然会遭到商人地主的强烈反抗,在此背景下,刘秀又重建了

---

① 翦伯赞:《中国史纲·秦汉史》,北京:商务印书馆,2010年,第295页。

商人地主政权。刘秀本人是"丝毫不假的一个商人地主。同时，东汉的衮衮开国元勋，也不像西汉一样是一群小地主和流氓无产者，而是南阳和其他各地的富商大贾"①。东汉又是一个贵族、官僚和商人的三位一体的政权。

毫无疑问，商业资本主义——无论其理论本身还是具体的实践运用——都是错误的，在当时就有不少批评："翦君谓秦之统一天下，得力于国际商人地主之力，自足备一说。但谓始皇能运用国际商人地主之力完成统一，乃因其英俊，则未免过分重视个人因素。又谓歌颂始皇功德之刻石为商人地主所刻，恐亦不尽然。"②"商人地主的政权武力、土地云云，亦绝非事实。"③但需要指出的是，翦伯赞只是在《秦汉史》中受商业资本主义理论的影响，将秦汉政权看作是代表商人地主利益的，但并不否认中国自秦汉以来就是封建社会，这是翦伯赞与中国社会史论战中的商业资本主义论者最本质的分野，而且翦伯赞对于商业资本主义理论本身是持坚决反对的态度，并且给了严厉的批判："商业资本之不能成为一个'主义'，尤其不能成为历史上一个'特定的阶段'，这差不多是稍具经济学常识的人们，都应该知道的。……我们的历史家应该替'商业资本主义社会'找出一个作为它的社会经济基础的独特的生产方法。因为如果找不出它的独特的生产方法，就是反证它没有具备一种独特的经济基础，从而也就不能是一个社会。……把这种外在于生产基础之上的商业资本，当作是一种生产力与生产关系之辩证法的统一的生

---

① 翦伯赞：《中国史纲·秦汉史》，第 475 页。

② 《新书介绍·中国史纲第二卷》，《图书季刊》新第 7 卷第 3、4 期，1946 年 12 月，第 29—30 页。

③ 缪凤林：《略评翦伯赞中国通史第二卷秦汉史》，《中央周刊》第 10 卷第 19 期，1948 年，第 3—6 页。

产方法,而在历史上凭空添加这样一个社会,这如果不是史的唯物论的错误,便是波格达诺夫的经济范畴之荒谬绝伦。"①

　　吕思勉和翦伯赞编纂《秦汉史》,首要的出发点便是其对于中国历史的整体认知,将秦汉这一历史发展阶段置于中国历史发展的整体框架中,在此基础上把握秦汉这一历史时期的特征,而不是就断代而断代进行编纂,尽管两人对于中国历史的整体认识和秦代的历史特征的认知存在着极大的差异。

二

　　中国传统的史书体例有编年体、纪传体、纪事本末体等等,自夏曾佑《中国古代史》始采用章节体进行编纂。章节体分章析节,结构严密,体系完整,在二十世纪通史、断代史编纂中被普遍采用,但在具体运用上还是存在差异的。

　　吕思勉的两部通史和四部断代史均以治乱兴亡和典章制度为区分而分途编纂,所不同的是《白话本国史》以断代为限,在每一断代中论述治乱兴亡和典章制度。《吕著中国通史》则上编 18 章专论社会文化史,下编 36 章专论历朝政治。以《秦汉史》而论,第一章总论而外,后 11 章叙秦至三国政治变迁,余下 8 章分论秦汉时期的社会组织、社会等级、人民生计、实业、人民生活、政治制度、学术、宗教等内容。翦伯赞《秦汉史》前 4 章分别论述秦族的渊源、建国及其历史形势,秦代社会经济的构造及其转向,秦朝政权的性质、组织、发展及其灭亡,秦代的意识形态及其变化。其后西汉、东汉的前 3 章均仿秦朝之例,末章将两汉的意识形态合并论述。

---

　　① 翦伯赞:《中国社会史论战集》,《翦伯赞全集》第 6 卷,石家庄:河北教育出版社,2008 年,第 393—395 页。

很明显,吕思勉《秦汉史》将治乱兴亡和典章制度分为两橛,不相统属。齐思和批评《白话本国史》之作,"内容则全重文化,似于'通史'之义,有未合处! ……铨配失当,体例尤可病"①。王家范批评《吕著中国通史》的不足是"条分缕析甚细,政治大势与制度沿革两部分又截然分开,从'通'的标准要求,算不得上上策"②。这些批评虽然是针对通史而言,但对于断代史也同样适用。1959 年出版吕思勉遗著《隋唐五代史》时,书前加有批判性的出版说明:

> 作者治史的立场、观点、方法,基本上是和乾嘉学者相同的,指导思想依然是多元的唯心史观和封建的正统思想,所以他采用的编纂体例,也依然是旧的记(纪?)事本末体和旧的叙述典章制度的体例。这书的体例,是和作者过去出版的《先秦史》《秦汉史》《两晋南北朝史》一贯的。全书分上下两册,上册叙述政治史,实质上是王朝兴亡盛衰的历史。采用的记(纪?)事本末体,和过去封建社会的历史家一样,把全部历史归结为帝王将相活动的结果。下册分章叙述当时社会经济、政治制度、文化学术的各种情况,采用的是旧的叙述典章制度的体列(例?),和过去封建社会的历史家一样,只是从现象上作了分门别类的叙述,掩盖了阶级斗争和生产斗争在历史上所起的作用。这样把政治史和典章制度分开叙述,就使人看不到历史发展的全貌,更看不到历史发展的规律性。③

除去当时的时代背景和政治因素,这段批判实际上也指出了吕

---

① 《史学新著介绍》,《史学年报》第 3 卷第 2 期,1940 年 12 月,第 187—188 页。
② 王家范:《中国历史通论》,上海:华东师范大学出版社,2000 年,第 398 页。
③ 李永圻、张耕华:《吕思勉先生年谱长编》下册,上海:上海古籍出版社,2012 年,第 1031 页。

思勉所强调的以治乱兴亡和典章制度来编纂史书,两者实际上对应古代史书编纂体例中的纪事本末体和典章制度体,治乱兴亡和典章制度两者也没有很好地融会贯通。上述批评虽然是针对《隋唐五代史》,但对吕思勉的其他断代史——包括《秦汉史》在内——都同样适用。

　　按照系统论中整体应该大于部分之和的观点,在纵断面上将中国的历朝断代史叠加不等于中国通史,在横断面上将各专门史如社会生活、思想文化的专史叠加也不等于中国通史。萧一山认为“今之治普通史者,多以文明史附俪于每期之后,是不啻以一史划割为两部,而为政治史文明史之混合物也。故读者于前半治乱之现象,固明悉矣,而不知当时之文明若何;于后半,则徒知某人之学艺如何,某制之因革如何,而于其身世年代,固多盲然者”①,所以要尽可能地加以融会贯通,将政治史和社会文化史融为一体。很多学者都认识到了这一点并且努力地加以融合,缪钺在四川大学讲授中国通史,试图“将文化中各部门与当时有关的政治和经济密切结合起来。譬如讲汉武帝加强中央集权,接着就讲董仲舒的大一统、君权神授学说……哲学、文学、艺术、自然科学等,都有相对的独立性,有他们自己发展的系统源流。所以在讲通史中论述文化时,应当适当地照顾到系统”②。

　　但是我们也应该看到,吕思勉的《秦汉史》还不是严格意义上的断代史著作,“吕先生所撰的几部断代史,实际就是分段分代地作系统而缜密的考史,而非融会贯通地撰史”。按照吕思勉本人的说法:在当时运用通史体裁撰史还不成熟,还需要做一番努力才有可能用这种体裁写出令人满意的著作。必须用详确的史料,对各方面的历

---

① 萧一山:《清代通史》第1卷,第2页。
② 缪钺:《讲授中国历史对于文化部分如何处理》,《光明日报》1961年5月30日,第2版。

史发展情况做出正确的概括和分析，才有可能把复杂的历史真正贯通起来。① 吕思勉《秦汉史》是考史，实际上是一篇篇的读史札记汇编而成《秦汉史》。按照吕思勉的构想，在编纂真正意义上的通史之前，先要做好长编和考证的工作。钱穆认为"今日中国之史学，其病乃在于疏密之不相遇。论史则疏，务求一言以概全史。……而考史之密则又出人意外。……考史之'密'与夫论史之'疏'，两趋极端"②。吕思勉四部断代史的"考史之密"是为通史之会通合一打下基础。

　　吕思勉《秦汉史》既然是建筑在考史基础上的"史钞"，在编纂中势必会突出考证。《秦汉史》前 11 章治乱兴亡的部分，每一章节编纂基本上都是由叙事和考证构成，当然还有少数的评论。其叙事基本取材于正史，正史记载乖谬或相互抵牾之处则进行考证。例如《汉初事迹》章之高祖翦除功臣节，吕思勉叙述了汉初各诸侯王被逐一翦灭的过程，在叙述此过程中考证韩信、彭越等人谋反罪名为诬枉。"三国始末"章之三国分立节，吕思勉以《三国志》《后汉书》所载伏完卒年不一，考证曹操杀伏后事为诬罔。引《三国志》注引《魏武故事》《魏氏春秋》《曹瞒传》等史料，考证曹操无篡夺之意，而《三国志·荀彧传》所记进九锡之事又为诬罔之谈。史载曹操多猜忌，亦不尽实。刘备称帝，吕思勉以《刘巴传》与注中记载刘巴于称帝态度相互矛盾，推论三国史事不可信者甚多。考证在此节中占了绝大篇幅。

　　翦伯赞作为马克思主义史学家，一贯主张"从历史事实中发见

---

　　① 张耕华：《如何弘扬中国传统的历史编撰学之探讨——以吕思勉编撰〈秦汉史〉为导引》，《南国学术》2017 年第 1 期，第 147—159 页。

　　② 钱穆：《中国学术通义·张晓峰中华五千年史序》，《钱宾四先生全集》第 25 卷，第 183 页。

历史发展的原理原则；再用这种原则去说明历史的真实。换言之，即从这千头万绪的历史事实中，找出他们的相互关联，找出他们的运动法则，找出他们发展的倾向。这样，任何交错复杂的历史事实，在我们面前，便不再是混乱一团，而是一定的历史发展阶段上所表现出来的应有的现象"①。历史事实——无论是动的事实还是静的事实——都应该按照马克思主义的观点来梳理编排，这样才不会显得杂乱无章。具体来说，就是按照经济基础决定包括意识形态在内的上层建筑，上层建筑又反作用于经济基础的唯物史观基本原理来编纂《秦汉史》。《秦汉史》涉及秦、西汉、东汉三个王朝，每个王朝于首章先叙其建立，次章论述每个王朝的社会经济构造，第三章论其政权的性质组织，末章述其意识形态。通过这样的章节编排来体现经济基础、上层建筑与意识形态关系的马克思主义基本原理。

翦伯赞《秦汉史》不是如吕思勉《秦汉史》一般的考史而是叙史。正因其为叙史，所以在编纂中非常注重文辞的修饰，语言的生动以及写作方面技巧的锤炼，试举一段：

> 夜已深沉了，在项羽的军幕中国，点燃了巨大的蜡烛。四面皆有楚歌之声，于是这位三十岁左右少年英雄，开始结束他自己光辉灿烂的历史。……楚歌的声音更逼近了，蜡烛快熄灭了，骏马在长嘶，卫士们都拔出了雪亮的刀剑。大概就在这个紧急的时候，虞姬就与项王永别了。同时，项王跃上了他的骏马，带了八百名骑士，冲出了千军万马的重围。在项王军幕中留下来的，是酒，是泪，是血，是美人的幽灵，是英雄的歌声。②

翦伯赞的叙史有时修饰过度，文学色彩较强，带有一定的宣传

---

① 翦伯赞：《中国史论集第一辑·略论中国史研究》，《翦伯赞全集》第3卷，第8页。
② 翦伯赞：《中国史纲·秦汉史》，第141页。

目的。总之,在翦伯赞《秦汉史》中,叙事占了绝大的比重,少部分是史论,而考证相对较少,很多都是附考证于注释之中。

唯物史观基本原理只是马克思主义史学家编纂中谋篇布局的总指导方针,在具体的材料组织和叙事中还应贯彻具体的原则,翦伯赞提出了八条:(1)看看汉族以外的中国;(2)看看中国以外的世界;(3)中国史没有奇迹,也不是西洋史的翻版;(4)注意客观的倾向,也不要忽略主观的创造;(5)不要看不起小所有者;(6)注意宗藩、外戚与宦官的活动;(7)在研究"内乱"时不要忘记了"外患";(8)应该从文化中找出反映,但不要被他们迷惑。以"看看中国以外的世界"为例,翦伯赞认为"当作一个独立的历史单位,中国史固有其自己之独特的运动和发展;当作世界史中的有机之一环,则中国史与世界史之间,又决不能划出一条绝对的界线"①。翦伯赞在《秦汉史》中非常注意各个历史时期——如秦、西汉、东汉——之世界形势,例如秦代:

> 吾人因知当嬴秦之世,中国、印度和罗马是世界史的三个动力。希腊虽已瓦解,但其文化,仍然在滋长之中。当地之时,罗马文化尚未东渐,但希腊文化与印度文化的浪涛,则已在冲击中国的西部疆界。人类历史正在走向世界的结合。秦代的历史,就在这样一个世界环境中展开其发展,中国的历史也就在这样一个世界环境中,走进了中期封建社会。②

吕思勉《秦汉史》以治乱兴亡和典章制度,即"动的历史"和"静的历史"两者纵横交错地进行编纂,但是"动的历史"和"静的历史"

---

① 翦伯赞:《中国史论集第一辑·略论中国史研究》,《翦伯赞全集》第3卷,第10页。

② 翦伯赞:《中国史纲·秦汉史》,第35页。

两者看起来却似判然两分，不相统属。翦伯赞《秦汉史》以经济基础、上层建筑的交互作用为理论指导，"上层建筑"作为"动的历史"，社会经济则作为"静的历史"，将两者融合为一个整体。在翦伯赞之前，吕振羽的《殷周时代的中国社会》分"殷代的奴隶制社会"和"西周：初期封建社会"两部分，每部分都首论经济的诸构造，次论政治的诸形态，再论意识的诸形态，也是按经济基础、上层建筑的基本原理来编纂。但是马克思主义史学家以经济基础决定包括意识形态在内的上层建筑的模式来进行编纂，无论是通史还是断代史都容易流于经济、政治、思想这"三大块"。吕思勉史书中典章制度的部分，"重视了对人民生活的阐述，表明他在这方面已经前进了一大步"①，这对于运用唯物史观来指导历史著作的编纂而言是相当有益的补充。

吕思勉《秦汉史》是计划在对秦汉时期一个个具体问题的研究与考证的基础上，将长编尽可能地加以完善，由长编而入通史和断代史的编纂。相比之下，翦伯赞作为马克思主义史学家，其《秦汉史》的撰述"有一根本见解或观点贯注全书，连络各部"，即根据唯物史观的基本原理确立了断代史的宏观架构而进行编纂。由此可见，吕思勉与翦伯赞的《秦汉史》约相当于章学诚所区分的"记注之史"和"撰述之史"，"保存、编辑史材者，章氏之所谓记注，所谓比次之事；作史则章氏所谓撰述，所谓独断之学也"②。记注和撰述也颇类似于克罗齐的 chronide 和 history 的区分，"凡一时代之对于过去，精神上及智力上皆有其所寻求而待解答之问题，非得解答则不能满足，撰述之史专以解答此诸问题，而记注为过去之库

---

① 王玉波：《要重视生活方式演变史的研究》，俞振基：《蒿庐问学记：吕思勉生平与学术》，第133页。

② 吕思勉：《文史通义评·序》，《吕思勉全集》第17卷，第308页。

藏,虽与此诸问题无涉之资料,亦贮而存之,以备将来新问题发生之取汲"①。

三

吕思勉受古史辨派的影响,认为中国上古的记载比较模糊,而秦汉之际则为一界限,"汉朝统一天下以后,文化发达,传述者的程度骤然提高;可靠的材料,流传下来的亦多,历史便焕然改观了"②。但从总体上来看,秦汉时期的史料还是相对较少。吕思勉、翦伯赞在各自所著的《秦汉史》中对史料的运用还是有所侧重的。

吕思勉的断代史编纂,史料基本上都来自正史,正史以外的其他史料很少引用。具体到秦汉史,正史的重要性更为突出,因为除了正史以外其他史料绝少。吕思勉认为正史"系在所载史事较重要、较完全、较正确之观念下成立","正史并非最原始的史料,但作正史时所据材料,十九不存,故正史在大体上即为原始的史料"③。二十世纪以来,对于正史的史料价值的认识基本上无异议,杨鸿烈认为"《二十四史》实在是如章学诚《文史通义》所说的'记注之史',除《本纪》而外,各史的《列传》也都含有极可宝贵的史料"④。故吕思勉《秦汉史》的史料大多都来自正史。

众所周知,吕思勉对于考古发掘材料注意很不够,在《秦汉史》中对考古材料几乎没有使用。但是吕思勉对于正史的运用到了一个境界,这在社会文化部分体现得尤为突出。自梁启超提出二十四史是帝王将相家谱之说以来,学者们几乎一致认定旧史有偏重于政

---

① 张荫麟:《评〈清史稿〉》,《张荫麟全集》中卷,第964—965页。
② 吕思勉:《历史研究法》,《吕思勉全集》第18卷,第49页。
③ 吕思勉:《中国史籍读法》,《吕思勉全集》第18卷,第364页。
④ 杨鸿烈:《史学通论》,长沙:岳麓书社,2012年,第60页。

治之弊。所以吕思勉特别重视社会文化,尽可能"借零碎材料,钩稽出一些史实来"①。吕思勉"钩稽"式的考证和论述,都是极具价值的,例如"交通"一节及"仓储漕运杂枲"一节中有关"漕运"的内容,王子今评价其"是为空前的对秦汉交通的集中论述。这在中国交通的学术史上是应当占有特别重要的地位的"②。王子今曾著《秦汉交通史稿》,上述评价应该是具有权威性的。

从另一个角度来看,对正史的全面系统的掌握应该是研究运用新史料的前提。若是对正史把握不够,则新史料将无法运用,正如傅斯年所言:"若是我们不先对于间接材料有一番细工夫,这些直接材料之意义和位置,是不知道的;不知道则无从使用。所以玩古董的那么多,发明古史的何以那么少呢?写钟鼎的那么多,能借殷周文字以补证经传的何以只有许瀚、吴大澂、孙诒让、王国维几个人呢?……直接材料每每残缺,每每偏于小事,不靠较为普遍、略具系统的间接材料先作说明,何从了解这一件直接材料?所以持区区的金文,而不熟读经传的人,只能去做刻图章的匠人;明知《说文》有无穷的毛病,无限的错误,然而丢了它,金文更讲不通。"③

翦伯赞作为马克思主义史学家不能简单地以史观派视之,其特别重视二十世纪以来考古学的发现,"我们现在对史料考证的任务,是一面批判地接受清代学者对文献上的史料之考证的成果;另一方面,又要开辟一种新的考据学,进行对考古学上资料之考证。……使考古学的资料与文献上的资料结合为一,然后史料

---

①　吕思勉:《历史研究法》,《吕思勉全集》第 18 卷,第 57 页。

②　王子今:《吕思勉及其〈秦汉史〉》,吕思勉:《秦汉史》,北京:商务印书馆,2010 年,第898 页。

③　傅斯年:《史料论略》,《历史研究法》,南京:江苏文艺出版社,2008 年,第 4 页。

的考证，才算达到最后的完成"①。《秦汉史》中则注重相关的新史料，大者有三：一是近代学者在西北所发现的两汉遗址和遗物，以斯坦因的发现最为重要；二是敦煌和居延汉简的发现，汉简中所记载的"大半都是文献的历史中记而不详，或根本没有的，所以是一种崭新的史料"；三是汉代的石刻画像，"假如把它们有系统的搜辑起来，几乎可以成为一部绣像的汉代史"。②

　　基于对史学研究中新史料价值的认识，翦伯赞在《秦汉史》中很注意对考古材料的运用。对于西汉时期的中西交通史，翦伯赞大量引用了斯坦因的考察报告，将张骞"凿空"以后中国至中亚的商路作了非常细致的叙述。对于汉代的西北边塞，"我们因知在汉武帝开河西四郡、筑长城、列亭障的这一历史标题之下，是包含着丰富的历史内容。这种内容由于汉代遗址、遗物与汉简之发现，已经呈现了光明"③。

　　秦汉时期的考古材料除了西北探检和简牍之外，还有汉代的石刻画像。画像史料最大的特点就是直观，尤其是社会史中的很多制度、生活、风俗等方面的内容。在中国古代史研究中，有很多内容是文字难以表述清楚的，如"唐诗中许多都提到是戴花帽或锦帽，穿的锦靴、蛮靴，腰间还围钿带，究竟是什么样子，谁也弄不清楚"④。但只要对具体形象材料出示，就可一目了然。向达有《长安打毬小考》，而随着"章怀、节愍太子和嗣虢王李邕墓中打球壁画的出土，不但使我们看到了盛唐时皇亲贵戚打马球的实际场面，而且弥补了这项源自波斯经唐代革新之后的马球运动的详细细节"⑤。翦伯赞在

---

　　① 翦伯赞：《中国史论辑第二辑·略论搜集史料的方法》，《翦伯赞全集》第3卷，第342页。

　　② 翦伯赞：《中国史纲·秦汉史》，第2—7页。

　　③ 翦伯赞：《中国史纲·秦汉史》，第191页。

　　④ 沈从文：《学习古典文学与历史实物问题》，《光明日报》1962年10月21日，第4版。

　　⑤ 程旭：《唐韵胡风》，北京：文物出版社，2016年，第11页。

《秦汉史》中插入 50 幅绘图,绘图大部分临摹于汉代石刻画像。以《秦汉史》中所引东汉时期画像为例,有"东汉时的狱吏和囚徒""东汉时战争画像""东汉时的马车画像""东汉时贵族仪仗队画像""骑奴侍童夹毂引行画像""东汉时官署的地毯和木椅""东汉时的云气仙灵画像""东汉时鸣钟吹管酣讴竟路画像""倡讴妓乐列乎深堂画像"等。解放后,翦伯赞曾与邵循正、胡华合编《中国历史概要》,金灿然曾专门予以批评:"我们的编著者是了解插图和地图对于历史书籍的作用的。插图和地图应该成为历史书籍的重要组成部分。插图和地图不但可以引起读者的兴趣,而且可以帮助读者了解书籍的内容,加强他们的理解和记忆。"[①]应该说,翦伯赞不是不知道画像史料的重要性,只不过是因为《中国历史概要》作为一部仅 11 万字的通俗读物,篇幅有限,当然无法容纳各种插图和地图。

但是,翦伯赞所提到的敦煌和居延汉简,尤其是后者,1930 年西北考察团所获汉简上万枚,系统反映了汉代边防的屯戍情况,涉及政治、军事、经济、社会生活等方方面面的内容,是研究秦汉史价值极高的史料。吕思勉、翦伯赞在其《秦汉史》中都没有利用,这不能不说是这两部成书较早的《秦汉史》极大的缺陷。但客观而言,由于时局战乱的影响,汉代简牍在当时尚未得到系统的整理与研究,还很难被运用于秦汉史的研究。这也是我们应当理解的。

第四节　吕思勉中国近代史编纂述论

吕思勉在中国通史、上古中古断代史以及专门史领域的研究早已为人所熟知。吕思勉在中国近代史领域中亦有建树,编纂有《中

---

① 金灿然:《评〈中国历史概要〉》,《光明日报》1956 年 4 月 5 日,第 3 版。

国近代史讲义》《中国近世史前编》《中国近百年史概论》等论著，在 20 世纪上半期的近代史编纂领域中亦占有一席之地。学界对于吕思勉中国近代史论著的研究相对较少，本节即拟以《中国近代史讲义》《中国近世史前编》《中国近百年史概论》三部论著为主①，对吕思勉的中国近代史编纂加以论述。

一

众所周知，如今的中国近代史是中国史的分支学科之一。"近代"本身是一个正在进行的过程，在时间上是一个相对的概念。"中国近代史"起初也并非是一个成熟的学科概念。民国时期，除各家"中国近代史"外，以"中国近世史"为名的有孟世杰《中国最近世史》（1925 年）、郑鹤声《中国近世史》（1931 年）、魏野畴《中国近世史》（1932 年）等，以"中国近百年史"为名的有李泰棻《新著中国近百年史》（1924 年）、孟世杰《中国近百年史》（1931 年）、罗元鲲《中国近百年史》（1934 年）、高博彦《中国近百年史纲要》（1930 年）、曹伯韩《中国近百年史十讲》（1942 年）、李剑农《中国近百年政治史》（1947 年）等。

史书编纂首先要面对的便是分期问题，"史事前后衔接，而作史必有范围，抽刀断流，允当非易"②。民国时期的中国近代史编纂主

---

① 现各种重印的吕著近代史著作收录不一，《吕著中国近代史》（华东师范大学出版社 1997 年）收《中国近代史讲义》《中国近世史前编》《中国近百年史概说》《中国近世文化史补编》《日俄战争》五种。《中国近代史八种》（上海古籍出版社 2008 年）收《中国近代史讲义》《中国近世史前编》《中国近百年史概说》《中国近代文化史补编》《日俄战争》《国耻小史》《本国史补编》《中国近代史表解》八种。《吕思勉全集》将《中国近代史讲义》《中国近世史前编》《中国近百年史概论》《日俄战争》《中国近世文化史补编》《近代史表解》《大同释义》《中国社会变迁史》八种合为一册。

② 吕思勉：《史通评·断限第十二》，《吕思勉全集》第 17 卷，第 239 页。

要有两种断限：一是以明末清初作为近代史的开端，另一便是以 1840 年鸦片战争作为近代史的开端，"或谓吾国之近代史，应始于雅（鸦）片战争，或谓应上溯至明季西洋传教士之入华"，前者如郑鹤声的《中国近世史》（1931 年），"郑君是编所谓近世史，始自明季之中西交通，下迄最近，包罗三四百年之史实"①。《中国近世史》前篇第一分册共分八章：《中西通商殖民事业之发展》《基督教与西洋学术思想之输入》《满清之崛起与其创业》《明季之衰落与其内乱》《明清之争衡与其兴亡》《清廷对待汉人之政策》《三藩之变与其善后》《康雍乾三朝之文字狱》。后者最有代表性的便是范文澜《中国近代史》（1947 年），以"鸦片战争开始改变了中国社会的性质。它不再是完整的封建社会而是半殖民地半封建社会了。战前的历史仅是农民反对地主的斗争史；战后的历史是民主主义反对帝国主义、封建主义的斗争史，性质是截然不同的"②。一般而言，民国时期近代史的下限大致上都是至作者本人所处的时代。

　　吕思勉以明清之际作为近代史的断限，其在上海光华大学讲授中国近代史时编写有《中国近代史讲义》，在"绪论"中，吕思勉明确提出了"自欧人东来，而局面乃一变，其文化既与我大异，政治兵力亦迥非前此异族之比，我国受其影响，遂至凡事皆起变化，此为现在所处之时期，就此时期之事而讲述之，此则所谓近世史者也"③。显

---

　　①《图书介绍·中国近世史前篇第一分册》，《图书季刊》新第 6 卷第 1—2 期，1945 年 6 月，第 72—73 页。郑鹤声所担任的中国近世史课程，实际上讲的就是清史。中华人民共和国成立后在山东大学担任中国近代史的课程，按照毛泽东的相关论述，以鸦片战争为中国近代史的开端，"与以前讲授的中国近代史迥然不同"。（参见郑鹤声：《郑鹤声自述》，郑鹤声：《世纪学人自述》第 2 卷，第 18 页）

　　② 范文澜：《中国近代史》，《范文澜全集》第 9 卷，第 61 页。

　　③ 吕思勉：《中国近代史讲义》，《吕思勉全集》第 13 卷，第 6 页。在《白话本国史》中，吕思勉分中国历史为上古、中古、近古、近世、现代五期，其中近世为明、清两朝，以乾嘉以后西人东来五口通商为现代。

然,吕思勉所说的近世史和近代史是等同的。吕思勉的断限标准即是中西交通前后中国国家和社会的变迁。吕思勉始终认为新室革命失败是中国社会发展的一个分界线,王莽之后"治天下不如安天下,安天下不如与天下安"成为政治上的金科玉律,所以一直以来中国社会是处在闭关状态下的消极苟安。但是自欧人东来以后,中国社会的各个方面都发生了根本性的变化,"生活情形变,风俗习惯亦不得不变"①。从文化的角度亦可划分为:中国文化独立发展时期;中国文化受印度影响时期;中国文化受欧洲影响时期。② 因为印度的文化以及随后的宋明理学都承认当时的社会组织为天经地义,在社会上并不起变化,故此中国文化受欧洲影响才是根本性的变动。

相比于近代史和近世史,近百年史则是一个相对的、不断在变化的概念。《中国近百年史概论》从 1943 年上溯一百年,即以五口通商之明岁为起点,在鸦片战争以后的一百年中,"为中国历史变动极剧烈之时代"③。无论是以明清之际,还是以鸦片战争作为近代史的开端,根据均在于中外关系,其分歧则在于中国受西方影响的程度不同而作出区分。吕思勉的近代史、近世史以欧人东来,中国受其影响而凡事皆起变化。但是自"西力东侵以来,中国人早已处于另一个世界中了,然中国人迄未觉悟。中国人感觉到遭逢旷古未有的变局,实自鸦片战争以来。此战爆发于民国纪元前七十二年,距今恰足一百年。此一百年之中,中国的变化比之以前任何一个时期,都要来得大,来得快"④。以明清之际或鸦片战争作为近代史的

---

① 吕思勉:《中国近世史前编》,《吕思勉全集》第 13 卷,第 137 页。
② 吕思勉:《中国近世史前编》,《吕思勉全集》第 13 卷,第 125 页。
③ 吕思勉:《中国近百年史概论》,《吕思勉全集》第 13 卷,第 194 页。
④ 吕思勉:《论学丛稿·中国民族精神发展之我见》,《吕思勉全集》第 12 卷,第 684 页。

开端,体现的只是在影响程度上有所差异。

近代以来中国受西方影响,在程度上当然不能以量化的方式来描述,但在具体表现上确实是遭遇了"旷古未有之变局"。在吕思勉看来,在社会方面,中国人的对外观念流至偏狭,且盲目仇外的民族主义屡次起伏。在政治方面,则表现为行政机关组织之不善,吏治败坏,武备废弛,藩属失驭,尤其是在经济层面"富力与西洋各国相差太远,社会经济落伍,赋税之瘠薄随之"①。

民国时期的中国近代史,属于当代人写当代史,表现出了强烈的政治性和现实性。② 对于历史学家来说,"要明白现代的趋势和问题,历史本身就是要追溯现代趋势,并明白现代问题的来历,给人一个解决现代问题的刺激、希望和指点"③。吕思勉的近代史编纂同样有其现实关怀,"史事前后相因,又彼此皆有关系,欲强分之,正如抽刀断流,不可得断一事也。欲求其原因,非谓全宇宙皆其因不真,欲求其结果,亦非谓全宇宙皆其果不确也。⋯⋯原因结果,要不能无亲疏之分,然则举吾侪认为与现在有直接关系之事,搜集而研究之,夫固未为不可也。所谓近世史者,其义如此"④。吕思勉在其近代史研究中,准确地指出了"为中国之癌肿者,毕竟仍在东北"⑤。吕思勉在 1927 年还专门撰写了《日俄战争》,这是中国学界关于日俄战争的最早的研究性著作,从历史出发告诫日本侵略者,"吾非大言以恐吓欲侵占满洲之人也,吾敢正告世界曰:凡侵略、独占、封锁诸名词,一时见为有利,久之未有不受其弊者。⋯⋯好矜小智者,未

① 吕思勉:《中国近百年史概论》,《吕思勉全集》第 13 卷,第 200 页。
② 张海鹏、龚云:《中国近代史研究》,福州:福建人民出版社,2005 年,第 19 页。
③ 魏野畴:《中国近世史》,北京:知识产权出版社,2013 年,第 10 页。
④ 吕思勉:《中国近代史讲义》,《吕思勉全集》第 13 卷,第 6 页。
⑤ 吕思勉:《中国近百年史概论》,《吕思勉全集》第 13 卷,第 209 页。

有不终成为大愚者也。此则帝国主义者流所宜猛省也"①。

二

中华人民共和国成立后的中国近代史最为普遍的编纂模式是以阶级斗争理论为指导，以政治事件为主线，由"一条红线""两个过程""三次革命高潮""十大历史事件"组成基本构架，旁及社会、经济、思想、文化等内容。这套范式由抗日战争时期毛泽东所奠定，后由范文澜阐发，到胡绳最终完成。按照反帝反封建的革命史模式来理解和把握中国近代史，把鸦片战争以来的五次侵华战争以及太平天国以后的三次革命高潮都纳入侵略/反侵略的话语体系中。革命史的编纂模式在二十世纪五十年代后迅速占据了近代史学科的主流与统治地位，甚至变为凝固化的研究模式。②

相比于马克思主义反帝反封建的革命史的编纂模式，二十世纪上半期的众多中国近代史论著则大多从中西交通史或中外关系史的视角出发来进行编纂。1949 年以前，中国近代史多以中西关系史为核心，当时大学的课程设置中中国近代史、中国近代外交史往往合二为一。③ 当时旧体史书如《清史稿》也于"志"下专设《邦交志》一门。"《清史》倘无《邦交志》，则《清史》无从理解，即今日中国之时局，亦无从探研"，但就《邦交志》本身而言，蒋廷黻曾批评"近百年来中外关系之大变迁何在？ 其变迁之根本理由又何在？《邦交志》非特无所贡献，且直不知此二问题为撰《邦交志》者之主要问题也。至于近百年来中外交涉之重要案件，如鸦片战争、英法联军、同

---

① 吕思勉：《日俄战争》，《吕思勉全集》第 13 卷，第 290 页。
② 郭世佑：《陈旭麓与〈近代中国社会的新陈代谢〉》，《历史的误读》，北京：三联书店，2014 年，第 236 页。
③ 赵庆云：《吕思勉的中国近代史书写》，《史学史研究》2016 年第 1 期，第 21—25 页。

治修约、马加理案、伊犁案、中法战争、中日战争、瓜分与排外、东三省之国际问题等,皆《邦交志》所不理解者也。《邦交志》既不说明各案之所以成问题,又不指定各案结束之得失,其史学上之价值,可想而知"。①

蒋廷黻对《清史稿·邦交志》缺失的批评反过来正是吕思勉中国近代史编纂的特点。吕思勉强调近代以来的西力东渐是"开数千年未有之局"。在其看来,"中国政治疏阔,武备废弛,但求与天下安,实只可处闭关独立之时,而不宜于列国竞争之世也。惟是西力东来,若值朝政清明之日,则所以应付者必较得宜,不至如清末丧败之甚耳。外力深入,盖自道、咸以来,适值清代中衰之候,客强主弱,郑昭宋聋,丧败之端,遂至层见叠出,此亦我国民之不幸也"②。从历史上看,中国古代与亚洲各国的交通仅"止于精神的及零碎之技术的,无甚深之物质基础,故社会不受大影响,不能起大变动",但从鸦片战争开始,帝国主义侵略者叩关而来,中国与西方相差甚远,"遂至成为支离破碎之局"。③

吕思勉《中国近代史讲义》中的绝大部分篇幅都是叙述中外关系的,从中西交通以及传教士来华开始,依次叙述了"康雍乾与俄国交涉",清代盛衰,道光以前中外通商,鸦片战争与江宁议和,第二次鸦片战争以及与英法美俄诸国签订之条约,嘉道同光政局,台湾事件与日本立约,芝罘条约,法国越南之役,英缅之役与英通西藏,中日战争,港湾租借,戊戌变法与八国联军之役,俄占东三省及日俄战争,清末外交情势、清末新政及民国成立,民国政局以及民国以来之

---

① 蒋廷黻:《评清史稿邦交志》,《北平北海图书馆月刊》第 2 卷第 6 号,1929 年 6 月,第 479—480 页。

② 吕思勉:《中国近代史讲义》,《吕思勉全集》第 13 卷,第 14 页。

③ 吕思勉:《中国近百年史概论》,《吕思勉全集》第 13 卷,第 194 页。

外交。《中国近世史前编》和《中国近百年史概论》亦是以中外关系为中心。

对于中外关系中的各事件，吕思勉均详述其前因后果，对于中外战争以及中外交往中因果关系的解释以及利弊得失的评论甚详。例如对于鸦片战争，吕思勉认为"五口通商为中国见弱于外人之始，此乃积数千年之因，以成一时代之果，断非一人一事之咎"①，但是就事论事则有四因：一是朝政之非，于战守之间游移不定，漫无主见。二是兵力不振，军纪败坏。三是士大夫骄虚，昧于时势，徒知放言高论。四是民心不靖，国民性丧失。晚清外交大多都为失策。辛亥革命后北洋军阀当政时期，外交政策败坏亦甚。1928 年国民政府对内完成形式上的统一，但是对外"废除不平等条约，关税自主，收回领判权，废租借地，除租界等，亦多徒有其名，而外交上之形势，且相煎愈烈"②。自刘彦《帝国主义压迫中国史》以来，各种中国近代之外交史、侵略史、丧地史、国耻史等层出不穷，吕思勉的近代史虽然也对帝国主义列强持批判态度，但其更重视中国自身的因素，因为"木必自腐，而后虫生之"，"要是我们和外国人交涉以来，一件事情都没有弄错，外国人又何从来欺侮我们呢？况且天下事情，本来只有强权，那里有什么公理？……我们中国弄错的地方也很多，这'糊涂'两个字，我们从政府起到百姓止，实在是辞不掉的"③。

在二十世纪上半期，中国近代史研究直接关系着当时中国的前途命运，很多学者都极为关注近代以来中外交往中面对西方的冲击，中国是如何应对的。冯承钧以鸦片战争后为条约缔结时代，此后外患日深而为西力侵蚀时代，"外侮日深，稍有血性者必图自强，

---

① 吕思勉：《中国近代史讲义》，《吕思勉全集》第 13 卷，第 31 页。
② 吕思勉：《中国近百年史概论》，《吕思勉全集》第 13 卷，第 217 页。
③ 吕思勉：《国耻小史》，《吕思勉全集》第 25 卷，第 217—218 页。

于是有戊戌变法与庚子之乱发生"①，而为反应图存时代。吕思勉
在《中国近代史讲义》中也细分近世史为二期："一自欧人东来，至清
末各国竞划势力范围止，此为中国受外力压迫之时代；一自戊戌变
政起，讫于现在，此则中国受外力压迫而起反应之时代也。"②从外
力压迫进而反应图存，实际上就是认为在中西交通以前，中国社会
是落后的、停滞的。中西交通以后，外部力量成为改变中国社会的
新动力。按照吕思勉的说法："中国社会是静的，而现在的局势，要
动才能应付，这是中国所以贫弱的真原因。积习是非受到相当的压
力，不能改变的，正和静止的物体，不加以外力不能动一样。外力是
压迫，足以推动全社会，而涤除其死气的，是什么呢？那便是民族的
存亡问题。……只有到民族存亡问题临头时，利害才会趋于一
致。"③辛亥革命以来的中国前途亦和外交关系至巨，"中国革命前
途重要的问题，毕竟不在对内而在对外。……对外的难关，仍成为
我们生死存亡的大问题"④。在和西方的接触中，西学的输入对中
国传统的思想界、学术界造成了巨大的冲击，"最后能改变中国人之
思想者，达尔文之《种源论》，马克斯之《资本论》；此两书本非只讲一
种学问，其影响，可使各种学问之观点，皆因之而改变者也"⑤。社
会达尔文主义，特别是马克思主义在二十世纪的中国所产生的巨大
影响已为现当代的历史所证明。吕思勉从最初接触马克思主义到
最终接受马克思主义，与其近代史研究应该有着一定的联系。

　　和革命史的编纂模式相比，中外关系史重在叙述近百年来中外

---

　　① 冯承钧：《西力东渐史》，《冯承钧学术著作集》下册，上海：上海古籍出版社，2015
年，第884页。
　　② 吕思勉：《中国近代史讲义》，《吕思勉全集》第13卷，第6页。
　　③ 吕思勉：《论学丛稿·论学术的进步》，《吕思勉全集》第12卷，第832—833页。
　　④ 吕思勉：《吕著中国通史》，《吕思勉全集》第2卷，第379页。
　　⑤ 吕思勉：《国学概论》，《吕思勉全集》第16卷，第250页。

交涉的重要案件的前因后果及其影响,但对西方国家的侵略活动却
较少有价值上的批判。西方资本主义国家的侵略扩张和殖民地半
殖民地人民的反抗斗争等方面的相关内容均被忽视。革命史的编
纂模式在此突出体现了马克思主义史学的战斗性,在宣传革命,鼓
舞人民斗争,最终取得反帝反封建斗争胜利等方面发挥了重大
作用。

　　马克思主义史学主要从阶级斗争理论出发来对近代以来人民
群众的革命斗争做出肯定和颂扬,特别是太平天国运动。太平天国
运动在马克思主义史学的语境下是中国传统农民起义和农民战争
的最高峰,而在民国时期"驱除鞑虏,恢复中华"的语境下则成了民
族革命。萧一山认为中国近代史有三个关键点:第一是太平天国
的革命,第二是中华民国的建立,第三是国民政府的统一。尤其是
太平天国,"洪秀全承袭着康熙以来'反清复明'的天地会衣钵,酝酿
了二百年的民族革命,才放出一朵灿烂之花"①。吕思勉同样亦从
三民主义出发,根据"驱除鞑虏,恢复中华"的民族主义要求,体现
在近代史编纂中即是将清初的会党、太平天国、辛亥革命都作为
民族革命。

　　吕思勉《中国近世史前编》中的"光复运动"便贯彻了孙中山的
民族主义思想,认为中国的民族主义自魏晋五胡之时已开始萌芽,
但至宋以后则始光昌,尤其是元、清两代,少数民族入据中原,"中国
人的民族主义,亦即随之而潜滋暗长,日益发达。此中有两种迹象
可见:其(一)为士大夫的誓死不屈,如宋末的郑思肖,明末的顾炎
武、王夫之等是。其(二)为民间的秘密结社。士大夫只能指挥谋

----

　　① 萧一山:《民族革命的三阶段》,《非宇馆文存》第2卷,近代中国史料丛刊本,
第30页。

划,而不能为直接的行动,所以轰轰烈烈的行为,转多出于下层社会中人"①。清前期的诸秘密结社活动,不管其初始目的如何,"无论其为贫病死伤扶持而入,或为求免诸种压制而入,或为好奇而入,或为种族革命而入,或有所利而入,而皆同抱一倾覆满政府之念"。此后太平天国运动虽然没有能够始终标榜民族革命的种子,其不古不今、不中不西理论之指导而至政教杂糅一体,但"毕竟替民族革命播下了一粒深厚的种子",②至辛亥革命而终成大功。

从总体上看,整个二十世纪中国近代史的编纂模式在不断变化中,"历史学家本身与塑造历史的社会及政治力量之间的关系,它直接制约着历史学家的立场和观点;而且还有时间性……史学家的作品,不但各有其特定的意图,是各自对历史的意义和秩序的主观理解,而且在本质上具有'暂时'性质,所反映的仅仅是历史学家本身所生活和描述的那个时代及其以前的历史进程的有限部分"③。从历史主义的角度出发来审视吕思勉的近代史编纂也是如此。

三

民国时期中国近代史的专著不少,但对近代史做综合全面论述的还非常缺少。较著名的如陈恭禄《中国近代史》(1934 年)、蒋廷黻《中国近代史》(1938 年),以及范文澜《中国近代史》等等,基本上都以政治史为中心。中国近代政治史应为中国近代史的组成部分,近代史包含了中国近代以来的政治、军事、经济、社会、文化等各方

---

① 吕思勉:《中国近世史前编》,《吕思勉全集》第 13 卷,第 170 页。元、清两代都是由少数民族建立的统一王朝,但是吕思勉在论述元、清史事时均持民族主义的立场,《吕著中国通史》分别以《汉族的光复事业》《汉族的光复运动》为章节标题。

② 吕思勉:《中国近世史前编》,《吕思勉全集》第 13 卷,第 174、186 页。

③ 李怀印:《重构近代中国——中国历史写作中的想象与真实》,北京:中华书局,2013 年,第 2 页。

面。两者不能等同,例如当时对张健甫《中国近百年史教程》(1943年)的批评,以为其书"以帝国主义侵略之消长历程,站在经济之立场,分期叙述中国近百年政治。……尤侧重于政治。于近百年社会之演变,文化之递进,学术之进步,甚至国内之争雄割据,边地之名存实亡,以及国共之战争,均不详为论列。谓为中国近百年整个历史,实非其伦"①。

吕思勉反复强调史书编纂中治乱兴亡和典章制度即"纵的历史"和"横的历史"两者互为经纬,但若是以此标准来衡量吕思勉本人便可看出其近代史论著也是偏重于近代政治史,即治乱兴亡的一面。《中国近代史讲义》《中国近世史前编》《中国近百年史概论》等专著基本上也可以看作是近代政治史或近代外交史。

但是吕思勉也并不是完全置典章制度于不顾,在近代史编纂中亦有涉及经济、制度、文化等方面的内容。《白话本国史》中于近世史篇述明清两代的政治和社会,包括官制、学校选举、兵制、法律、赋税、币制以及学术思想等。鸦片战争后即为近代史的内容。吕思勉另有《中国近世文化史补编》之作,为《中国社会史》中商业、财产、征榷、官制、选举、刑法各章的近代部分,另加上学校一章而成。

鸦片战争后的中国处于"数千年未有之变局",政治如此,社会更是如此,"国民经济,社会实情,外交景况,时代风尚,其重要每不下于朝代之变迁,君王之递嬗,或且过之"②。吕思勉对近代以来中国在典章制度方面变革的论述,具有一定的开创意义。《中国近世

①　维:《新书介绍·中国近百年史教程》,《图书月刊》第 2 卷第 4 期,1942 年 10 月,第 35 页。

②　絮非:《新书评介·中国近代史》,《图书展望》第 2 卷第 1 期,1936 年 11 月,第 126 页。

文化史补编》中之"征榷篇",重点论述了海关税收、厘金等,都是近代以来财政制度上的新变革,在当时财政收入中占有重要地位。"刑法篇"中的晚清法律改革、领事裁判权等内容,亦为前代所无。"学校篇"介绍了晚清学制改革,这是中国教育史上的关键性转折。但是从总体上看,近代史中典章制度的部分所占比重太小,且叙述非常简略。《白话本国史》的现代史篇仅有财政一章,其余内容均无。《中国近世文化史补编》各篇均极为简略,其中所涉及的内容均可作深入的挖掘。

二十世纪以来的各种新体通史以及断代史的编纂大多都是兼综考证、叙事、议论三者。以考证、叙事而论,吕思勉的两部通史和四部断代史中考证的部分占了相当的篇幅,将考证的结论加以融会贯通成文则为叙述。但是在吕思勉的近代史论著中却无考证,只有叙事以及在叙事基础上的议论。

吕思勉之外,前举陈恭禄、蒋廷黻,以及范文澜诸家之中国近代史也都是有叙事而无考证,但这并不意味着在编纂过程中未经过考证而直接进入叙事,按照陈恭禄所言:"今日编著历史之方法,简单言之,首先搜集原料及时人纪录,辨别著作人之目的,有无作用,及其与史迹之关系,比较各种纪录之内容,考证其真伪。其有证明者,始能定为事实,证以时人之议论,辨析其利害。然后综合所有之事实,将其缜密选择,先后贯通,说明史迹造成之背景,促成之各种势力,经过之始末,事后之影响,时人之观察,现时之评论,而以深切美丽之文写成。"① 蒋廷黻《琦善与鸦片战争》考证琦善"审察中外强弱的形势和权衡利害的轻重,远在时人之上"②。全文用注达 50 余

---

① 陈恭禄:《中国近代史》,上海:商务印书馆,1935 年,第 3 页。
② 蒋廷黻:《琦善与鸦片战争》,《清华学报》第 6 卷第 3 期,1937 年,第 1—27 页。蒋廷黻对琦善的翻案相当有争议,至今赞同者绝少。

条,中、英文资料互相参引,所注书刊资料多有版本交代,还有页码标明,但在其《中国近代史》中对于相关内容的叙述却极为简略,且全书没有一处注释。章学诚认为著述之体不须注明来历。《中国近代史》是叙事之体,故无需注释。对吕思勉来说,古代史和近代史的编纂过程中在史料运用方面存在着很大的差异,借用其在《高等小学用新式历史教授书》之编辑例言中的说法:"本书援引古籍,悉仍原文。篇幅过长者,则间节之。惟近世史之资料,甚少精确可靠之本为据,故只由编者博考群籍而辑成之,其根据恕不一一详注。"①据此可知,吕思勉的史学著作涉及古代史的都是援引古籍详加考证,而其近代史编纂应该也是建立在"博考群籍"的基础之上,但是却很少引用史料原文,并且各种史料出处亦未详注明。

众所周知,中国近代史史料之多非古代史可比,"古语'汗牛充栋',不能形容它的数量巨大,还有不断的新发现。史料的储藏,虽比较集中于大城市,但也分散于各地,绝不是一人的时间和精力所能尽见,或全行阅读"②。民国时期近代史的史料亦未有大规模的系统整理编辑出版。据说吕思勉所搜集的近代史资料甚多,抗战时曾寄放于寺院,但后因经手人去世而无从寻找。③ 而且吕思勉也并非是专治近代史的学者,所以大多数的近代史史料都未能充分利用。对于近代以来的选举,众所周知,"考试为中国固有之良法,然历代任官,由于考试者,实仅科举一途而已,犹未尽其用也"④。至

---

① 吕思勉:《高等小学校用新式历史教授书》,《吕思勉全集》第 22 卷,第 181 页。
② 陈恭禄:《中国近代史资料概述》,北京:中华书局,1982 年,第 1 页。
③ 李永圻、张耕华:《〈近代史表解〉前言》,吕思勉:《吕思勉全集》第 13 卷,第 343 页。
④ 吕思勉:《中国近世文化史补编》,《吕思勉全集》第 13 卷,第 322 页。

国民政府按照五权分立的原则设考试院专掌铨叙,已接近现代公务员制度。吕思勉在《中国近世文化史补编》中的"选举"部分介绍了国民政府时期的考试院之考试办法、分科以及任用等大体情况,并略加评述,但还是太过简略。国民政府铨叙部编有《铨叙年鉴(民20至22年)》,内分约法,官制,官规(处务、服务),主管院暨会部之组织,铨叙法规(甄别、分发、任用、俸给、考绩、奖罚、登记、抚恤、公务员补习教育),铨叙行政(会议记录、主管事项、总务事项),附录等内容。可能吕思勉所据仅当时的通告杂志报纸等,如能将年鉴材料充分利用,可以对"选举"一节作系统深入的阐述。

"不识庐山真面目,只缘身在此山中",这对近代史家的近代史研究来说是至理名言。按照吕思勉的说法,对于治乱兴亡即近代以来的政治史,"往往要隔了一个相当的时期,然后渐明;再隔了一个较长的时期,然后大白的"①,因为很多事情都有其内幕,在当时不易为人所知,只有隔了一段时间内幕才得以宣泄。就近代史的史料而言,"谁不愿意把所有在他研究范围以内的材料,统统看见,成一种名山不朽的著作。但是这是一件不可能的事情"②。吕思勉的中国近代史编纂也是建筑在其所处时代的史料基础之上的。而中华人民共和国成立后,随着各种近代史资料的大量收集、发掘、编纂,推动了近代史研究的不断走向深入。③

---

① 吕思勉:《历史研究法》,《吕思勉全集》第18卷,第62页。
② 罗家伦:《研究中国近代史的意义和方法》,《武汉大学社会科学季刊》第2卷第1期,1931年7月,第142页。
③ 中国近现代史史料的大规模整理出版是在1949年以后。中华人民共和国成立之初,中国史学会编纂了"中国近代史资料丛刊"和"中国近代经济史资料丛刊"两套大型的史料汇编,在学术界影响巨大。中国台湾的"国史馆"、党史会、"中研院"近史所以及传记文学社、文海出版社等官方、民间机构也都整理出版了大量的史料。

第五节　吕思勉中学历史教科书编纂述论

中国有着悠久的史学传统,历史教育古已有之。但是真正现代意义上的历史学科教育则始于清末。如 1878 年成立的上海正蒙书院,其课程分国文、舆地、经史、时务、格致、数学、诗歌等。晚清民国以来,随着历史课程设置的规范化,当时也出现了一大批历史教科书。何炳松曾以"要试验教科书是否真确,第一先要明白著书的人是谁? 他是否有著书的经验同资格?"[①]民国时期,很多著名的历史学家如顾颉刚、陈登原、梁园东、余逊等都曾参与过中学历史教科书的编纂,吕思勉是其中比较有代表性的一位。当然,吕思勉没有学习和接受现代心理学和教育学的系统知识,以历史学家而非教育学家的身份来进行编纂,这在当时学界也是比较普遍存在的现象。

吕思勉曾编纂过多部历史教科书,1923 年《白话本国史》初以"自修适用"为名,给学生作为历史研究"门径之门径,阶梯之阶梯"。此后所编的历史教科书有《新学制高级中学教科书·本国史》(1924年)、《复兴高级中学教科书·本国史》(1934 年)、《初中标准教本·本国史》(1935 年)、《更新初级中学教科书·本国史》(1937 年)。历史课的补充读物、教学用书以及复习参考书则有《初级中学适用·本国史补充读本》(1946 年)、《高等小学用新法历史参考书》(与吴研因、王芝九合编),复习参考书则有《高中复习丛书·本国史》(1935 年)、《本国史复习大略》(1944 年)等。本节以吕思勉所编纂的历史教科书为对象,主要是从编纂学而非教育学的角度进行探讨。

---

① 何炳松:《历史教授法》,《何炳松文集》第 2 卷,第 495 页。

一

吕思勉所编纂的中学历史教科书,就性质而言是有别于其史学专著的。从编纂的角度来看,中学历史教科书的编纂体例、材料选择、行文叙事等,主要不取决于历史学家的史学思想、学术成果以及倾向偏好等因素,而取决于相应的课程标准。换言之,教育部所颁行的课程标准应该是中学历史教科书编纂的指导方针,正如吕思勉所言:"现在编纂历史教科用书,自应遵照《部定课程标准》。"①

1903 年张之洞等人的《奏定学堂章程》建立了中国第一个现代意义上的学制——癸卯学制。1928 年国民政府统一后,曾于 1930 年公布修订课程标准,此后又于 1932 年、1936 年、1940 年、1948 年先后共五次修订历史课程标准。从总体上看,民国时期的教育体制已逐步稳定和步入正轨,历史课程设置比较稳定,变化不大。② 本文根据 1930 年教育部所颁布的课程标准与吕著中学历史教科书试作一对比(参见附表 2),其中有几个方面值得注意:

一是历史分期。从历史研究和教学的需要出发则不得不进行分期。在历史分期问题上对中国历史教科书影响最深的是日本桑原骘藏的《东洋史要》(又名《支那史要》),分中国历史为四个时期,史前至秦统一为上古史,秦统一至唐末为中古史,五代至明末为近古史,清代以下为近世史。根据傅斯年的观察,"日本桑原骘藏氏著《东洋史要》,始取西洋上古中古近古之说以分中国历史为四期。近年出版历史教科书,概以桑原氏为准,未见有变更其纲者"③。

① 吕思勉:《初中标准教本·本国史》,《吕思勉全集》第 21 卷,第 142 页。
② 聂幼犁:《历史课程与教学论》,杭州:浙江教育出版社,2003 年,第 59 页。
③ 傅斯年:《中国历史分期之研究》,《史学方法导论》,南京:江苏文艺出版社,2008 年,第 65 页。

　　1930 年的课程标准实际是在桑原骘藏分期的基础上,将近古史并入中古史部分,又以民国以后的部分为现代史,吕思勉以"此次教育部所定《教材大纲》,分期之法,和鄙意无大出入。故即遵照编纂,以期划一。至于每一时期之中,又可分为数小期"①。当然,这种分期法最显而易见的弊端即是"中古期所包含的时间太长,于研究上讲授上俱得不到分期的便利"②。1930 年的课程标准颁布以后,吕思勉按照课程标准所编纂的教科书与其早年的《白话本国史》在分期上颇有不同。《白话本国史》以周以前为上古史,秦至唐代全盛为中古史,唐中叶至南宋为近古史,元至清中叶以前为近世史,西力东渐以来为最近世史。1924 年《新学制高级中学教科书·本国史》在分期上还是沿用了《白话本国史》中的分期。在 1930 年教育部课程标准颁行以后,吕思勉按照课程标准的要求而将其分期标准进行修改。③

　　二是政治史、社会史互为经纬,吕思勉以《文献通考》中之治乱兴亡和典章制度分别对应"动的史实"和"静的史实",两部通史和四部断代史均按此例编纂,两者在内容篇幅上大致是对等的。但是对于历史教科书,由于课程标准的原因,就无法按此例编纂。《初中标准教本·本国史》中上古史 9 章,设《上古之文化与社会》《周代之社会概况》2 章,中古史 24 章,设《两汉之社会概况》《两晋南北朝之文

---

　　①　吕思勉:《复兴高级中学教科书·本国史》,《吕思勉全集》第 20 卷,第 173 页。

　　②　孙正容:《本国史时期划分的研究》,《图书展望》第 1 卷第 11 期,1936 年 8 月,第 16 页。

　　③　对于上古、中古、近世、现代等历史分期名目,吕思勉其实并不十分认同,上述名目都系外来,而历史分期"当自审史事而为之,并当自立名目,而不必强效他人,则审矣。言周以前之史,而率约定俗成之义,以求称名。"(参见吕思勉:《先秦史》,《吕思勉全集》第 3 卷,第 9 页)吕思勉所著的四部断代史《先秦史》《秦汉史》《两晋南北朝史》《隋唐五代史》均用约定俗成之名,而未以上古、中古、近世为各个断代之名。

化与社会》《隋唐之社会与宗教》《宋之学术思想与社会概况》《元明文化与社会概况》5章,近世史17章,仅设《清代之文化与社会状况》1章,现代史9章,亦仅设《最近之文化经济与社会状况》1章。由此可见,在教科书编纂中政治史占了绝大部分,社会文化史所占比例极小。

三是议论,对历史事件和历史人物的评论即为史论。史论理所当然会带有一定程度的价值取向和主观色彩。但是历史教科书不同于学术论著,其阅读对象是广大学生,需充分发挥其教育功能,故此作者的各种主观之论是不宜在教科书中大量出现的。吕思勉在《新学制高级中学教科书·本国史》之"例言"中就强调"这部书是只叙事实,不参议论的"①。当然,在教科书中完全做纯客观的叙述,不掺杂作者的任何主观意见,是很难做到的。吕思勉在《复兴高级中学教科书·本国史》中提到对于"正确的理论,成为读史的常识的,则不徒不在禁例,并宜为相当的输入。又利用历史以激发人民的爱国心等等,亦为有失忠实之道。但此亦与史实不合者为限。至于陈古可以鉴今;读了某种史实,自然会感动愤发的,自亦不在此例。又贯串前后,指示史事的原因结果,及其变迁之所以然的,则看似议论,实系疏通证明的性质,其不能强指为主观,自更无待于言了。本书从表面上看,似乎有发议论之处,实皆谨守此三例,所以自信为尚无臆逞之弊"②。

在历史教科书编纂中,尽可能只叙事实,不参议论,减少主观成分。但是在教科书中若是不可避免地涉及主观议论的,通常以采学术界通行主流观点为上,"前此学者的议论,实系公允,而且成为史

① 吕思勉:《新学制高级中学教科书·本国史》,《吕思勉全集》第20卷,第12页。
② 吕思勉:《复兴高级中学教科书·本国史》,《吕思勉全集》第20卷,第175页。

学界的常识的,也宜为相当的输入"①,有争议的则尽量回避,或尽可能作持平之论,例如对于经今古文之争,吕思勉以为"今古文的短长,我们不讲经学,无须去评论他。从大体上说,则汉人去古近,对于古代的事情,知道得总要多些;所以汉人的经说,无论今古文,都为后人所宝贵"②。

教育部课程标准颁布后的历史教科书基本上都按照课程标准进行编纂,各家历史教科书之间应该是"同"多过"异"。尽管吕思勉的某些学术观点与课程标准有差异,但却不得不以课程标准来替代学术观点。当然,吕思勉也不是完全按照课程标准来编纂历史教科书,将《初级中学历史暂行课程标准》(1930 年)与《初中标准教本·本国史》各章对比,两者在大体上相同,但也有一些不同之处,吕思勉以课程标准为基础做了"斟酌改良"。

二

吕思勉所编的中学历史教科书在民国时期多被采用并且再版多次,这在当时学者的评价以及教科书的出版发行中都可以得到清晰的体现。黄现璠曾对二十世纪前三十年所通行的历史教科书一一点评,认为吕思勉的《本国史》(新学制高级中学教科书)"用为高中课本,颇为适当,盖其本身,具有以下特点:1. 叙述简要,言必有物。2. 材料确实,且多注明出处。3. 分量适当,不繁不简。此三点,实较胜其他课本,所以时至今日,高中尚多采用之"③。从黄现璠的

① 吕思勉:《新学制高级中学教科书·本国史》,《吕思勉全集》第 20 卷,第 14 页。
② 吕思勉:《更新初级中学教本·本国史》,《吕思勉全集》第 21 卷,第 519 页。
③ 黄现璠:《最近三十年中等学校中国历史教科书之调查及批评》,《古书解读初探》,桂林:广西师范大学出版社,2004 年,第 14 页。原载《师大月刊》第 5 期,1933 年 7 月。

评论中可以看出，叙事、取材和繁简是吕著历史教科书相比于其他教科书较为出色的地方。

（1）叙事。中国古代自有"良史工文"的传统，对于中小学历史教科书尤是如此。教科书叙事得当，显明实在而有系统，学生阅读后能有鲜明之印象。夏曾佑《中国历史教科书》编纂多抄撮旧史，以文言行文。吕思勉《白话本国史》代之以白话。吕思勉认为中学历史教科书不宜太深，在编纂中"行文力求浅显，务期学生自看亦能明白，教者讲授，可为进一步之指示"①。在行文用语中除了专门术语之外尽量避免文言，试举其《更新初级中学教科书·本国史》中对于隋唐府兵制的论述："府兵之制是起于北周的，到唐朝而更为完备。其制：于重要的去处，设立折冲府，有折冲都尉以下许多武官；百姓名隶兵籍的，都属折冲府，以农隙教练，有事时征集，命将统率出征；事罢归来，依旧各归其府。这一种制度，没有养兵之费，而可以得多兵之用；兵无屯聚之患，亦不至无家可归，难于遣散；确自有其优点。借（惜？）乎承平既久，有名无实。到玄宗时，连皇帝的卫兵，都调不出来，而要改用募兵了。"②这一简短的叙述，将府兵制的渊源、内容、运行、特征、优劣、变迁都概要地予以叙述，字句短简，很少用长句，易于理解。

吕思勉认为历史教学"非如项羽所谓书足以记名姓，徒能多识往事而已"③。故此，在历史教科书编纂中尽量避免连篇累牍的人名、地名、官名等的罗列和叠加，例如对于清代学术，只是简单说明考据是怎样的一种学问，考据家的名字一个也没列，"知道了戴震、

---

① 吕思勉：《初中标准教本·本国史》，《吕思勉全集》第21卷，第142页。

② 吕思勉：《更新初级中学教科书·本国史》，《吕思勉全集》第21卷，第544页。

③ 吕思勉：《论学丛稿·中学历史教学实际问题》，《吕思勉全集》第11卷，第545页。

惠栋、段玉裁、余萧客等名字,有什么用处呢?"①就中学生而言,其学习历史,"实在只要知道一个轮廓……我们现在问:有一条河,其下流是以定期泛滥的,因此遗下很肥沃的土地,为世界上最古文明的源泉。……只要这个人,是受过教育;他所受教育,不是白受的;总记得这条河是在非洲的北部,决不会误以为在欧洲在亚洲,而河流与文明的关系,与最古文明的关系,他也还是了解的。如此,这个人的书,总算是没有白读"②。正是基于此,吕思勉在教科书编纂中非常注意于基本历史事实叙述之外的理解和解释,例如对于魏晋南北朝的少数民族,对这一时期民族融合之趋向则必须掌握:"以大体论,则总是逐渐同化于中国人的,到隋唐时代,已几于浑然不见其迹了。中国人对于异民族,亦颇能一视同仁,只要他在文化上,能够同化于我,就不再问其种族。"③魏晋南北朝时期的各少数民族及其所建立的政权,以及政权之间的兴亡嬗替,对中学生(甚至还包括大学生)而言太过繁复,但掌握了这一时期民族融合的趋势则可认为历史"是没有白读"的。

(2)取材。历史教科书的取材均应是结论性的,而不是考据性的。十九世纪以来,"西洋历史之研究,受德国史家之影响,趋于极狭窄之探索。积之既久,各部历史皆有无数之专门的研究。……有专家出焉,根据个人之探讨与同好之研究,为一综合的整理,范围较广之叙述,而专史成矣。其后更有好事者,鸠合专家,合编通史,综

---

①　吕思勉:《更新初级中学教科书·本国史》,《吕思勉全集》第 21 卷,第 469 页。张荫麟就批评"某印书馆出的高中本国史……偶于其中一叶里共发现一百多专名","成一部类书或辞典,要追求趣味的少年读这样的点鬼簿,未免残酷"。(参见张荫麟:《中学本国史教科书编纂会征稿启事》,《张荫麟全集》上卷,第 191—192 页)

②　吕思勉:《更新初级中学教科书·本国史》,《吕思勉全集》第 21 卷,第 468 页。

③　吕思勉:《初中标准教本·本国史》,《吕思勉全集》第 21 卷,第 214 页。

合史界之新收获,传播之于大众,而后专家之研究,始与大众发生关系"①。从理论上看,教科书的编纂也是如此。吕思勉认为:"不论什么学问,研究的对象,都贵于正确。历史是供给各种学问以正确的材料的,其本身的材料,不能不正确,无待于言。"②吕著历史教科书大多取自前人之定论。

历史教科书取材于研究之定论,这就涉及教科书的编纂与考据的关系,应该是先有具体的专门的考证,然后进行整合编纂而成教科书。正如吕思勉所言:"讲历史是离不开考据的。考据无论如何精确,总只是考据,不能径作为事实,这是原则。……鄙人于此等处,必格外谨慎。所采取的,必系前人的成说,大略为众所共认的。"③吕著历史教科书既有取材于前人、时人的研究成果,亦有吕思勉本人的研究成果,例如《新学制高级中学教科书·本国史》于三皇五帝时代叙其"社会进化,必自渔猎而游牧,自游牧而耕稼。吾国燧人时,盖在渔猎时代;至伏羲则进为游牧,神农乃入于耕稼。耕稼时代,民始土著;建国之雏形已具,而生活程度亦日高。故衣服、公室、器用、埋葬之制,日臻美备。交通、贸易之事兴,战攻、守御之事,亦随之而起。迨文字兴,而文化乃日益进步矣"④。此社会进化之义,吕思勉在《大同释义》《中国社会变迁史》等论著中已反复申诉其义。

历史教科书是叙事而非考证,叙事无需注明出处但考证则必须注明出处,这也是历史教科书编纂中较为普遍的特征。但吕思勉的历史教科书在很多地方都注明材料来源,则是为了适应读者进一步深入学习研究的需要,"学者若能依注翻阅原书,我相信在研究方法

---

① 齐思和:《改造国史之途径与步骤》,《齐思和史学概论讲义》,第213—214页。
② 吕思勉:《新学制高级中学教科书·本国史》,《吕思勉全集》第20卷,第14页。
③ 吕思勉:《复兴高级中学教科书·本国史》,《吕思勉全集》第20卷,第174页。
④ 吕思勉:《新学制高级中学教科书·本国史》,《吕思勉全集》第20卷,第18页。

上,很可得益"①。当然,涉及某帝某人之事,肯定在本纪列传之中,经济现象在《食货志》,官制在《百官志》,就无需注明了。但是引用相关学者的议论,仍一一注明出处。

(3)繁简。吕思勉所编纂之教科书,在内容上繁简适当,既不详古略今,又不详今略古。历史教科书当然可看作是通史,二十世纪各家通史很多都未完成,如夏曾佑、张荫麟等,钱穆《国史大纲》最后亦草草结尾。1958年的"史学革命"批判"厚古薄今",也从一个侧面反映出近代史的研究与撰述还是十分薄弱的。吕思勉《白话本国史》完成,又有多本近代史之作,故能够在教科书编纂上将古代和近代的内容做合理的搭配。《复兴高级中学教科书·本国史》全书六编,除首编绪论末编结论外,其余四编分别为上古史、中古史、近代史、现代史,古代和近现代的内容所占比重相当。在吕思勉看来,近代史的内容在历史教学中是非常重要的,所谓的"法后王"即"以其近己而俗变相类,议卑而易行也",吕思勉以"此为研究历史当略古详今之注脚"②。故此,其教科书的编纂,"虽系自古至今,依着时间的顺序排列。然使用之时,即先授第四、五编——近世史、现代史——亦无不可。因为近世和现代的事,和眼前的生活较为切近,学生容易了解,亦容易有兴味。固然,史事系逐步发展,读后世史,必须溯其原于古,乃能真实了解。然必先觉兴味,乃能引起其探求之心"③。当然,近代史并不仅仅是贴近学生现实生活,"容易有兴味",还必须要注意培养学生的历史责任感,中国向着现代化道路迈进,"现代的青年,是现代中国的创造者,学习本国史至此,自应立定

---

① 吕思勉:《新学制高级中学教科书·本国史》,《吕思勉全集》第20卷,第14页。
② 吕思勉:《中国近代史讲义》,《吕思勉全集》第13卷,第6页。
③ 吕思勉:《复兴高级中学教科书·本国史》,《吕思勉全集》第20卷,第173—174页。

志向,一致奋起,以求现代化的新中国的实现"①。

　　吕著历史教科书繁简得宜的另一表现是其各章节标题组织排列整齐,一目了然,分量均匀,各章节之间联络适宜,材料分配得当。例如《复兴高级中学教科书·本国史》中于西晋东晋的编纂,吕思勉于"西晋和东晋桓温掌权"为一章,将八王之乱和五胡乱华联系起来,表明西晋灭亡是统治阶级内部矛盾和民族矛盾都十分尖锐的结果。以十六国和桓温以后的东晋同为一章,因桓温以后南北多有交集,东晋并不单独设章,这种处理方式与当时以及现行的教科书均不相同,有其独到之处。十六国的兴替是非常繁杂的,吕思勉于此列一简表,一目了然。

　　一直以来,在中学历史教学中最有争议的问题是初中学过一遍中国史,到了高中还需再学一遍,如此是否为重复。一般认为,初、高中所学历史虽然内容相同,但深度有别。吕思勉于初、高中历史教科书都有编纂,其初中教科书全用白话,且基本都是短句,叙事多,几乎没有考证,各种复杂的概念术语少见。书中多地图、插图、人物肖像,比较直观,书末附有习题,其推荐参考阅读的书籍亦以通俗性的读物为多。吕思勉所编纂的高中历史教科书则颇具深度,《白话本国史》原为高中学生自修参考之用,"内容材料,颇多特点:1. 取材丰富,且多新见解。2. 引用古书原文作为材料。3. 各家记载不同或相反的事实,必兼录并载,而加以考证。所以高中学生将此书作参考,最为适当"②。《新学制高级中学教科书·本国史》以文言叙述,又有很多地方征引古籍文献,在当时普遍反映其书太

─────────────

　　① 杨东莼:《高中本国史》,《杨东莼文集·专著卷》中册,武汉:华中师范大学出版社,2014年,第1206页。

　　② 黄现璠:《最近三十年中等学校中国历史教科书之调查及批评》,《古书解读初探》,第15—16页。

深，"惟(1)该书系用文言；(2)叙述力求揭举纲要，其详则留待教师的指示和学生的参考，因此措语较为浑括，而读之遂觉其过深"①。故此书一直颇受批评，在当时就有批评在众多的历史教科书中，"文章最难懂的，首推吕思勉氏的《高中本国史》"②。所以吕思勉此后在编纂《复兴高级中学教科书·本国史》时做了很大的改变，"改用白话；叙述亦力求其具体，少作概括之辞。无论教师或学生，使用起来，该都较前书为便利"③。

中学历史教科书的材料过于丰富，引原文过多，则近乎考据，作为参考书可行，作教科书则不适合。吕思勉曾与吴研因、王芝九合编《高等小学用新法历史参考书》，供教师课堂教学参考之用，因其阅读对象是教师，故参考书的编纂系将教科书中的各知识点所依据的史料录出，全用原文，务求其全，另以按语的形式以为考证。引用古书原文作为教材，不合中学生程度，作为参考书则最为合适。

当然，吕思勉所编撰的各种历史教科书还是存在许多问题，在民国时期就有很多批评意见，尤其是《新学制高级中学教科书·本国史》在当时"是一本被批判最为激烈的历史教科书"④。但是与民国时期其他各种历史教科书相比较而言，"年来教科书之泛滥，真是误尽天下苍生，像吕先生这部书，还算不错的一本"，熊梦飞虽然对《新学制高级中学教科书·本国史》多有批评，但亦不过是"春秋责备贤者之意"。⑤

---

① 吕思勉：《复兴高级中学教科书·本国史》，《吕思勉全集》第 20 卷，第 173 页。

② 姜季辛：《略论中学历史教科书的缺点（三）》，《教育通讯》第 2 卷第 18 期，1939年，第 11—16 页。

③ 吕思勉：《复兴高级中学教科书·本国史》，《吕思勉全集》第 20 卷，第 173 页。

④ 何成刚：《民国时期中小学历史教育发展研究》，长沙：岳麓书社，2008 年，第266 页。

⑤ 熊梦飞：《评吕著高中本国史》，《教与学》第 1 卷第 1 期，1935 年 7 月，第 241 页。

三

民国时期的历史教科书与国文、算术、自然、博物、修身等同为课程之教材,但是与算术、自然、博物等科相比,诸如国文、修身、历史教材于内容教学之外更具思想教育的功能,是激扬爱国情绪、传播民族精神的重要途径,以修身教材而论,"忧国、为国、爱国无不成为近代仁人志士最强烈的呼声。这一点在修身教科书上也得到集中体现。国民修身无不是近代修身教科书的必讲内容,并居于重要位置"①。历史教科书同样也如此,"盖一国之史迹,最足以激发其国民之民族精神,是以各国之历史教学莫不注重于此,而今日之中国于此更应有明确之认识,且求实际贯澈之也"②。民族认同在历史教科书中的呈现对于近代民族国家的建构有着重要意义,因为近代中国的资讯和传播均不发达,学校教育是民众获取知识与形成民族意识的重要渠道,学校是培养民族国家认同的基本场所。③

晚清学制改革以后,历史教科书大多采自日本。民国建立以前,"当时史家,除吕瑞廷外,最浅显的历史意义之爱国主义,皆不知利用,而多采日人著述,作为课本"④。民国建立以后,特别是九一八事变后民族危机的加深,高扬民族主义成为了历史教科书编纂中普遍重视的问题。1930 年《初级中学历史暂行课程标准》规定历史

---

① 王小静:《清末民初修身思想研究——以修身教科书为中心的考察》,北京:人民出版社,2012 年,第 149 页。

② 陈训慈:《历史教学与民族精神》,《图书展望》第 1 卷第 4 期,1936 年 1 月,第 9 页。

③ 刘超:《历史书写与认同建构——清末民国时期中国历史教科书研究》,北京:社会科学文献出版社,2016 年,第 4 页。

④ 黄现璠:《最近三十年中等学校中国历史教科书之调查及批评》,《古书解读初探》,第 21 页。

课程"研求中国政治经济变迁的概况,说明近世中国民族受列强侵略之经过,以激发学生的民族精神,并唤醒其在中国民族运动上责任的自觉。研求重要各国政治经济变迁的概况,说明今日国际形势的由来,以培植学生国际的常识,并养成其远大的眼光与适当的国际同情心。但同时仍注重国际现势下的中国地位,使学生不以高远的理想,而勿忘中国民族自振自卫的必要"①。在当时所编纂的教科书中,"彰明较著关于民族思想的教材,例如《李牧却匈奴》、《苏武牧羊》、《班超定西域》、《淝水之战》、《岳飞抗金》、采石虞允文却敌、袁崇焕却满、戚继光平倭等课文,在小学教科书中真是不胜枚举。国耻教材,例如鸦片之战、英法联军之役、甲午之战……'五卅''五九''九一八''一二·八'等等也应有尽有"②。以至日本方面以为中国教科书中的民族主义是一种"仇日教育"。

历史教科书是阐扬民族精神的重要途径之一,因为历史教育是"唤起民族精神、增强民族自信、发挥民族潜力"③的中心。这在二十世纪三十年代以来的教科书编纂中是非常普遍的做法,吕著历史教科书同样也如此。

在中华民族起源问题上,吕思勉最早在《白话本国史》中是持"西来说"的,认为"汉族西来"的观点,"虽没有充分的证据,然而蛛丝马迹是很多的"④。《新学制高级中学教科书·本国史》亦持此论。但此后却逐渐开始改变其"西来说"的看法,例如《初中标准教本·本国史》认为"中国民族,即使系从他处迁来,其年代亦必很远。

---

① 教育部中小学课程标准起草委员会:《中小学课程暂行标准·初级中学之部》,上海:卿云图书公司,1930年,第25页。

② 吴研因:《清末以来我国小学教科书概观》,张静庐辑注:《中国近现代出版史料》,上海:上海书店,2011年,第153—154页。

③ 徐文珊:《历史教育论》,重庆:史学书局,1945年,第2页。

④ 吕思勉:《白话本国史》,《吕思勉全集》第1卷,第8页。

其文化,实可说是在本地方发生的。……我们现在,只知道汉民族的由来很早;其居于此土,业已很为久远"①。当然,这是因为出于阐扬民族精神的需要而将"西来说"的观点予以淡化,此后吕思勉在此问题上的学术观点亦发生变化。

在民族关系问题上,吕思勉与当时主流的观点一致,即认为民族之别在于文化而非种族,而其发展趋势则是渐趋同化,"汉族而外,重要之民族……皆逐渐与汉族同化。现在境内,除汉、满、蒙、回、藏五大民族外,益以西南诸族,则共为六族。虽尚未完全融化,然终必有完全同化之一日也"②。历代中央政府对于少数民族的政策大体上说也是具有其合理性的,各民族之间的语言、风俗、信仰等各不相同,"其最紧要之点,则在于多数民族,能承认少数民族自决的权利;对于同化一层,只有诱掖奖励,而没有强迫。如此,到环境改变以后,少数民族,自然会和多数民族同化的。如其用强迫手段,则其结果,往往适得其反。……中国人对待少数民族,可以说是最为合理的,所以其结果也最好"③。

对于与发扬民族精神有关的历史事件和历史人物,吕思勉也很注重介绍。中国古代以两汉和隋唐时期的武功并称,"武功盛,则国家的声威远播,来朝贡的国就多……隋唐的武功,是和两汉并称的"④。值得注意的是,吕思勉在历史教科书中在阐扬民族精神方面的论述,有时并不能完全与其本人的学术观点等同,例如汉武帝,吕思勉在教科书中承认"汉武帝是个雄才大略的人,他对外用兵,替

---

① 吕思勉:《初中标准教本·本国史》,《吕思勉全集》第 21 卷,第 150 页。
② 吕思勉:《高中复习丛书·本国史》,《吕思勉全集》第 21 卷,第 17 页。
③ 吕思勉:《初中标准教本·本国史》,《吕思勉全集》第 21 卷,第 321 页。
④ 吕思勉:《初中标准教本·本国史》,《吕思勉全集》第 21 卷,第 223 页。

中国开拓了不少疆土"①。但在《白话本国史》中却对汉武帝评价不高,"汉武帝这个人,武功文治亦有可观。然而他这个人太'不经济'。他所做的事情,譬如'事四夷''开漕渠''徙贫民',原也是做得的事。然而应当花一个钱的事,他做起来总得花到十个八个。……至于'封禅''巡守''营宫室''求神仙',就本是昏愦的事情"②。吕思勉在《白话本国史》中为秦桧翻案,并以岳飞为军阀,曾引发了广泛的争议,在历史教科书中则回避了岳飞为军阀的叙述,例如《复兴高级中学教科书·本国史》叙为"宋南渡以后之兵,以韩、岳、张、刘为大。四人在历史上,都号称名将,而且都是我国民族的英雄。……秦桧与金言和,乃召三人论功,名义上虽各授以枢府,而实际上则罢其兵柄。未几,岳飞被害"③。但吕思勉在注释中还是以《文献通考·兵考》作为引申阅读的内容,《文献通考·兵考》中引时人所论指南宋四大将为军阀,其基本观点并未改变。

　　中国近代以来屡遭帝国主义列强的侵略,是"我们受了刺戟而起反应的时代"④,这是对学生进行民族主义教育的重要内容。列强的历次侵华战争以及随之而来的不平等条约,在吕著教科书中均有详述。抗日战争胜利后,吕思勉为上海中学生书局编纂《初中本国史》以及《初中本国史补充读本》,根据书局对补充读本的介绍,"自从抗战胜利以后,我们所读的历史课本还只叙到(抗战)胜利以前为止,即或涉及战事,亦是很不完全。但最近十年来实在是我们抗战建国过程中一个艰苦而又极伟大的时代,我们怎能不加以一番

---

① 吕思勉:《更新初级中学教科书·本国史》,《吕思勉全集》第21卷,第511页。
② 吕思勉:《白话本国史》,《吕思勉全集》第1卷,第153页。
③ 吕思勉:《复兴高级中学教科书·本国史》,《吕思勉全集》第20卷,第327页。
④ 吕思勉:《复兴高级中学教科书·本国史》,《吕思勉全集》第20卷,第188页。

详细的检讨"①。吕思勉另有通俗读物《国耻小史》，专述国耻。吕思勉始终认为中华民族是富有同化力的民族，就是九一八事变后日本在东北大量移民，但是"土地最后属于谁，只看谁能同化谁来决定。民族的势力，终是要占最后的胜利的，只看我们自己的努力罢了"②。对于中华民族的前途，吕思勉认为"团结数万万的大民族，建立一个世界上第一等的大国；而文明进步，在世界上亦称第一等；这是地球之上，中华民国之外，再没有第二个国家的……我国民族，现在正当变化以求适应于新环境的时候。一旦大功告成，其能大有造于世界，是可以豫决的"③。

历史教科书是为适应历史课程教学的需要而编纂的，是给予普通学生以最为基础的历史知识。而从历史研究的专业角度来看，中学历史教科书和史学专著还是有所区别的，按照吕思勉本人的说法，"我们现在不能用中小学的读历史方法来研究的，那时因所读的教科书很单纯"④，阅读不会感到困难，与历史研究则截然不同。

附表 2 《初级中学历史暂行课程标准》(1930 年)与吕著初中教科书对照表

	初级中学历史暂行课程标准	初中标准教本·本国史
绪论	甲、历史与现代生活的关系	例言
	乙、中国疆土开辟的大势	

---

① 李永圻、张耕华：《吕思勉先生年谱长编》下册，第 801 页。
② 吕思勉：《初中标准教本·本国史》，《吕思勉全集》第 21 卷，第 372 页。
③ 吕思勉：《复兴高级中学教科书·本国史》，《吕思勉全集》第 20 卷，第 518—519 页。
④ 吕思勉：《论学丛稿·研究历史的感想》，《吕思勉全集》第 11 卷，第 550 页。

（续表一）

	初级中学历史暂行课程标准	初中标准教本·本国史
上古史	甲、古史的传说	第一章　太古之传说
	乙、中国北部石器时代的文化	第二章　中国民族之建国
	丙、中华民族的建国	第三章　唐虞夏商之政教
	丁、古代文化的进步	第四章　上古之文化与社会
	戊、夏商政教与汤武革命	第五章　周之建国及其政教
	己、周之开国与其制度	第六章　春秋与战国
	庚、春秋时代与战国时代	第七章　周代之社会概况
	辛、学术思想的勃兴	第八章　春秋战国之学术思想
		第九章　本期结论
中古史	甲、秦始皇的政策	第一章　秦代之统一与疆土之拓展
	乙、群雄之兴与秦之亡	第二章　两汉之政治概况
	丙、汉之开国与其盛世	第三章　两汉疆域之开拓与对外交通
	丁、前汉之衰亡	第四章　两汉之学术与宗教
	戊、新莽的改革与后汉的兴起	第五章　两汉之社会概况
	己、秦与两汉的开疆拓土	第六章　三国之分裂与晋之统一
	庚、佛教的输入与其影响	第七章　中国民族之新融合
	辛、两汉的学术与制度	第八章　两晋南北朝之文化与社会
	壬、后汉的衰亡与三国的纷扰	第九章　隋之统一与唐之继起
	癸、晋之统一与其衰亡	第十章　隋唐之武功与对外交通
	′甲、北方民族的侵入与晋室南迁	第十一章　隋唐之政治概况
	′乙、东晋与外族的关系	第十二章　隋唐之学术文艺
	′丙、南北朝的对立与隋代的统一	第十三章　隋唐之社会与宗教

（续表二）

初级中学历史暂行课程标准	初中标准教本·本国史
′丁、隋亡唐兴	第十四章　中国文化之东被
′戊、隋唐的武功与对外贸易	第十五章　唐之衰亡与五代之纷乱
′己、佛教的发达与新宗教的传入	第十六章　宋之统一与变法
′庚、三国至唐的学术制度	第十七章　辽夏金之兴起与对宋关系
′辛、唐之中兴与亡国	第十八章　宋之学术思想与社会概况
′壬、契丹族的南侵与五代的纷乱	第十九章　元代之武功
′癸、宋之兴起及其与契丹的关系	第二十章　中国文化之西渐
″甲、宋初的改革运动	第二十一章　明之内政与外教
″乙、宋之联金灭辽与南渡	第二十二章　中华民族之拓殖
″丙、南宋与金的对峙	第二十三章　元明文化与社会概况
″丁、南宋的学术与制度	第二十四章　本期结论
″戊、蒙古族的勃兴与蒙古帝国的建立	
″己、辽金元的文化	
″庚、元末农民战争	
″辛、明之建立与其盛世	
″壬、明与西洋及日本的关系	
″癸、宦官之祸与明之中衰	
‴甲、明之学术制度	

（续表三）

	初级中学历史暂行课程标准	初中标准教本·本国史
近世史	甲、东西新航路的发见与欧人的东来	第一章　中西交通之渐盛与西学之输入
	乙、澳门租借与中西通商之始	第二章　清代之勃兴
	丙、满洲的兴起与明之亡国	第三章　清初之政治及武功
	丁、满洲入关与清初的内政	第四章　中国民族之扩大
	戊、明清之际的西学	第五章　清初之外交与中叶后之政治
	己、中俄尼布楚条约及其后	第六章　鸦片战争
	庚、清初的武功与拓疆	第七章　太平天国
	辛、鸦片战争与南京条约	第八章　英法联军与中俄交涉
	壬、清中叶内乱与太平天国的革命	第九章　中法战争与外力之压迫
	癸、英法联军之役与南方藩国的丧失	第十章　中日战争与外力之压迫
	'甲、新疆的平定与伊犁的交涉	第十一章　维新运动之始末
	'乙、中法之战与南方藩属的丧失	第十二章　八国联军之役
	'丙、中日之战与中俄交涉	第十三章　日俄战争与东北移民
	'丁、沿海港湾的租借	第十四章　清代之政治制度与末年宪政运动
	'戊、戊戌政变与八国联军之役	第十五章　清代之文化与社会状况
	'己、清代的学术	第十六章　清代之经济状况
	'庚、清代的政制	第十七章　本期结论
	'辛、清代的经济与社会	

（续表四）

初级中学历史暂行课程标准	初中标准教本·本国史
甲、日俄战后列强与中国的关系	第一章 孙中山先生与革命运动
乙、清室的变法与预备立宪	第二章 辛亥革命与中华民国成立
丙、孙中山与革命运动	第三章 民国初年之外交
丁、辛亥革命与清之亡	第四章 反动政治与军阀混战
戊、中华民国的成立	第五章 欧战后之外交
己、民国十五年来的内政外交	第六章 国民革命之经过
庚、国民革命的经过	第七章 国民政府成立后之内政与外交
辛、国民政府成立后内政的设施	第八章 最近之文化经济与社会状况
壬、废除不平等条约运动与最近外交	第九章 本期结论
癸、最近中国经济社会状况	
'甲、最近中国的教育与学术	
'乙、中国史的回顾与新中国的使命	
	综论
	第一章 历史与人类生活之关系
	第二章 中国民族之逐渐形成与现代之复兴运动
	第三章 中国文化之演进及其光荣
	第四章 国际形势下之我国地位

（表格左侧第一至第十二行标注"现代史"）

第三章　吕思勉的专门史编纂研究

早在戊戌变法时期,梁启超在《变法通义》中的"论译书"中就提到了农业史、商业史、工艺史、矿史、交际史、理学史等专门史。中国古代正史中之"书""志"即比较类似于专门史,柳诒徵认为专门史可以溯至正史中之"志",会通性质的政书则将各断代史中的"志"汇编成书,"以史事之性质,分著专史,如政治、法制、经济、学术、风俗、宗教、教育、实业、美术、社会、外交等史,其实皆正史诸志汇传之遗,特博采群书,通贯古今,如马端临之《通考》,加以论断,述其因果,每事析为一书"①。马端临《文献通考》中的"典章制度"特别为吕思勉所推崇,吕思勉在通史和断代史中的典章制度部分若"析为一书",则均可看作专门史。

第一节　吕思勉中国社会史编纂述论

二十世纪上半期的中国社会史研究是伴随着"新史学"观念的确立,西方社会科学的输入以及中国社会史论战而兴起并取得较为

---

① 柳诒徵:《史学概论讲义》,第 4 页。此书无版权页,上海图书馆藏。

可观的成就的。① 在这样的大背景下,吕思勉开始重视并研究社会史,在为上海沪江大学、光华大学讲授相关课程讲义的基础上修订扩充而成《中国社会史》。本节拟以社会史的学科性质为切入点,探讨吕思勉在中国社会史研究中所体现出的学术倾向、治学方法以及编纂模式等方面的特点。

一

中华人民共和国成立后的三十年,历史学研究的主要领域是政治史和经济史。自八十年代以来,社会史研究开始逐步兴起。对于社会史的性质,代表性的观点为专史说、通史说和视角说三大类型。专史说即认为社会史是历史学的分支学科,与政治史、经济史等并立。通史说是将社会史看作一种综合性的通史。视角说则以社会史为一种新的研究方法,表述为新史学、新范式或新视角。② 以上述三者来衡量,很明显,吕思勉的社会史研究当为专史。

众所周知,魏晋南北朝时期史学成为一门独立的学科。历史学的各分支学科历来都只是从史部目录分类的角度来进行区分,最有代表性的是《四库全书总目提要》史部下的十五部分类。自二十世纪初开始,则始从历史学分支学科的角度来对史部进行区分,梁启超《中国历史研究法》中提到"今日所需之史,当分为专门史与普通史两途。专门史如法制史、文学史、哲学史、美术史等等;普通史即一般之文化史"③。梁启超的区分稍嫌粗略,但其提出法制史、文学

---

① 常建华:《20 世纪中国社会史研究》,《社会生活的历史学——中国社会史研究新探》,北京:北京师范大学出版社,2004 年,第 35 页。

② 常建华:《新时期中国社会史研究概述》,天津:天津古籍出版社,2009 年,第 6—11 页。

③ 梁启超:《中国历史研究法》,上海:上海古籍出版社,2011 年,第 38 页。

史、哲学史、美术史等都属专门史，而社会史当然可视作与法制史、文学史、哲学史、美术史等相并列的专门史。《史记》中有八书，《汉书》改书为志，以不与《汉书》之"书"名重复，《通典》中之各门亦是如此。古代正史中之书志实际上就是一部专门史，按照吕思勉的说法："今后史学，将与昔大异，凡专门之事，皆将划出于普通史之外，而自成一书。旧史书志所载，在今日大抵可自成一专门史者也。"①

　　吕思勉著有两部通史和四部断代史，是以时间为主轴的"纵的历史"，而其所著的《中国社会史》《中国民族史》《中国文化思想史》等著作则是以门类为中心的"横的历史"，"横的历史"均可看作专门史。吕思勉以"治乱兴亡"和"典章制度"来区分历史事实，在其两部通史和四部断代史中均按上述两者的区分来组织编排章节。《吕著中国通史》上半部专论典章制度，分婚姻、族制、政体、阶级、财产、官制、选举、赋税、兵制、刑法、实业、货币、衣食、住行、教育、语文、学术、宗教十八部分。《白话本国史》和四部断代史都将典章制度置于每一历史阶段的治乱兴亡之后。所以，吕思勉《中国社会史》和《吕著中国通史》上半部是专门史的专著，通史和断代史中涉及社会史的则可视作通史和断代史的组成部分，亦可视作各个断代的社会史。《中国社会史》中的各专题属于社会史研究的范畴，各部断代史中章节的编排也可看出"吕思勉对中国历史上的社会等级、社会群体、衣食住行、人口问题、娱乐、信仰和风俗习惯等方面的史事进行研究和说明，这些正是今日我们理解的社会史的研究对象和内容，唯一不足的是他对社会组织有所忽视，对文化体育娱乐、等级结构还认识得不够全面。但是这不能过多地要求社会史研究的拓荒者，

---

① 吕思勉：《史通评·书志第八》，《吕思勉全集》第17卷，第237页。

重要的是他已经进行了大量的研究,提出许多新见解"①。

如果再进一步具体细分的话,社会史的各个门类都可以看作一部部独立的专史。中国古代的政书、类书等也都是分门别类、以类相从,也可以看作各门类的专史。《中国社会史》分农工商业、财产、钱币、饮食、衣服、宫室、婚姻、宗族、阶级、国体、政体、户籍、赋役、征榷、官制、选举、兵制、刑法 18 个专题,每一个专题实际上就是一部专门史,《中国社会史》中的国体、政体、宗族、阶级、婚姻就曾以《中国国体制度小史》《中国政体制度小史》《中国宗族制度小史》《中国阶级制度小史》《中国婚姻制度小史》为名单独出版。《中国社会史》中商业、财产、征榷、官制、选举、刑法的近代部分再加上学校一篇而合编为《中国近世文化史补编》。1929—1930 年,吕思勉在常州中学教授"中国文化史",计划分二十讲,现存六讲:婚姻族制、户籍阶级、财产制度、农工商业、衣食居处、交通通信,从六讲内容可知其文化史实际上就是社会史。上述各门类的专门研究应该是社会史的基础工作,"专门的历史,专就一种现象的陈迹加以研究;普通的历史,则综合专门研究所得的结果,以说明一地域、一时代间一定社会的真相。……专门的研究不充分,整个社会的情形亦即无从知道"②。吕思勉另有《中国历代之选举制度》(《美商青年月刊》第 3卷第 6 期,1941 年 6 月)、《中国历代兵制之变迁》(《美商青年月刊》第 3 卷第 8 期,1941 年 8 月)等专文,实际上也是社会史中相关门类的专史。

吕思勉的社会史作为一种专门史和当今的社会史还是有所区别的,最根本之处即是吕思勉的社会史等同于"典章制度",而"典章

---

① 冯尔康:《社会史研究与〈二十五史〉》,《中国社会史研究》,天津:天津人民出版社,2010 年,第 468—469 页。

② 吕思勉:《论学丛稿·怎样读中国历史》,《吕思勉全集》第 11 卷,第 488 页。

制度"是包含政治史、社会史等专门史在内的。从《中国社会史》的 18 个专题中可以看出阶级、国体、政体、赋役、征榷、官制、选举、兵制、刑法在今天看来是属于政治史、制度史的范畴,其他属社会史范畴则无疑义。当今的社会史则是将政治史、制度史乃至经济史都排除在外的。但是政治史和社会史也是有密切关联的,"社会史研究的社会现象,是最常见、最大量、最生动、最富变化、最具人情味和群众性的;它又包含了一些重要的社会制度,且同社会其他基本制度——政治、经济制度有着不可分的内在联系"①。

在吕思勉看来,二十世纪以来史学的发展,准确地说应该是各科专门史的发展,"各种专门史日益进步,而普通史学乃亦随之而进步"。但是历史学却不能仅以专门史的发展为满足,"说明社会上的各种现象,是一件事;合各种现象,以说明社会的总相,又是一件事,两者是不可偏废的。社会是整个的,虽可分科研究,却不能说各科研究所得的结果之和,就是社会的总相。社会的总相,是专研究一科的人所不能明白的"②。吕思勉所说的"社会的总相",是在各专门史研究的基础上融会贯通,进而概括为对社会的整体上的认知。吕思勉本人曾在上海居住生活多年,"对于上海的了解,不能用某一事份来代表全体,须知道上海社会的各方面,像各界的生活状况,工商业的现象,外国人的势力等等,如你仅知道某一方面,这仍旧不能算是已了解上海的。研究历史也是一样,仅仅专门研究一方面,那是不够的"。但以此衡量吕思勉本人,似也难以做到。《中国社会史》中只是单列 18 个专题,但也未曾将各专题融会贯通以说明"社会的总相"。张亮采《中国风俗史》(1926 年)将风俗史分四个时期:

---

① 冯尔康:《开展社会史研究》,《中国社会史研究》,天津:天津人民出版社,2010年,第 8 页。

② 吕思勉:《历史研究法》,《吕思勉全集》第 18 卷,第 54 页。

浑朴时代、驳杂时代、浮靡时代、由浮靡而趋敦朴时代,其对时代划分和各时代特征的概括是否合理姑置不论,但是以此划分来标识社会风俗之变迁。相比之下,吕思勉《中国社会史》于专史之下又分专史的编纂方式,显然无法体现出各个时代社会的总体特征以及社会变迁之情状。

二

二十世纪二三十年代中国发生了影响深远的社会史论战,在社会史论战中出现了一批社会史专著,如郭沫若《中国古代社会研究》(1928 年)、陶希圣《中国社会之史的分析》(1929 年)、熊得山《中国社会史研究》(1929 年)、吕振羽《殷周时代的中国社会》(1935 年)等,论述的重点在于中国古代的社会性质。社会史论战又推动了社会经济史的研究①,朱谦之主编的《现代史学》(1933 年),吴承仕主编的《文史》(1934 年),陶希圣主编的《食货》(1935 年)等史学期刊,都将研究重点放在了社会经济史研究上。与上述研究相比,吕思勉中国社会史研究的重点则是社会生活史和社会风俗史。

吕思勉将社会生活史和社会风俗史分为成文的和不成文的两种,分别与法、俗或政、俗相对应。成文的即为典章制度,不成文的即为社会生活与风俗,“政俗最可考见社会情形。如宜兴某乡,有丧,其家若干日不举火,邻人饮食之,客有往吊者,亦由邻家款以食宿,此必甚古之俗,当考其由来,并当考其何以能保存至今也。政原于俗。俗之成,必有其故,一推迹之,而往昔社会之情形,了然在目矣”②。

吕思勉以“治乱兴亡”和“典章制度”来区分历史事实,将两者相

---

① 陈峰:《民国史学的转折——中国社会史论战研究(1927—1937)》,济南:山东大学出版社,2010 年,第 109 页。

② 吕思勉:《史籍与史学》,《吕思勉全集》第 18 卷,第 26 页。

比较自可看出"典章制度"之特点，而这也正体现出吕思勉社会史研究之特点。

首先，"治乱兴亡"研究的是具体的、个别的历史事实，"典章制度"研究的则是普遍的、一般的历史事实。吕思勉认为："学问之道，求公例，非求例外。"①"治乱兴亡"以具体的、个别的历史事件和人物为研究对象，在对具体的历史事件和人物研究的基础上寻绎其间的因果关系，"治乱兴亡"是以个别研究为基础的，但是"典章制度"的研究对象则是社会的整体，"历史与社会学之最大区别在其所研究者，一为个别事实，一为普遍法则。历史之目的，在研究与解释某时某地所发生之具体事实；而社会学之目的则在寻求超乎空间时间之关于人类社会之普遍的法则"②。

吕思勉《中国社会史》中所论述的均为普遍的、一般的事实，例如对先秦时期小国寡民状态下之财产情况，吕思勉论述"斯时之土地，除农田分赋外，余皆作为公有"，"斯时之分职，为士农工商。农人以田亩均平，无甚贫甚富。工业则械器之简易者，悉由人民自造。……商业则贩易大者行诸国外，盖亦以为本国计，与他国通有无，非其人藉以牟利。……士虽可入官，然禄亦仅足代耕，故斯时之社会，除君卿大夫有封地者外，实可谓无甚贫甚富之别也"，"斯时之社会，所最重者为分"，"斯时之制用，盖皆量入以为出"，"斯时之分财，盖因其位之高下而有差等。……然君卿大夫，食禄为厚，其待下亦多以宽为训，以聚敛为戒，以与民争利为耻"。③ 又或者列举具体的历史事实来归纳概括出普遍性的历史事实，例如论述"室中用火"，吕思勉条列了《汉书·食货志》《日知录》《左传》《新序》《汉书·苏武

---

① 吕思勉：《史籍与史学》，《吕思勉全集》第18卷，第23页。
② 齐思和：《齐思和史学概论讲义》，第52—53页。
③ 吕思勉：《中国社会史》，《吕思勉全集》第14卷，第35—37页。

传》《旧唐书·东夷高丽传》《水经注》等相关记载，内中涉及时代、地域、民族均不同，均为具体之事实，将其归纳概括而得"室中用火有二，一以取暖，一以取明"①的普遍性的结论，而此结论对不同的时代、地域、民族均适用。

其次，"治乱兴亡"关注的大多是帝王将相，"典章制度"则将眼光向下，更加关注普通社会大众。吕思勉认为旧史偏重政治，政治与社会毫无关联，"平民于宫中之事，固毫无所知；生长于深宫之君，于民间习俗，亦一无所晓"，所以历代正史"偏重政治的弊病，是百口莫能为讳的"。② 国家和社会是两个概念，按照吕思勉的说法，国家和社会是不同的：（1）有许多人民还没有能够组织国家，然而我们不能说他没有社会；（2）有许多国家已经灭亡，然而其社会依然存在；（3）所谓社会，其界限是和国家不合的，一个国家之中可以包含许多社会，而一个社会也可以跨据许多国家。吕思勉把国家和社会进行了区分，"社会和国家确系两物。未有国家之前先有社会，社会是不能一天没有的。人永远离不开社会的"③。社会史超越了帝王将相的研究范畴，以社会上广大民众为研究对象。

从这个层面来看，吕思勉的社会史研究是适应了新史学要求的。二十世纪初梁启超揭起"史界革命"的旗帜，强调编纂以人民群众为中心的"民史"，社会史研究和"民史"编纂两者是合辙的。瞿宣颖认为"吾国之史籍虽多，然有政治史而无制度史，有政府之制度史而无社会之制度史"④，故编成《中国社会史料丛钞》。柳诒徵"疑吾

---

① 吕思勉：《中国社会史》，《吕思勉全集》第14卷，第158页。
② 吕思勉：《历史研究法》，《吕思勉全集》第18卷，第57页。
③ 吕思勉：《中国政治思想史十讲》，《吕思勉全集》第16卷，第394页。
④ 马新、齐涛：《关于中国古代社会史研究中的几个问题》，《文史哲》2006年第4期，第61页。

国所谓史者,不过如坊肆《纲鉴》之类,止有帝王嬗代及武人相斫之事,举凡教学、文艺、社会、风俗以至经济、生活、物产、建筑、图画、雕刻之类,举无可稽。吾书欲祛此惑,故于帝王朝代,国家战伐,多从删略"①,其《中国文化史》之作亦颇注重社会史的内容。

　　基于眼光向下,以人民为中心作为社会史的研究对象,吕思勉在其研究中也体现出了对应的价值取向,例如对于古人饮食奢侈持批判态度,《礼记·玉藻》所记"年不顺成,则天子素服,乘素车,食无乐"为原始共产主义共甘共苦之遗俗,"三代礼制,犹有存者,特不能尽守耳。后世去古愈远,遗意浸沦。'朱门饱粱肉,路有冻死骨。'视为固然,曾无愧恻。不惟大同之世之人所梦想不到,即视三代守礼之贵族,亦有愧色矣"②。至于居处,"我国自古以卑宫室为美谈,事土木为大戒,汰侈已甚,虽帝王亦有所顾忌,况平民乎"③。

　　最后,相比于"治乱兴亡",从"典章制度"的研究中更能得出经验教训。"治乱兴亡"为"动的历史",是在特定的时间和特定的地点所发生的历史事实。在吕思勉看来,从"动的历史"中吸取经验教训很容易导致"执陈方以医新病"之弊,因为"世事亦安有真相同的?执着相同的方法,去应付不同的事情,哪有不失败之理?"④在社会变迁较为缓慢时可能并不明显,但在社会情形剧烈变化之际"执陈方以医新病"则贻误至大。但是"典章制度"为"静的历史",是在某个范围内长期存在的历史事实,如制度、风俗、生活等,不像革命、政变、战争之类的"动的事实"变化剧烈。"静的历史"长期以来无甚变

①　柳诒徵:《中国文化史》上册,长春:吉林人民出版社,2013年,第8页。
②　吕思勉:《中国社会史》,《吕思勉全集》第14卷,第99页。
③　吕思勉:《中国社会史》,《吕思勉全集》第14卷,第155页。
④　吕思勉:《历史研究法》,《吕思勉全集》第18卷,第44页。

化，故其优劣利弊一望可知，例如中国长期以来聚族而居，又有所谓义门世代相传，在吕思勉看来，"其流弊可谓大矣"①。从理论上看，合族而居与封建宗法有关，秦废封建，以地缘关系取代血缘关系，宗族族居理当废除，但汉代以后却兴旺异常，吕思勉广泛引用历代文献以及古人议论以说明累世同居之弊。而事实上，小家庭确实是契合社会发展趋势的。

<h2>三</h2>

中国社会史作为专门史，研究的基本方法当然还是历史学的方法，即研究必须建立在史料的基础上。吕思勉作为历史学家，"不仅非常熟悉中国的史料，而且对近代社会学、人类学、民族学、政治学、经济学……等各门人文科学，都下过功夫，能兼采并蓄，融会贯通"②。可见，吕思勉的社会史能够将社会学的理论与史料相结合来进行研究。

和"治乱兴亡"的政治史相比，"典章制度"的社会史材料往往都是散见于各种史籍之中，"史家多详于朝而略于野，达于政而忽于俗，著述之体亦然也"③。吕思勉举《南齐书》"裹蒸"的例子，因为"裹蒸"为帝王所食，才被记入正史，虽然可以对"裹蒸"做一些考证，"然毕竟知之不详。这就不能不追恨当时的史家所记太偏于政治，以致别种情形只能因政治而附见了"④。

对于社会史研究，顾颉刚认为"社会史虽不为前人所措意，而零

① 吕思勉：《中国社会史》，《吕思勉全集》第 14 卷，第 208 页。
② 王玉祥：《怀念吕诚之老师》，俞振基：《蒿庐问学记：吕思勉生平与学术》，第 158 页。
③ 孟森：《〈中国社会史料丛钞〉序》，《中国社会史料丛钞》，长沙：湖南教育出版社，2009 年，第 1 页。
④ 吕思勉：《历史研究法》，《吕思勉全集》第 18 卷，第 57 页。

碎之材料散见古今记载中,苟有心钩索,固未尝不可得也"①。社会生活史研究的基本方法即是在浩如烟海的史籍中进行"钩索",将钩索所得的相关材料进行分类归纳,以类排比。瞿宣颖《中国社会史料丛钞》(1937 年)"以读史而钩稽社会所流露之迹",杨树达《汉代婚丧礼俗考》"尽取现存之史料一一搜讨而类聚之"②。尚秉和《历代社会风俗事物考》(1941 年)"撮录经史以至杂书说部中有关历代社会风俗事物之材料,附以著者按语,纂辑成书。体例大致与瞿宣颖《中国社会史料丛钞》相同"③。"钩索""类聚"式的方法在民国时期的社会生活史研究中运用甚为普遍。在具体的研究过程中,"社会史料,散在载籍中,读书者留意钩索,亦非难事,要当持之有恒耳"④。

吕思勉的中国社会史研究同样也是建立在"钩索""类聚"的方式上的,"借零碎材料,钩稽一些史实来"⑤,例如对于上古时代的人民生计情形,古书"难可确考",吕思勉从《易·系辞》《尚书》《诗经》《礼记》《左传》《史记》以及先秦子部文献中"钩索"出相关记载。对于中国古代人口,吕思勉认为文献所记的人口基本上都是赋税单位而非真正的人口数⑥,但"史事有虽缺乏纪载,仍可推测而知者。……辗转钩稽,记载虽乏,未有不能得其大略者"。以战国人口

---

① 顾颉刚:《〈中国社会史料丛钞〉序》,《中国社会史料丛钞》,第 5 页。

② 杨树达:《汉代婚丧礼俗考》,上海:商务印书馆,1933 年,第 1 页。

③ 衡:《图书介绍·历代社会风俗事物考》,《图书季刊》新第 1 卷第 2 期,1939 年 6 月,第 185 页。

④ 愈:《图书介绍·中国社会史料丛钞甲集》,《图书季刊》新第 1 卷第 2 期,1939 年 6 月,第 184 页。

⑤ 吕思勉:《历史研究法》,《吕思勉全集》第 18 卷,第 57 页。

⑥ 何炳棣《明初以降人口及其相关问题:1368—1953》之后,大多数学者都认同史籍中的"丁""口"为赋税单位,但亦有学者认为以"赋税单位的定性似乎是过于笼统含糊",需要在不同的语境中具体分析"丁""口"的含义。(参见薛理禹:《清代人丁研究》,北京:社会科学文献出版社,2014 年,第 115 页)

为例,首先根据苏秦说齐王之辞推得临淄人口八十四万,又据《史记·货殖列传》中所记七个城市与临淄并称都会,人口之数合计二百九十四万,"次更钩稽当时所谓县与邑者,当得几何。每县每邑之人口,均计当得几何。以其总数,与都会人口相加,而当时居于城市之民,总数略可睹矣"①。中国古代君权的演变,从初时微薄而至后世之专制,吕思勉抓住了三条线索:君脱离亲族之关系,而成其为君;臣子之权渐削;君与教务渐疏,政务日亲。将文献中的相关记载"类聚"于上述三者之下。君权的演变是个过程,"此等不能确指其在何时。并无从凿指某事某事以实之。特以前后事迹观之,则其理如此耳"②。

　　"钩索""类聚"式方法的研究成果多为一篇篇的札记,《历代社会风俗事物考》《中国社会史料丛钞》《汉代婚丧礼俗考》等均可看作札记的汇编。吕思勉的社会史研究也是建立在札记的基础上,如"商业之缘起""古人之贱商""饮酒"等均为以往札记的转录,或转引顾炎武、赵翼、王国维等人的研究札记,以赵翼为多,例如对于魏晋门阀,引《陔余丛考》"六朝重氏族"条,《廿二史札记》"江左氏族无功臣""南朝多以寒人掌机要"条以资说明。《中国社会史》中有不少专题亦可看作札记之汇编,如"饮食",分别考证"古人饮食进化之由""饮食必祭""饮酒""肉食进为蔬食""饮食之礼制""蔗糖、茶、烟之为食"等专题。吕思勉之读史札记中亦有很多关于社会史内容的,例如札记中之"管子轻重""汉人不重黄金""汉聘皇后金""汉武以酷法行币""皮币""商贾以币变易积货逐利"诸条可为《中国社会史》中"钱币"之补充。当然,将有关社会史札记汇编与严格意义上的社会

---

① 吕思勉:《中国社会史》,《吕思勉全集》第14卷,第306—307页。
② 吕思勉:《中国社会史》,《吕思勉全集》第14卷,第264页。

史还是有所差别的。①

　　但是吕思勉《中国社会史》中的某些专题已经开始脱离札记汇编，将其研究融会贯通而成为社会史，以反映典章制度以及社会生活、社会风俗之变迁。例如"钱币"，吕思勉将中国货币的发展分成五个时期：商以前是珠玉金银龟贝粟帛等杂用；周至秦汉是金铜并用；南北朝隋唐黄金渐少，代之以帛；宋行纸币，至明宣德三年废除；纸币废后则以银为主要货币。每阶段述其大略。又如"官制"亦可分五期："三代以前为列国之制。秦制多沿列国之旧。而汉因之，以其不宜于统一之世，东汉以后，乃逐渐迁变，至隋唐而整齐之。然其制与隋唐之世又不适合，唐中叶后又生迁变而宋因之。元以蒙古族入主中国，其治法与前代有不同者。明人顾多沿袭，清又仍明之旧，故此三朝之治，又与唐宋不同。"②关于"刑法"，吕思勉认为中国法律进化有五端，"礼与法渐之分，一也。古代各种法律，浑而为一，至后世则渐分析，二也。古代用刑，轻重任意，后世则法律公布，三也。刑罚自残酷而趋宽仁，四也。审判自粗疏而趋精详，五也"③，其具体论述则围绕上述五端进行。

　　在史料的运用方面，吕思勉认为除了文字记载之外，古代的实物也是非常重要的，"不论食物、衣服、用具、建筑物、道路及天产品等都属之。能得实物固佳，如不能得，则得图画、模型，亦较但用文字说明者为亲切明白"④，历史上实物对于社会生活、社会风俗的研

---

　　① 瞿同祖回忆其二十世纪三四十年代在云南大学、西南联大开设"中国社会史"的课程，虽有其叔瞿宣颖的《中国社会史料丛钞》可资参考，但根本无法满足上课的需求，还是要广搜史料撰写"中国社会史"的讲稿。（参见瞿同祖：《我和社会史及法制史》，《学林春秋》初编上册，北京：朝华出版社，1999 年，第 226—227 页）

　　② 吕思勉：《中国社会史》，《吕思勉全集》第 14 卷，第 386 页。

　　③ 吕思勉：《中国社会史》，《吕思勉全集》第 14 卷，第 468 页。

　　④ 吕思勉：《历史研究法》，《吕思勉全集》第 18 卷，第 50 页。

究更为重要,有了实物即可一目了然,无需做太多的文字说明。但是实物方面的史料在吕思勉的社会史研究中几乎没有运用。吕思勉忽视甲骨文等考古学上的新材料是众所周知的,《中国社会史》于"户籍"中引用了敦煌文献之晋安帝义熙十二年户籍,这在吕思勉的史学研究中是相当罕见的。社会史作为一种专门史还可以细分为很多研究专题,齐思和曾以通史编纂为喻,"譬之为屋,必先制砖,通史,屋也,专题之研究,砖也。夫砖且无,遑云屋哉?"①社会史的编纂同样也应该建立在一个个具体问题的解决之上,当然也不可能一下子将所有的问题都加以解决。吕思勉的社会史研究也是如此,例如"饮食"中对于不同时代、不同地域的口味、调味等问题,"非专门研究,未易言之耳"②。应该将吕思勉的《中国社会史》置于学术史的视野下进行考察。③

历史事实,无论是动的事实还是静的事实,都是历史研究的出发点。在考证历史事实的基础上还要对其进行解释,进而求得历史发展的"公理公例"。吕思勉对社会史的解释,有的是基于传统的其因果关系的解释,如对于秦汉以后农政日荒的解释,吕思勉认为原

---

① 齐思和:《改造国史之途径与步骤》,《齐思和史学概论讲义》,第216页。

② 吕思勉:《中国社会史》,《吕思勉全集》第14卷,第101页。

③ 以饮食史研究而论,早在三十年代张孟伦即有《汉魏饮食考》之作。世纪之交各种大部头的生活史、风俗史、饮食史专著大量出现,社科院6卷本的"中国古代社会生活书系"(中国社会科学出版社1998年版),陈高华、徐吉军主编的11卷本《中国风俗通史》(上海文艺出版社2002年版)中每个断代均有相当篇幅涉及饮食。专论则有徐海荣主编的6卷本《中国饮食史》(华夏出版社1999年版),赵荣光主编的4卷本"中国饮食文化专题史丛书"(上海古籍出版社2011年版),赵荣光主编的10卷本分区域之《中国饮食文化史》(中国轻工业出版社2013年版)。其他关于饮食史的专著尚有林乃燊《中国饮食文化》(上海人民出版社1989年版)、黎虎《汉唐饮食文化史》(北京师范大学出版社1998年版)、王子辉《中国饮食史》(上海文化出版社2003年版)、王学泰《中国饮食文化史》(广西师范大学出版社2006年版)、马健鹰《中国饮食文化史》(复旦大学出版社2011年版)等。

因有二：一是"教民稼穑之意不复存"，另一则是"土地变为私有，寸寸割裂"。① 但更符合其社会史研究特征的则是运用社会学的一些理论来进行解释，其时介绍《吕著中国通史》之命意，"不外乎搜求既往之事实，加以解释。用此说明现在社会，因以推测未来，知现状之所由自，定今后之当取法。……又多引各种社会科学成说，以资说明"②。例如对于纳妾的解释，"社会学家言畜妾之由：曰女多男少也。曰男子好色之性，不以一女子为已足也。曰男子之性，好多渔妇女也。曰女子姿色易衰，其闭房亦较男子为早也。曰求子姓之众多也。曰女子可从事操作，利其力也。曰野蛮之世，以致多女为荣也。征诸我国书传，亦多可见之"③。对于文身起源的解释，"依社会学家之说，人类进至农牧时代，才知道劳力之可贵，得俘虏皆不少，而用作奴隶，且不恤战争以求之"。马来人"有文身之习。我族处河、淮下流，盖与之为邻，彼此战争甚剧，得其人则以为奴隶。其后本族之有罪者，贬入奴隶之群，即视之与异族无异。因施以异族所特有之标识"。④

四

在现代学科体制下，社会学当然是独立的学科。社会学是解释并分析一切社会现象的普通形态、作用、关系和变迁的，历史学是叙述并说明一定时间和空间的全部社会生活历程的。"关于社会的一般的性质，社会诸现象间的互动关系，社会发展的原因和方式，社会形态变迁的法则等问题，就属于社会学研究的。关于中国从西周到春秋战国时代其间一段社会生活的演化，欧战以来

---

① 吕思勉：《中国社会史》，《吕思勉全集》第 14 卷，第 6 页。
② 敬：《图书介绍·中国通史》，《图书季刊》新 2 卷第 3 期，1940 年 9 月，第 439 页。
③ 吕思勉：《中国社会史》，《吕思勉全集》第 14 卷，第 179 页。
④ 吕思勉：《吕著中国通史》，《吕思勉全集》第 2 卷，第 388 页。

的世界变迁的情形,日本从维新以来的社会发展等问题就是归历史学叙述并解说的。总之,社会学是要确立关于各种社会现象彼此依存的普遍定律。……历史学却是要搜集,整理各种关于社会生活演进的材料,抽出一些正确的结论来。所以社会学同历史学有密切的关系。"①很多历史学家也很注重历史学与社会学相结合,例如李则纲认为"要想了解现代的社会,就不能不读社会学,于是我读了社会学了。要想了解现在的社会,更不能不知现社会的前身,要知道现社会的前身是怎样递进演变,就不能不知道记载社会过程的历史,于是我重新再读历史了"②。但从史学研究的角度出发,社会学亦可看作历史学研究的辅助学科之一。在社会史论战中,社会学作为历史研究的辅助工具,成了"论战学者手中的利器",将社会学方法作为研究的导引。③

　　社会学研究的对象可分两种:一是现在的社会,一是过去的社会。很多社会科学都以现在的社会为对象(广义的社会学如政治学、经济学,狭义的社会学研究诸如人口问题、劳工问题、城市问题等等),研究的方法如调查、测量、个案、统计等,在史学上是无法应用的。以过去的社会为研究对象则和历史学有密切关系。④ 吕思勉在其社会史研究中所注重的当然是过去的社会。吕思勉认为:"治史学第一要留意的,就是社会学了。历史是研究整个社会的变迁的,任何一种事件,用别种眼光去解释,都只能得其一方面,惟社

---

① (李)平心:《现代社会学理论大纲·绪论》,《平心文集》第 1 卷,上海:华东师范大学出版社,1985 年,第 39 页。

② 李则纲:《我的阅读文学经过》,《学风》第 6 卷第 6 期,1936 年 9 月,第 5 页。

③ 陈峰:《民国史学的转折——中国社会史论战研究(1927—1937)》,第 142—143 页。

④ 陈启云:《漫谈历史研究——汉学·史学·社会科学》,《陈启云文集之一·治史体悟》,桂林:广西师范大学出版社,2007 年,第 131 页。

会学才可谓能揽其全。而且社会的变迁发展，是有一定的程序的，其现象似乎不同，其原理则无以异。明白了社会进化的法则，然后对于每一事件，都能知其在进化的长途中所具有的意义；对于今后进化的途径，自然也可以预测几分。如蛮族的风俗，昔人观之，多以为毫无价值，不加研究。用社会学的眼光看起来，则知道何种社会有何种需要，各种文化的价值，都是平等的，野蛮民族的文化，其为重要，正和文明民族一样。而且从野蛮时代看到文明时代，更可知道其变迁之所以然。"①

吕思勉的上述社会史研究方法实际上就是将社会学的理论与材料，与文献记载相互参证。这种研究方法有很多学者都有相关的论述，黄文山认为"我国史家往昔治学之原则，曰先通古而后通今，史书之价值尚矣，然邃古文化起源，渺不可考，即凭文献，而文献足征之程度，亦属疑问，是以最近若干年来，人类学者或民族学者提出一新原则，曰先通今后通古。中国学人现已开始根据此种新原则，用近代人类科学之眼光与方法，重读古史，发掘古物，探究一切现存的原始文化"②。吕思勉更是将此种方法运用于实践中，例如对于婚姻的研究，吕思勉充分吸收了当时社会学的研究成果，"据近代社会学家所研究：人类男女之间，本来是没什么禁例的。其后社会渐有组织，依年龄的长幼，分别辈行。当此之时，同辈行之男女，可以为婚，异辈行则否。更进，乃于亲族之间，加以限制。最初是施诸同母的兄弟姊妹的。后来渐次扩充，至凡同母系的兄弟姊妹，都不准为婚，就成所谓氏族（Sib）了。此时异氏族之间，男女仍是成群的，此一群之男，人人为彼一群之女之夫；彼一群之女，人

---

① 吕思勉：《历史研究法》，《吕思勉全集》第 18 卷，第 69 页。
② 黄文山：《民族学与中国民族研究》，《民族学研究集刊》第 1 期，1936 年 5 月，第 1 页。

人为此一群之男之妻；绝无所谓个别的夫妇。其后禁例愈繁，不许相婚之人愈多，于是一个男子，有一个正妻；一个女子，有一个正夫。……更进，则夫妻必须同居，关系更为永久，遂渐成后世家庭了"①。社会学中关于婚姻的研究成果与中国古代文献记载可以互相参证，"社会学家的成说，返观我国的古事，也无乎不同"②。吕思勉以《白虎通义》"知其母而不知其父"证古代婚姻无所谓夫妇。以《礼记·大传》《尔雅·释亲》中的相关论述证古代同族中的行辈婚姻。以《礼记》《左传》《国语》中的相关记载证夫妇起于古之异族间掠夺为婚，掠夺婚变为买卖婚，聘礼当为其余绪。文献中关于离婚之礼制可证一夫一妻制下夫权的主导地位。当时社会学中关于婚姻的观点，多来自落后民族，"所接之民族，程度皆低于我。又数千年来，处境未尝大变故也"③。詹文浒《评吕思勉先生的〈男女篇〉》中即认为吕思勉以斯宾塞的社会进化理论为基础，"吕先生编著社会史讲义中的《男女篇》时，亦信以为真。只要中国古书中的记载，与之符合，即足证明中国民族之进化，合乎常态。反之，若中国的历史不与这个臆说相符合，则必中国关于某'阶段'的史迹，年代悠远，文献无征之故。社会进化论本身，决不因不能应用到中国民族的进化史上来而稍可訾疑。……吕先生编著此篇之时，必先拣定斯宾塞的社会进化论作为纲要，然后再来检查中国的历史，逢到与社会进化论相似或相合之处，抄扎下来，作为佐证"④。

吕思勉特别强调社会学——尤其是社会进化理论——的重要性，"给学生以一个清楚的社会进化观念。如此，最好以史学与社会

---

① 吕思勉：《吕著中国通史》，《吕思勉全集》第 2 卷，第 13 页。
② 吕思勉：《吕著中国通史》，《吕思勉全集》第 2 卷，第 15 页。
③ 吕思勉：《中国社会史》，《吕思勉全集》第 14 卷，第 185 页。
④ 李永圻、张耕华：《吕思勉先生年谱长编》上册，第 363 页。

学相辅相成而行。虽不敢一定说是以历史事实,为社会学的注脚,然历史教授,必须以社会学家所说的社会进化作骨干方可。否则一部十七史,从何说起?"①简单说,即是社会进化论好比一个绳索,将各个分散的历史事实有机地串联起来。吕思勉的社会学研究方法实际上就是以社会进化论为依据,将不同时期社会进化的情形与文献记载相互参证。严格意义上来讲,有关上古民族的研究应该是得自民族学,"近世西人,遍历世界,遇野蛮人之风俗使异于己者,始未尝不色然惊。久之,加以研究,乃知其中自有至理,而自己社会之所由成,亦可借鉴于他人而知之矣。此犹人之忘其初者,观于儿童而知之也。而西方社会近世之进化,又为我所未逮,正如我方弱冠,彼已壮年。……夫同一事也,观者之知识不同,则其所得之义理,亦区以别矣"②。在吕思勉看来,古史荒渺无稽,"非有现代科学的知识,断乎无从整理,所以宜先读社会学的书"③,林惠祥《文化人类学》、陶孟和译《社会进化史》等都提供了很多民族学上的理论和资料。而正史四裔传中各少数民族的资料亦足资参证,"政俗之距今远者,往往遗迹无存,然他族进化较晚者,实足以资借镜:如观于蒙古,而可追想我族游牧之世之情形;观于西南之苗、瑶,而可追想我国古代山谷中之部落是也"④。

---

① 吕思勉:《论学丛稿·为什么成人的指导不为青年所接受》,《吕思勉全集》第 12 卷,第 675 页。吕思勉在这里过于强调社会学的重要性,认为"不如废现在的历史科,而代之以社会学,而以史料为其注脚为善"。社会进化理论和具体历史事实应该是相辅相成的,正如二十世纪三十年代苏联在批判波克罗夫斯基学派时所强调的"在本国史的教学中,不是采取生动活泼的方式和依照年代次序叙述最重要的事件和事实以及历史人物的特点,而是向学生讲授一些社会经济形态的抽象定义,这样就以抽象的社会学公式代替了本国历史的系统叙述"。

② 吕思勉:《论学丛稿·中学历史教学实际问题》,《吕思勉全集》第 11 卷,第 545—546 页。

③ 吕思勉:《论学丛稿·怎样读中国历史》,《吕思勉全集》第 11 卷,第 491 页。

④ 吕思勉:《史籍与史学》,《吕思勉全集》第 18 卷,第 26 页。

社会进化是历时的,但是民族学意义上的文明民族和野蛮民族却是共时的,世界上不同民族社会发展的不平衡性被整理为时间上的发展序列,按照李宗侗的说法:"人类种族虽有不同,进化的途径似乎并不殊异。现代原始社会不过是人类在进化大路上步行稍落后者。他们现在所达到进化大路的地段,就是我们步行稍前的民族的祖先,在若干千万年前,亦曾经过的地段。"①吕思勉也认同"人类社会的状态,总是大同小异的;其异乃由于环境之殊,如此夏葛而冬裘,正因其事实之异,而弥见其原理之同"②。这种社会学研究方法,在二十世纪上半期的史学研究中得到了非常普遍的应用。郭沫若《中国古代社会研究》自认为是恩格斯《家庭、私有制和国家的起源》的续编,开创性地以马克思主义基本原理研究中国古史,其书就是以甲骨文、金文材料结合纸上文献记载,再与摩尔根《古代社会》中的民族学材料相互参证,"拿人类学上的结论作工具去爬梳古史的材料"③。当然,社会学民族学的理论材料与古代文献相互参证的研究方法,从根本上来说是比较的而非实证的。④

第二节　论吕思勉的《中国民族史》

国人中最早使用"民族"一词的是王韬⑤,但学界公认的真正在

---

① 李宗侗:《中国古代社会新研·历史的剖面》,北京:中华书局,2010 年,第 10 页。

② 吕思勉:《论学丛稿·从我学习历史的经历说到现在的学习方法》,《吕思勉全集》第 12 卷,第 751 页。

③ 张荫麟:《评郭沫若〈中国古代社会研究〉》,《张荫麟全集》中卷,第 1211 页。

④ 对此问题笔者另有专文,此不赘述。

⑤ 对于"民族"概念的考证,参见彭英明《关于我国民族概念历史的初步考察》(《民族研究》1985 年第 2 期)和黄兴涛《"民族"一词究竟何时在中文里出现》(《浙江学刊》2002 年第 1 期)。

现代意义上使用"民族"这一概念的还是梁启超①。梁启超最早提出了编纂民族史的构想,此后从事中国民族史编纂的学者不乏其人,金毓黻谓民国时期编纂《中国民族史》者五家:王桐龄、吕思勉、宋文炳、张其昀、林惠祥,"最劣者王本,而林本次之"②。吕思勉的《中国民族史》是诸家民族史中比较有代表性的,此书编纂始于 1919 年,1934 年上海世界书局初版。对于吕思勉《中国民族史》,本节主要从编纂学而非民族学的角度进行论述。

一

中国民族史有广、狭二义,狭义的民族史就是中国少数民族史,广义的民族史则包括了汉族在内的中国全民族的历史。中华人民共和国成立后开展了少数民族民族调查和民族识别工作,编纂了一批少数民族简史、简志丛书,此后又有众多的中国民族史专著,有江应梁《中国民族史》(1990 年),王钟翰《中国民族史》(1994 年),田继周、白翠琴、卢勋、陈佳华、罗贤佑、杨绍猷、杨学琛所著 8 卷本《中国历代民族史》(1996 年、2007 年)等,还有为数众多的单一的或区域的少数民族史。中华人民共和国成立前的中国民族史之作则均为广义的民族史,中华人民共和国成立后的众多中国民族史中,有狭义的民族史,但亦有广义的民族史。王桐龄、吕思勉、宋文炳、林惠祥诸人之作均为包含汉族在内的中国民族史,马克思主义史学家吕

---

① 安静波:《论梁启超的民族观》,《近代史研究》1999 年第 3 期,第 285—302 页;安静波:《再论梁启超的民族观》,《学术交流》1999 年第 6 期,第 127—133 页。

② 金毓黻:《静晤室日记》第六册,第 4259—4260 页。王桐龄《中国民族史》,文化学社 1928 年版;张其昀《中国民族志》,商务印书馆 1929 年版;宋文炳《中国民族史》,中华书局 1935 年版;林惠祥《中国民族史》,商务印书馆 1936 年版。张其昀《中国民族志》,并非民族史著作(亦非严格意义上的民族志)。金毓黻对各家民族史优劣的评价只能看作一家之言。

振羽初版于 1948 年的《中国民族简史》同样也属于广义的中国民族史。

中国是一个统一的多民族国家,民族分类有两种情况:"着眼于过去,则其对象实为历史上之民族;着眼于现在,则其对象即为现代之民族。"历史上的民族不等于现代民族,林惠祥以"现在之民族谓之族,历史上者谓之系;历史上之民族即用古名称如肃慎,现代种族用现代通用名称满族"①,使用族系的概念或不致于混淆。吕思勉亦认为:"民族是民族,国族是国族,这两者是不容混淆的。一个国家中,包含数民族的很多。既然同隶一国,自然该特别亲近些;自然当力谋团结。……然不能因此而抹杀其实为两民族的真相。"②其《中国民族史》的编纂,首先是将中国民族分成若干族系③,再依各族系进行叙述。吕思勉将中国民族分为十二族系:(1) 汉族;(2) 匈奴族;(3) 鲜卑族;(4) 丁令族;(5) 貉族;(6) 肃慎族;(7) 苗族;(8) 粤族;(9) 濮族;(10) 羌族;(11) 藏族;(12) 白种。《中国民族史》十三章,首章总论,概述各个族系之大略,其余十二章分别论述其所区分的十二个族系。

在民族史编纂中分若干族系进行叙述,源自梁启超《中国历史上民族之研究》。梁启超分当时中国民族为六:中华族、蒙古族、突厥族、东胡族、氐羌族、蛮越族,并略述蒙古以下各族之历史。吕思勉深受梁启超影响,其民族史编纂自亦不例外。当然,这在民国时期是最为通行的编纂方式:

---

① 林惠祥:《中国民族史》,上海:上海书店,2012 年,第 6—7 页。
② 吕思勉:《中国民族演进史》,《吕思勉全集》第 15 卷,第 213 页。
③ 本文借用上引林惠祥《中国民族史》中的概念,将民国时期学者在其中国民族史著作中对各民族的区分称为"族系"。根据民族学界的相关讨论,使用民族学术语"族群"(ethnic group)可能更为合理。(参见马戎:《关于"民族"定义》,《云南民族大学学报》2000 年第 1 期)

表 7　民国时期民族史编纂中的族系划分

王桐龄	(1) 汉族；(2) 满族；(3) 蒙族；(4) 满蒙混血；(5) 回族；(6) 藏族；(7) 苗族；(8) 东夷。
宋文炳	(1) 诸夏族；(2) 通古斯族；(3) 蒙古族；(4) 回族；(5) 西藏族；(6) 苗族
张其昀	(1) 华夏族；(2) 东胡族；(3) 突厥族；(4) 蒙古族；(5) 西藏族；(6) 苗蛮族
林惠祥	(1) 华夏系；(2) 东夷系；(3) 百越系；(4) 东胡系；(5) 肃慎系；(6) 匈奴系；(7) 突厥系；(8) 蒙古系；(9) 氐羌系；(10) 藏系；(11) 苗瑶；(12) 罗罗缅甸系；(13) 僰掸系；(14) 白种；(15) 黑种

从民族史编纂的角度来看，广义的民族史是包括汉族在内的中国各民族的历史，从中国通史编纂的角度来看，"中国是一个统一的多民族的国家。中国的历史是中华人民共和国境内各民族共同创造的历史"[1]。中国通史亦应是中国各个民族的历史，中国民族史和中国通史的对象应该是同一的，但前者是专门史，后者为通史，肯定是有区别的。民国时期有不少著作在此方面未有明确的区分，如刘揆藜的《中国民族史》[2]实质上应该是中国通史，其名与实不相符合。中国民族史和中国通史在编纂中应该是各有侧重，可以吕思勉为例进行说明[3]：

第一，中国民族史是就不同民族分别叙述，中国通史则是对"中国"做整体的、综合性的叙述。就《中国民族史》而言，即是对中国境

---

[1] 白寿彝：《中国通史·导论》第 1 卷，上海：上海人民出版社，2013 年，第 1 页。
[2] 此书无版权页，上海图书馆收藏。
[3] 二十世纪上半期于中国民族史和中国通史均有编纂者有吕思勉、王桐龄、吕振羽三家，以吕思勉最有代表性。

内各民族的起源、发展、变迁进行叙述,其编纂实际上就是将汉族史、匈奴族史、鲜卑族史、丁令族史等 12 个族系的各自自身的历史做成个案,然后叠加而成为中国民族史。就中国通史而言,《白话本国史》是先就中国历史划分成若干时期,再就每个时期分"治乱兴亡"和"典章制度"两部来进行叙述。

第二,中国民族史详于各少数民族,中国通史详于汉族。吕思勉认为"建立中国国家最早的民族,就是'汉族',这个也是讲历史的人,没有异议的"①。另一方面,关于汉族的历史,史书中记载特多,"周秦以下编属正史时期,到如今三千多年,历史记载有一贯的线索,年次分明,从来不曾中断。这是我国历史在世界史上可以骄傲的地方"②。所以在中国通史中关于汉族的叙述应当占有相当的篇幅。而在中国民族史的体系中,汉族只是吕思勉所区分的 12 族系之一,所以吕思勉于汉族叙至"奄有中国本部,盖定于秦、汉平南越开西南夷之日。自此以后,其盛衰之迹,即普通中国历史,人人知之。其与他族交涉,则述他族时可以见之。故述此族之事,即至此为止"③。

当然,虽然汉族是中国通史中的主要部分,但也要把各民族的历史做适当的安排。中国通史详于汉族,故此中国通史在汉族与少数民族关系上才会涉及少数民族。《白话本国史》在述至秦统一时,"把汉族以外的各族,都讲述一过"④。其后只有在少数民族和中原王朝发生关系时方才叙述,例如《隋朝内政外交》一章,于外交中叙述了高车、柔然、突厥以及朝鲜半岛三国,因为当时北族强盛为中原

---

① 吕思勉:《白话本国史》,《吕思勉全集》第 1 卷,第 7 页。
② 贺昌群:《历史学的新途径》,《贺昌群文集》第 1 卷,第 281 页。
③ 吕思勉:《中国民族史》,《吕思勉全集》第 15 卷,第 8 页。
④ 吕思勉:《白话本国史》,《吕思勉全集》第 1 卷,第 54 页。

王朝所患,隋朝又曾用兵于高丽,故得以叙述,其他各民族则付阙如。民族关系史作为中国通史的组成部分而存在。

第三,中国通史叙述的主线是中国历史的发展进程,中国民族史叙述的主线是各个民族的发展进程。元和清是由少数民族所建立的两个统一王朝,是应该纳入中国通史体系中的,而少数民族史则不会或者很简略地叙述这两个王朝史。中国通史于元、清两个王朝述其方方面面,中国民族史则叙述元和清时的少数民族。《白话本国史》中以唐中叶后、两宋以及元为近古史,明、清两朝为近世史,元、清两朝与其他王朝一样按治乱兴亡和典章制度来进行编纂。《中国民族史》中"蒙古入中国之事,尽人皆知,无待赘述。……今但撮叙蒙古所征服之地,及蒙人分布之迹,盛衰之略,取足见蒙族兴替而已"①。于满族则从明代建州女真述至努尔哈赤兴起。

正因为中国民族史和中国通史的研究对象不同,所以二者也可以互为补充,例如王桐龄《中国民族史》"注重民族之混合及发展事迹,对于国家之盛衰兴亡与社会文化之进步退步,有时连带叙及之,无暇详述。……可参考文化学社出版之拙著《中国史》与商务印书馆出版之拙著《东洋史》"②。

中国自来未有现代意义上的民族观念,传统的夷夏之别在于文化。自晚清以来,在面临民族危亡的背景下,民族自觉和民族意识开始觉醒,"血缘、语言、信仰,皆为民族成立之有力条件,然断不能以此三者之分野,径指为民族之分野,民族成立之唯一的要素,在'民族意识'之发现与确立。何谓民族意识? 谓对他而自觉为我。

---

① 吕思勉:《中国民族史》,《吕思勉全集》第 15 卷,第 126 页。
② 王桐龄:《中国民族史》,长春:吉林出版集团有限责任公司,2010 年,第 4 页。

'彼，日本人；我，中国人'。凡遇一他族而立刻有'我中国人'之一观念浮于其脑际者，此人即中华民族之一员也"①。但是中国作为一个多民族国家需要建构一种共同的民族认同，即中华民族的认同。包括汉族在内的民族史编纂与建构多民族国家的共同的民族认同是一致的。

当然，个体的身份认同是有着层次次序的，这种认同的层次次序所反映的是一种感情的亲疏和归属感。② "中国民族史"所建构的层次，首先对其成员来说是"中国"，或者是"中国民族"的认同，"一个国家建立之初总是以一个民族为主体，然后渐次吸收其余诸民族，这是一定不移的道理。然则要晓得一个国家最古的历史，必须要晓得他最初的民族，也是毫无疑义的了"③。其次才是归属于其具体某个民族的认同。如果把汉族排除在外，中国民族史便失去了意义。并且无论是汉族还是其他少数民族，其历史都应当是中国民族共同的历史，"因我族今日已结为一体，故过去历史上，无论汉、蒙、满或境内其他民族的光荣事迹，中华民族的全体，都当引为光荣"④。

但从我们今天的眼光来看，吕思勉在当时对中国民族的族系区分及其历史叙述与中华人民共和国成立后的民族史著作还是有着很大差距的，如将契丹归入鲜卑系，蒙古归入肃慎系等。民族识别工作后所确认的西南少数民族的族称、源流，要远比吕思勉所分的苗族、粤族、濮族来得复杂。《白种》一节，与《黄种》相对，实际上是

---

① 梁启超：《中国历史上民族之研究》，《饮冰室合集》专集之四十二，北京：中华书局，1989年，第1页。

② 周大鸣：《多元与共融——族群研究的理论与实践》，北京：商务印书馆，2011年，第2页。

③ 吕思勉：《白话本国史》，《吕思勉全集》第1卷，第7页。

④ 张旭光：《中华民族发展史纲》，桂林：文化供应社，1943年，第2页。

以人种的区分替代了族系的区分,中国境内的白种人族系既殊,风俗信仰又各不同,很难一概而论。

二

自晚清以来西方人类学民族学传入中国后,颇有以人类学民族学的方法来对中国民族史进行研究者。李济《中国民族的形成》以体质人类学的视角,"通过利用历史学和人体测量学这两个方面的资料和数据",从而有了"看待这一问题的新眼光并找到了一个新的研究角度"。[①] 但是吕思勉的民族史还是遵循了"中国经史之学的固有传统"[②],主要采取传统的考证与叙事相结合的编纂模式。

吕思勉《中国民族史》于各族系既有考证,又有叙述,可考者考证,无可考者叙述。例如对于《匈奴》一章,首先考证匈奴族源以及战国以前匈奴与中原的关系,因其并不以匈奴为名,故考证史籍上的"荤粥""猃狁""獯鬻""昆夷"等皆为匈奴之音转[③],"此族在古代,与汉族之交涉盖甚多。其或可考或不可考者,乃书缺有间,吾族之记载,不甚完具,而非彼族之事迹有断续也"[④]。秦汉以降匈奴史事,则基本上多为叙述,至十六国匈奴所建政权以及最后稽胡同化于汉而止,间亦有考证,如考证匈奴龙庭所在即是。其末又有附录四:《赤狄白狄考》《山戎考》《长狄考》《秦始皇筑长城》,均为考证札

---

① 李济:《中国民族的形成》,上海:上海人民出版社,2008年,第1页。

② 姚大力:《润物细无声——读吕著〈中国民族史〉》,《历史教学问题》1992年第2期,第8页。

③ 历来研究匈奴族源的学者,包括吕思勉在内,基本上不脱王国维《鬼方、昆夷、猃狁考》的说法。王国维对鬼方、猃狁的历史研究有一定收获,其开创之功不可没。但随着甲骨文、金文的材料日富,王国维的某些考证有修正的必要。(参见王玉哲:《我和中国上古史研究》,《学林春秋》初编下册,北京:朝华出版社,1999年,第428页)

④ 吕思勉:《中国民族史》,《吕思勉全集》第15卷,第34页。

记,作为正文的延伸和补充。文中叙山戎地望实不仅东北一隅,其札记《山戎考》可资补正。

吕思勉在《中国民族史》中的考证基本上都以文献史料为基础,博取史籍相关记载而进行考证。考证古代之肃慎为后世之挹娄、靺鞨,吕思勉举二证:"挹娄、靺鞨外,后世更无用楛矢石砮之民,一也。汉时但有挹娄,而《晋书》云:'肃慎,一名挹娄。'此必晋时挹娄人仍以肃慎之名自通。不然,则《晋书》当云挹娄古肃慎国,不得云'肃慎一名挹娄'也。二也。"至后世勿吉、靺鞨以至明末满洲之称呼,吕思勉引《魏书》《隋书》《唐书》《大金国志》《满洲源流考》以及稻叶君山《清朝全史》中所论,认为"挹娄者,他人以其穴居而名之;勿吉、靺鞨,则误以酋长之称为部族之名;至其部族之名,则古曰肃慎,后世曰女真、虑真、珠里真、朱里真;清人则译作珠申;亦即现在所谓索伦,固有异译而无异语矣"。① 其考证篇幅都不长,比较精炼,差不多等同于考史札记,若稍加引申发挥即可成为一篇史料丰富、论证严谨的学术论文。通常都认为宇文氏为鲜卑一支,吕思勉在"宇文氏先世"中"疑宇文为匈奴、鲜卑杂种,语亦杂匈奴也"②。周一良《论宇文周之种族》同样也认识到了宇文氏自述其先世之不可信,否认宇文氏出自鲜卑,"实匈奴南单于远属,载籍斑斑可考"③。吕思勉的考证以札记的形式,周一良则撰写了长篇论文,文载于当时最为权威的《中央研究院历史语言研究所集刊》。

吕思勉没有受过系统的人类学民族学训练,但在《中国民族史》中却运用了体质人类学的知识,吕思勉认为人体"可以考古今人种

---

① 吕思勉:《中国民族史》,《吕思勉全集》第15卷,第116—117页。

② 吕思勉:《中国民族史》,《吕思勉全集》第15卷,第74页。

③ 周一良:《论宇文周之种族》,《周一良全集》第1卷,北京:高等教育出版社,2015年,第235页。

之异同。因古今人种之不同，而其迁徙之由，以及文化不同之故，均可考索矣"①，其《长狄考》一篇即是运用体质人类学进行考证，认为长狄与白种人有关联。陈协恭对吕思勉《中国民族史》中的考证部分评价极高："考证之学，以清代为最精。实详于经而略于史。……君之所为，诚足令先辈咋舌。附录诸篇，若三皇五帝、昆仑、鬼方、长狄诸考，则有淹贯经子，虽专门之经生有不逮。才士固无所不可哉。"②当然，吕思勉的某些考证也不是结论性的，例如对于"汉族由来"，《白话本国史》持西来说，《中国民族史》中已自否其说，认为"草昧之时，讫无信史，为各国各族所同。他国古史，所以渐明者，或则发掘古物，以求验证；或则旁近史乘，可以参稽。吾国开化最早，四邻诸国其有史籍，皆远出我后；掘地考古，方始萌芽"，故对于汉族由来，"与其武断，无宁阙疑"。③"貉族发现西半球说"亦存在争议。

　　吕思勉所考证的对象是少数民族，民国时期关于少数民族的民族志著作大量出现，但是吕思勉却没有能够充分利用民族志和少数民族社会调查的材料。中华人民共和国成立后即开展了大规模的少数民族社会历史调查工作，吕振羽《中国民族简史》在修订过程中充分利用了少数民族社会调查的材料，例如对鄂伦春族所保存的原始公社制的论述，主要根据内蒙古东北少数民族社会历史调查组的实地调查及其他有关资料，并结合其向鄂伦春族人的调查记录，叙述了鄂伦春族的社会基层组织和生产组织"乌力楞"的经济结构、社会组织以及发展变迁诸情况。根据海南岛黎族社会历史调查组的调查资料，叙述了海南黎族"合亩"的经济结构和"峒"的社会组织。根据云南少数民族社会历史调查组的材料，叙述了景颇族从原始公

①　吕思勉：《史籍与史学》，《吕思勉全集》第18卷，第25页。
②　陈协恭：《〈中国民族史〉序》，《吕思勉全集》第15卷，第7页。
③　吕思勉：《中国民族史》，《吕思勉全集》第15卷，第14页。

社制到阶级制过渡的诸形态。①

《中国民族史》叙事部分,则以个人的理解对史籍中的少数民族记载加以综合、节略或转述,试举一例:

> 《汉书·匈奴传》:汉复得匈奴降者,言乌桓尝发先单于冢,匈奴怨之,方发二万骑击乌桓。大将军霍光欲发兵邀击之……光更问中郎将范明友,明友言可击。于是拜明友为度辽将军,将二万骑出辽东。匈奴闻汉兵至,引去。初,光诚朋友:"兵不空出,即后匈奴,遂击乌桓。"乌桓时新中匈奴兵,明友既后匈奴,因乘乌桓敝,击之,斩首六千余级,获三王首。②

> 《后汉书·乌桓鲜卑列传》:昭帝时,乌桓渐强,乃发匈奴单于冢墓,以报冒顿之怨。匈奴大怒,乃东击破乌桓。大将军霍光闻之,因遣度辽将军范明友将二万骑出辽东邀匈奴,而虏已引去。明友乘乌桓新败,遂进击之,斩首六千余级,获其三王首而还。由是乌桓复寇幽州,明友辄破之。宣帝时,乃稍保塞降附。③

> 吕思勉《中国民族史》:壶衍鞮单于时,乌桓稍强,乃发单于冢墓,以报冒顿之怨。匈奴怒,发兵二万骑击破之。霍光闻之,遣范明友将二万骑出辽东邀击匈奴。时乌桓亦数犯塞。光戒明友:"兵不空出。即后匈奴,遂击乌桓。"斩首六千余级,获其三王首。乌桓由是怨,寇幽州。宣帝时,乃稍保塞归附。④

---

① 吕振羽:《中国民族简史》,北京:人民出版社,2009 年,第 126—170 页。

② [汉]班固著,颜师古注:《汉书》卷九四《匈奴传》,北京:中华书局,1999 年,第 2798—2799 页。

③ [南朝宋]范晔撰,李贤等注:《后汉书》卷九〇《乌桓鲜卑列传》,北京:中华书局,1999 年,第 2016 页。

④ 吕思勉:《中国民族史》,《吕思勉全集》第 15 卷,第 58—59 页。

很明显，《中国民族史》的相关叙述，便是取《汉书·匈奴传》和《后汉书·乌桓鲜卑列传》的相关记载糅合而成。

吕思勉的两部通史和四部断代史都分治乱兴亡和典章制度为两部，其民族史编纂亦是如此。少数民族当然与成熟的"典章经制"相差甚远，吕思勉另取"法""俗"二字："法、俗二字，乃历史上四裔传中所用的。这两个字实在用得很好。法系指某一社会中强行之力的事情，俗则大家自然能率循不越之事，所以这两个字，可以包括法、令和风俗、习惯；而衣、食、住、行等物质生活，在古代，亦皆包括于俗之中；所以这两个字的范围很广，几于能包括一个社会的一切情形。"①故其《中国民族史》于除汉族外每一族系均先述各族系之历史，后述各族系之社会风俗，例如对于丁令，介绍其政治、生业、服饰、婚姻、丧葬、信仰等社会风俗方面的内容。总之，吕思勉"在研究上重点虽然放在对民族源流的考证上，但作者已经注意到民族文化在民族新发展中的重要性，所以每个民族的研究中都有民族文化、文化交流的内容"②。

三

民国时期在历史研究中比较普遍地存在着文化民族主义思想。民族作为一个共同体，其联系的纽带可以是政治的、经济的，也可以是文化的。事实上，文化上的联系远比其他因素重要得多。文化民族主义就是指表现在文化领域中的一种强调本民族的共同的文化认同，维护本民族文化的民族主义思潮。

二十世纪初持中华民族西来说者，"除了证明中华和泰西同种

---

① 吕思勉：《历史研究法》，《吕思勉全集》第 18 卷，第 51 页。
② 王文光、段红云：《民国时期的中国民族史研究及民族史学科的发展》，《广西民族大学学报》2008 年第 6 期，第 96 页。

外,还可看出中华族在上古时代创立的功绩远在西人之上"①,亦属文化民族主义。吕思勉的西来说恐怕亦与之相类。《中国民族史》在编纂中以文化民族主义思想为指导,比较明显地体现在材料选择以及叙事中。文化民族主义认为民族之间的区别不在于血统而在于文化,"种族论肤色,论骨骼,其同异一望可知。然杂居稍久,遂不免于混合。民族则论言文,论信仰,论风俗,其同异不能别之以外观"②。具体到中国民族史中,即是汉族文化对少数民族的影响以及和少数民族的华化。

就汉族而言,吕思勉认为汉族"人口最多,开明最早,文化最高,自然为立国之主体,而为他族所仰望。他族虽或凭恃武力,陵轹汉族,究不能不屈于其文化之高,舍其故俗而从之。而汉族以文化根柢之深,不必藉武力以自卫,而其民族性自不虞澌灭,用克兼容并苞,同仁一视;所吸合之民族愈众,斯国家之疆域愈恢"③。《中国民族史》重点叙述了汉族文化之于少数民族的重大影响,例如貉族地处鲜卑、肃慎之间,"二族之文明程度皆低,而貉族独高。……今观诸国政教风俗,多极类中国",其可追溯至商末箕子奔朝鲜,"朝鲜古国,必以貉为民可知矣。然则貉族古俗,不徒可见其族开化之迹,并可征殷之遗制也"。④ 貉族在商末即受中国文化影响,故其文化发达程度远超于其近邻鲜卑、肃慎。又如濮族,"汉族良吏,牖启濮族之功亦不小"⑤。

---

① 郑少雄:《天下果已转变为世界? ——读梁启超〈历史上中国民族之观察〉(1905)》,王铭铭主编:《民族、文明与新世界——20 世纪前期的中国叙述》,北京:世界图书出版公司,2010 年,第 23 页。

② 吕思勉:《中国民族史》,《吕思勉全集》第 15 卷,第 12 页。

③ 吕思勉:《中国民族史》,《吕思勉全集》第 15 卷,第 12 页。

④ 吕思勉:《中国民族史》,《吕思勉全集》第 15 卷,第 108 页。

⑤ 吕思勉:《中国民族史》,《吕思勉全集》第 15 卷,第 177 页。

少数民族华化，按照陈垣的定义，即是"以后天所获，华人所独者为断。故忠义、孝友、政治事功之属，或出于先天所赋，或本为人类所同，均不得谓之华化。即美术、文学，为后天所获矣，而其文学为本国之文学，或其美术非中国之美术，亦只可谓之西域人之文学，西域人之美术，不得谓之西域人之中国文学，西域人之中国美术。又有西域人久居汉地，归化中国，然不能于汉族文化中特别可纪……西域人归化中国之事，古所恒有，特其人不能于中国文化有所表见，亦无足述"①。吕思勉于各族在社会风俗方面之华化尤为看重，吕思勉认为："民族的成因，总说起来，可以说是原于文化。一民族，就是代表一种文化的。文化的差异不消灭，民族的差异，也终不能消灭。而文化之为物，并不是不变的。文化，只是一种生活的方式。生活的方式变，即文化变；而人所遭遇的环境变，即其生活方式，不得不因之而变。环境是无时无小变的，所以人类社会，也不绝的在渐变。"②故此，少数民族在和汉族接触后，在文化上的华化最终导致了民族之间差异的逐渐消失。吕思勉引《北史》、两《唐书》各传以证"丁令诸族，自交华夏，颇仿其制度"③。肃慎一系文化程度较低，"女真部族，程度尚较契丹为低，而其模效中华，则较契丹为力"，至清代"女真开化，又非金世可比"。④

自夏曾佑《中国古代史》开始，各种通史、断代史、专门史中都贯彻了社会进化的思想，《中国民族史》同样也是如此。吕思勉对少数民族社会进化的论述多来自社会学方面的理论，以渔猎、畜牧、农耕为进化之次序，"人民之生业，必始自渔猎，进于畜牧，乃渐及于农

---

① 陈垣：《元西域人华化考》，《陈垣全集》第2卷，第214页。
② 吕思勉：《中国民族演进史》，《吕思勉全集》第15卷，第219页。
③ 吕思勉：《中国民族史》，《吕思勉全集》第15卷，第90页。
④ 吕思勉：《中国民族史》，《吕思勉全集》第15卷，第136页。

耕。盖好逸恶劳人之天性,而畜牧种植之利,皆在日后,为演进太浅之民所知也"①,其述汉族如此,述少数民族亦如此,例如"奚与契丹,本皆以游牧为生",此后则开始"教民以树艺、组织。太祖益招致汉人,令其耕种。及平诸弟之乱,弭兵轻赋,专意图于农"②,即由游牧社会逐渐转型为农耕社会。"文"和"质"是中国古代历史哲学的一对重要范畴,"'质'的状态具有充实的内在意义与价值而……'文'则指复杂而有条理的状态"③,上古时期多有以质文递嬗来考察中国历史进程的论述。文化民族主义当然极为重视"文"的一面,但吕思勉对于少数民族"质"的一面也颇为看重。就匈奴而言,其风俗"与中国尚文之世,若不相容,而反诸尚质之世,则极相类",匈奴风俗与周以后截然不同,"若返诸夏、殷以前,则我国之俗,且可彼此以为借镜也。此其俗之相类者也"。④ 吕思勉也注意到某些少数民族"一入中国,即易刚为柔。其初兴也,沛然莫之能御,其衰也,亦一落千丈。则由其程度太低,与文明之民族接,不能传其文化,而惟纷华靡丽之悦也。金之衰,盖自迁种人入中原始"⑤。少数民族完全抛开"质"而致其衰落。

但在文化民族主义的影响下,《中国民族史》在史料取舍和论述上也不可避免地带有一定的选择性和片面性。以契丹为典型,吕思勉在《中国民族史》中引《辽史》之《太宗本纪》《后妃传》《仪卫志》《外

① 吕思勉:《中国社会史》,《吕思勉全集》第 14 卷,第 1 页。
② 吕思勉:《中国民族史》,《吕思勉全集》第 15 卷,第 67 页。中华人民共和国成立后的各种中国民族史,则多以五种社会形态理论来进行编纂。
③ 阎步克:《"质文论"的文明进化观》,《文史知识》2000 年第 5 期,第 19 页。
④ 吕思勉:《中国民族史》,《吕思勉全集》第 15 卷,第 41—42 页。
⑤ 吕思勉:《中国民族史》,《吕思勉全集》第 15 卷,第 135 页。《元史·张德辉传》提出了"金以儒亡"的问题,即金朝灭亡的原因,是女真彻底汉化而丧失其本民族的质朴特性所致,还是因为汉化不够彻底学习汉文化尚不到家所致?(参见刘浦江:《女真汉化的道路与大金帝国的覆亡》,《松漠之间》,北京:中华书局,2008 年,第 271—272 页)

戚表》的相关记载,以证"契丹之慕效中国,由来已久。……慕效中国之心,可谓切矣","契丹既入中国,一切制度,悉以中国为楷模","契丹文化之进步,观其种人通文学之多,可以知之"。① 但是按《辽史·百官志》云太宗时"官分南、北,以国制治契丹,以汉制待汉人。国制简朴,汉制则沿名之风固存也。辽国官制,分北、南院。北面治宫帐、部族、属国之政,南面治汉人州县、租赋、军马之事。因俗而治,得其宜矣"。其所推行的是一种二元分治的政治体制。根据美国学者魏特夫(K. A. Wittfogel)的理论,中国由少数民族所建立的政权可分成"渗透王朝"与"征服王朝"。前者就是单纯的民族同化,少数民族"渗透"到汉族中而消失,最为典型的例子是北魏。后者是少数民族自觉地、有意识地抵制汉族文化的影响,顽强地保护游牧民族的部落组织和生活方式,即为"征服王朝",魏特夫把辽、金、元、清都归入了征服王朝。② 契丹文化之最重要的体现即为四时捺钵,"所谓捺钵者,初视之似仅为辽帝弋猎网钩,避暑消寒,暂时游幸之所。宜无足重视。然而夷考其实,此乃契丹民族生活之本色,有辽一代之大法,其君臣之日常活动在此,其国政治中心机构在此。凡辽代之北南面建官,蕃汉分治,种种特质,考起本源,无不出于是"③。故此,吕思勉在契丹华化的问题上,由于文化民族主义思想的影响只论述了契丹对汉文化的慕效和接受的一面,而忽视了其对汉文化的抗拒和排斥的一面。

　　文化民族主义强调的是少数民族对汉族文化的吸收接纳,最终

---

　　① 吕思勉:《中国民族史》,《吕思勉全集》第 15 卷,第 68—69 页。

　　② 景爱:《"征服王朝论"的产生与传播》,陈述主编:《辽金史论集》第 4 辑,北京:书目文献出版社,1989 年,第 366—367 页。

　　③ 傅乐焕:《辽代四时捺钵考五篇》,《辽史丛考》,北京:中华书局,1984 年,第 37 页。

融入汉族中去。吕思勉认为："要研究中国民族的演进,第一步,便须考究中国本部地方的民族,如何与汉族相同化。"①匈奴与汉族接触后"渐染华风,亦非一日矣。故自隋、唐以后,遂泯焉无迹也"②。少数民族"至秦汉以后,不复闻其为患者,大抵皆同化于汉族也"③。以少数民族"同化于我"来分析其是否"为我之患",实际上就是将汉族/少数民族作了"我族"/"他族"的分立。所以,这种倾向也在一定程度上带有大汉族主义的色彩。④ 常乃惪《中华民族小史》"吾人叙中华民族之历史大部分俱根据于汉族历史"⑤,准确地说中华民族史的研究是根据汉族的历史记载,这在当时的民族史编纂中极为普遍。吕思勉在《中国民族史》中无论是考证还是叙事,其材料可以说绝大部分都来自二十四史,或者是汉族对于少数民族的其他相关记载,汉族对少数民族历史书写的背后体现的是其对于历史书写话语权的掌握。反之,少数民族对于本民族自身历史的记载由于种种原因很少利用,可能吕思勉本人也没有很好地意识到这一问题。

第三节　论吕思勉的《中国民族演进史》

"民族"(nation)一词长期以来被同时运用在"中华民族"和56个"民族"这两个不同的层面上,在实际中也带来了一些问题。马戎提出对于"中华民族"应从"国族"的新角度来使用,同时保留通常所

---

① 吕思勉:《中国民族演进史》,《吕思勉全集》第 15 卷,第 237 页。
② 吕思勉:《中国民族史》,《吕思勉全集》第 15 卷,第 40 页。
③ 吕思勉:《中国民族史》,《吕思勉全集》第 15 卷,第 45—46 页。
④ 曾仲谋批评"吕先生之研究中华民族,完全是站在种族斗争这方面去着手的,他的大汉族主义很露骨地流露着……吕先生对于历史不特是无知,就是连民族是什么,这都不能明了"。(参见曾仲谋:《中国民族史的成果底检讨》,《法声半月刊》第 1 卷第 2 期,1936 年)
⑤ 常乃惪:《中华民族小史》,上海:爱文书局,1928 年,第 5 页。

习惯称谓的 56 个"民族",也不失为一种解决途径。① 以此视角来审视,则吕思勉的《中国民族演进史》和《中国民族史》分别对应的是国族层面上的"民族"和通常所习惯称谓的各"民族"。因吕思勉所论的"民族"并非处于同一层面,而将吕思勉的两部民族史著作合论并不适当,故本节单论《中国民族演进史》。

一

众所周知,现在通常所说的中华民族包括了 56 个民族,一个多数民族汉族以及五十五个少数民族共同组成了中华民族。当然,五十五个少数民族的说法起于新中国民族识别工作之后。

"中华"一词出现于魏晋。清末同盟会以"驱除鞑虏,恢复中华"为口号。二十世纪初从日文中引进"民族"一词,很快就复合出了"中华民族"一词。"中华民族"最初是指中国的主体民族,即汉族。此后,"中华民族"一词逐渐成为中国各民族的总称,指众多民族在形成统一国家的长期历史发展中逐渐形成的民族集合体。②

在统一的多民族国家的发展历程中,中国各民族在自身发展的同时又相互联系。中华民族发展史就是各民族之间的内在联系与整体不可分割性的形成与发展的过程。民国时期出现了许多关于中华民族史的著作,如常乃惪《中华民族小史》(1928 年)、郭维屏《中华民族发展史》(1936 年)、李广平《中华民族发展史》(1941 年)、张旭光《中华民族发展史纲》(1942 年)、俞剑华《中华民族史》(1944 年)等,都是叙述各民族在长期的发展中最终形成统一的多民族国家的历史。

1901 年梁启超在《中国史叙论》中开始使用"中国民族",但含

---

① 马戎:《关于民族研究的几个问题》,《北京大学学报》2000 年第 4 期,第 132—143 页。

② 陈连开:《中华民族研究初探》,北京:知识出版社,1994 年,第 65—68 页。

义并不固定，或以指称历史上的汉族，或以总称中国历史上的民族。① 吕思勉将民族定义为"有客观条件，因而发生共同（对外即可为特异）的文化；因此发生民族意识，由此意识而相团结的集团"②。民族形成的客观条件有八：种族；语言；风俗；宗教；文学；国土；历史；外力。前七种可说是民族形成的最重要的条件，只要具备数种即可在其群体中产生某种认同，即具备了民族意识。外来的条件对于民族的形成只是起了促进作用。③ 吕思勉认为"民族是民族，国族是国族"④，两者是有区别的，一个国家之中可以包含很多民族。汉族"或称中华民族，词语既累重，而与合中华国民而称为一民族者，仍复相淆"⑤。吕思勉的意思是：从历史演变来看，中华民族指称汉族，而当时中华民国内的所有民族也被统称为中华民族，为避免混淆起见，以"中国民族"来指称包括中国国内各民族的现代中华民族。⑥ 吕思勉所说的"中国民族"实际上就等同于"中华民族"。⑦这即是在从民族国家的角度来进行论述"民族国家，在现今，实在是一个最重要的组织，若干人民，其文化能互相融和而成为一个民族，

---

① 黄兴涛：《现代"中华民族"观念形成的历史考察》，《浙江社会科学》2002 年第 1 期，第 128—141 页。

② 吕思勉：《中国民族演进史》，《吕思勉全集》第 15 卷，第 215 页。

③ 梁启超《政治学大家伯伦知理之学说》（1903 年）引伯伦知理之说，以民族最要之特质有八：（1）其始也，居于一地。（2）其始也，同一血缘。（3）同其体形状。（4）同其语言。（5）同其文字。（6）同其宗教。（7）同其风俗。（8）同其生计。吕思勉的民族形成条件虽与梁启超有异，但受梁启超的影响当无疑问。

④ 吕思勉：《中国民族演进史》，《吕思勉全集》第 15 卷，第 213 页。

⑤ 吕思勉：《中国民族史》，《吕思勉全集》第 15 卷，第 12 页。

⑥ 高翠莲：《清末民国时期中华民族自觉进程研究》，北京：中央民族大学出版社，2007 年，第 216 页。

⑦ 吕思勉《中国民族史》和《中国民族演进史》中都曾使用过"中华民族"这一概念，在多数情况下是以中华民族作为各民族的总称，但在少数情况下亦以"中国民族"单指汉族。

一个民族而能建立一个强固的国家,都是很不容易的事。……中国是世界上最大的一个民族国家,这是无待于言的"①。从编纂模式上看,《中国民族演进史》与上述《中华民族小史》等中华民族史著作并无太大的差异。

吕思勉《中国民族演进史》从中国民族的起源形成开始,叙述中国民族统一中国本部,第一次向外开拓,五胡乱华后的中华民族,中国民族近代以来所受的创痛及现状,最后讨论了中国民族的复兴情况。吕思勉在《白话本国史》中中古史和近古史的分期标准在于"从汉到唐,中国是征服异族的;从宋到清,中国是给异族征服的"②。《中国民族演进史》延续了这一观点,以汉、唐时期为中国民族的第一次向外开拓和五胡之后的中华民族。宋以后虽然汉族在辽、金、元、清中处于下风,但"汉民族还是保守其沉着镇静,见侮不斗的态度,专靠文化的优胜,来同化他人"③。自西力东渐以来,则中国面临千古未有之变局,在政治上是领土和藩属的侵削,经济上是农工商各方面所受的压迫,特别是文化上,"一个民族的文化,当其发生剧变之时,总不免相当的牺牲和苦痛。当这时代,对于新文化,深闭固拒愈甚,则其所受的牺牲和苦痛愈深"④,和西方文化接触,实际上是给了中国民族甚大的发展机会。另一方面也应该认识中国民族自身文化的优点和劣点,既不妄自菲薄,亦不盲目自大,在全面了然中国民族和西方在文化上的优劣异同的基础上,中国民族复兴的途径也就不烦言而解了,"要服膺孙中山先生的民族主义;我们应该

---

① 吕思勉:《吕著中国通史》,《吕思勉全集》第 2 卷,第 244 页。
② 吕思勉:《白话本国史》,《吕思勉全集》第 1 卷,第 261 页。《论民族主义之真际》中则以汉魏为界,"自汉代以前,为汉族征服异族之世,自晋以后,则转为异族所征服"。(参见吕思勉:《论学丛稿·论民族主义之真际》,《吕思勉全集》第 11 卷,第 517 页)
③ 吕思勉:《中国民族演进史》,《吕思勉全集》第 15 卷,第 220 页。
④ 吕思勉:《中国民族演进史》,《吕思勉全集》第 15 卷,第 275 页。

鼓起民族复兴的勇气"①。

吕思勉的两部民族史著作在编纂中存在着根本上的差别。《中国民族演进史》是将中国民族作为一个整体来进行叙述的,《中国民族史》则将 12 族系分别叙述后汇为一书。前者系"中国民族/史",后者系"中国/民族史",即以各民族的起源和民族间的关系为中心内容的各个族别史的叠加。如果说《中国民族史》的重点在于中华民族的多元性,那么《中国民族演进史》则侧重于中华民族的一体性。民国时还有王桐龄、林惠祥等人的《中国民族史》,但就内容及其编纂方式而言,林惠祥《中国民族史》同于吕思勉《中国民族史》,王桐龄《中国民族史》则更接近于吕思勉《中国民族演进史》。②

《中国民族演进史》与我们所常见的中国通史有一定的相似性,但也存在差别。从研究对象来看,前者的对象是中国民族或中华民族,是一个民族或族群的概念,后者的对象是"中国",是一个地理疆域的概念。从编纂方式来看,中国通史先要确定"中国"这个疆域范围,然后再研究历史上的中国,谭其骧以清朝完成统一后至帝国主义入侵前的清朝版图,具体而言就是十八世纪五十年代到十九世纪四十年代鸦片战争以前的中国版图作为历史时期的中国的范围,"所谓历史时期的中国,就以此为范围。不管是几百年也好,几千年也好,在这个范围之内所活动的民族,我们都认为是中国史上的民族;在这个范围之内所建立的政权,我们都认为是中国史上的政权"③。《中国民族演进史》同样先是确定了中国民族这个概念的内

---

① 吕思勉:《中国民族演进史》,《吕思勉全集》第 15 卷,第 289 页。

② 王桐龄在 1927 年《社会学界》第 1 卷第 1 期开始连载《中国民族之研究》,1928 年出版时以《中国民族史》为名。

③ 谭其骧:《历史上的中国和中国历代疆域》,《长水集续编》,北京:人民出版社,2009 年,第 2 页。

涵，然后追溯中国民族的起源发展。① 从主要内容来看，中国通史综合了政治史和社会文化史等方方面面的内容，中华民族史则重在叙述中华民族源流演变的过程，社会文化等属于"横的历史"的内容较少涉及。

二

　　吕思勉的《中国民族演进史》是将汉族作为中国的主体民族，叙述其绵延发展并不断同化周边少数民族的历史。

　　以泰勒、摩尔根为代表的古典进化论是文化人类学上最早的科学学派，认为人类心理上的一致性决定了文化发展的单一性，即人类同样的心理或精神导致了同样的文化发展历程。各民族的发展演进模式是同一的。但随后出现的传播学派批判了古典进化论的单线进化模式，强调了文化传播的重要性，即人类文化的共性不在于人类心理上的一致性，而在于先进民族对落后民族的文化传播。

　　应该说吕思勉对于古典进化论和传播论都是有所了解的。在《中国民族演进史》中兼采古典进化论和传播论的理论，前者适用于汉族，后者适用于少数民族。就汉民族而言，吕思勉认为"人类的演进，各地方虽有小异，而大致都是相同。这大约是心理的一致，而环境的影响，亦大致相同之故；并非穿凿附会。所以我国古代社会演进的状况，也可借资于社会学家的成说来说明他的"②。吕思勉所说的"我国古代社会演进"实际上就是汉族古代社会的演进，吕思勉

---

　　① 中华人民共和国成立后进行了民族识别工作，又编纂了一批少数民族简史简志丛书。各少数民族族别史的编纂，便是在民族识别完成后，向前追溯其民族发生发展的历史。

　　② 吕思勉：《中国民族演进史》，《吕思勉全集》第15卷，第227页。

根据取得食物方式上的搜集—渔猎—农业畜牧时代和生产工具上的石器—铜器—铁器时代的人类学社会学进化理论,结合了上古时期的相关文献,来论述汉族社会的演进。对于汉族的对外开拓,吕思勉认为"要检讨一个民族移殖力的强弱、同化力的大小,必须注意其社会进化的程序,立乎今日而回溯既往,凡一民族文化的高度发展,必在其进入农耕之后,因为必如此,其生活乃较富裕,人口乃可以有大量的增加;且和土地关系密切,其文化乃有固定性"①。汉族由黄河流域向南北两方拓展。就少数民族而言,则主要是文化的传播在其中起了至关重要的作用。吕思勉把中国周边的少数民族按地理分成两派:匈奴、鲜卑、丁令、貉、肃慎为北派民族,羌、藏、苗、粤、濮为南派民族,汉族则居其中。各民族发展程度不同,和汉族的交往亦各不相同,但从总体上来看,汉族"居于中央,能发生高度的文化,把他辐射到四方;使这四方的民族,都逐渐同化于我;为东亚开辟一新天地"②。

　　吕思勉认为汉族之所以能够不断绵延扩大,同化周边各少数民族,其根本原因在于文化。种族和民族不同,前者是生理上的,后者是文化上的,"种族的同异,一望可知,然苟文化相同,自能融洽无间,由婚姻的互通,而终至消灭其异点"③。中国文化对于民族而言关系至大,吕思勉引《中庸》"今天下,车同轨,书同文,行同伦"之说,对汉族来说"是最表现得出我们民族形成的情形的;而亦即是我们民族所以能形成的原因"④。而在文化诸要素当中,语言是最为重要的,"盖语言文字相同,则国民之感情因之而亲洽,一国之文化,缘

①　吕思勉:《论学丛稿·从民族拓殖上看东北》,《吕思勉全集》第12卷,第1066页。
②　吕思勉:《中国民族演进史》,《吕思勉全集》第15卷,第242—243页。
③　吕思勉:《论学丛稿·民族英雄盖吴的故事》,《吕思勉全集》第11卷,第559页。
④　吕思勉:《中国民族演进史》,《吕思勉全集》第15卷,第234页。

此而获调和。虽种族、宗族、风俗，或有不同，而其结果，自能泯合于无形也"①。对少数民族来说，一方面汉族内部团结，力量自然雄厚，另一方面对少数民族宽大，即不是采取暴力的形式来进行民族同化的，"甲民族的文化，优于乙民族，不必强迫，乙民族也会自己明白的。到乙民族明白的时候，就是甲民族文化，适于乙民族的时候。如由甲民族强迫推行，则反成为无益有损之举了"②。在构成民族的诸多要素之中，历史、风俗、语言、种族等方面的同化，均无问题，最难同化的唯有宗教，"然中国人于宗教，向主宽大。……所以宗教一端，在民族同化上，亦不发生问题"③。暴力的压迫只会招致反抗，潜移默化式的影响效果更好。按照吕思勉的论述，文化上的同化是"把自己的文化陈列在他们面前，而从否听其而择。所谓'君子引而不发，跃如也，中道而立，能者从之'。……我国幅员的开展，不是靠政治的占领，而是靠民族的同化。政治的占领是假的，政治之力一解纽，即将叛离去。民族的同化是真的，一旦达到成功之域，就一合而永不可分了"④。

《中国民族演进史》是一本通俗读物，设定的对象主要是中等学生，通俗读物主要是发挥其宣传教育的功能。但是吕思勉在序言中特别强调"忠实叙述"，并不能因为服务于某一主题而对历史作某些隐讳或片面的叙述，主要表现在：

第一，在重点论述少数民族接受汉族先进文化的同时，并不回避历史上汉族与少数民族之间的战争，尤其是唐以后汉族王朝政权

① 吕思勉：《论学丛稿·全国初等小学均宜改用通俗文以统一国语议》，《吕思勉全集》第11卷，第1页。

② 吕思勉：《中国民族演进史》，《吕思勉全集》第15卷，第243页。

③ 吕思勉：《中国民族演进史》，《吕思勉全集》第15卷，第274页。

④ 吕思勉：《论学丛稿·中国民族精神发展之我见》，《吕思勉全集》第12卷，第688页。

对于辽、金、元、清总是处于下风。在吕思勉看来，"一个民族而曾受些挫折，原是不足为奇之事；正惟磨难来得多，挫折受得大，才能够成其伟器。所以一个民族而曾经受过挫折，大可不必自讳；况且讳疾忌医，是最坏的事，原也不该自讳"①。蒙古、满洲在历史上与汉族的战争是无法一笔抹杀的，对其叙述根本谈不上挑拨民族感情，至多只是"兄弟阋于墙，外御其侮"。

第二，民族同化是单方面的，但是吕思勉也不否认少数民族文化对汉族的影响，如赵武灵王胡服骑射便是。吕思勉认为，两个民族之间"文化互有短长，彼此互有弃取，则或者互相融合"②。但就整体而言，"中国人采取异族的，只是这等无关紧要之处，其关系重大，而足以表显民族精神的，则他们都不得不改而从我，这是势处于不得不然的"③。

第三，吕思勉虽然强调汉族同化周边少数民族的根本原因在于文化，但也不否认武力的作用。就立国之基而言，"有文事是不可无武备的。世界上许多民族，其文化未必不优良，然因武力不足之故，为野蛮民族所蹂躏，其文化，亦即随之而夭折了"，在早期的华夏族形成过程中，"黄族接受炎族的文明，炎族也渐次振起其武力。炎、黄二族，融合而成所谓华夏之族，渐次扩张其政治势力和社会文化于各方"④。

三

梁启超在《中国历史上民族之研究》中提出中华民族最终得以"混诸族以成一大民族，皆诸夏同化之力为之也"。中华民族同化诸

---

① 吕思勉：《中国民族演进史》，《吕思勉全集》第15卷，第264页。
② 吕思勉：《中国民族演进史》，《吕思勉全集》第15卷，第219页。
③ 吕思勉：《中国民族演进史》，《吕思勉全集》第15卷，第254页。
④ 吕思勉：《中国民族演进史》，《吕思勉全集》第15卷，第232页。

异族之程序有七,中华民族同化力量特别发展之原因有八,"故能抟捖数万万人以成为全世界第一大民族"。① 以汉族作为主体民族,在历史发展过程中不断同化周边少数民族,最后抟合而成中华民族,这当然是文化民族主义的立场。民国时期以文化民族主义为指导来撰写民族史的著作相当之多。

王桐龄《中国民族史》就是以汉族为主体,分八个时段:(1)汉族胚胎时代(汉族、苗族之接触,汉族内部之融合);(2)汉族蜕化时代(东夷、西戎、南蛮、北狄血统之加入);(3)汉族修养时代(秦、汉);(4)汉族第二次蜕化时代(匈奴、乌桓、鲜卑、氐、羌血统之加入);(5)汉族第二次修养时代(高丽、百济、突厥、铁勒、回纥、沙陀、党项、吐蕃、奚、契丹血统之加入);(6)汉族第三次蜕化时代(契丹、女真、蒙古及西域诸血统之加入);(7)汉族第三次修养时代(明);(8)汉族第四次蜕化时代(满族、西藏血统之加入)。叙述各民族皆全部或一大部分融合于汉族血统中,为中国民族组成之主要分子。其他以中华民族发展史、中华民族演进史为名的专著,如常乃惪《中华民族小史》分述黄河流域、长江流域、珠江流域之同化,满洲、蒙古、西藏之开化以及西北地区的开拓。施瑛《中国民族史讲话》从先秦至清,"从纵的方面,叙述中华民族的各系由分到合,由零趋整,由特殊到一致的过程"②。抗战开始后,顾颉刚在昆明《益世报》创办《边疆周刊》,并发表了《中华民族是一个》的论文,引起了学术界的热烈讨论。蒋介石《中国之命运》提出中华民族宗支说,也很有可能受其影响。俞剑华《中国民族史》在一定程度上则是为中华民族宗支说做注脚。

---

① 梁启超:《中国历史上民族之研究》,《饮冰室合集》专集之四十二,第33页。
② 施瑛:《中国民族史讲话》,上海:世界书局,1945年,第1页。

这些中华民族史所建构"中华民族"的线性进化过程,大多强调了"中华民族是从有历史以来——或可以说有人类以来——逐渐演进,逐渐扩充,逐渐调和,逐渐团结而成,由小宗族而合为较大的宗族,由较大的宗族而为更大的宗族,在两宗族以上彼此相接触的时候,战争会扰攘一时,其初似不相容,久则混合同化而不可分"①。叙述的中心则围绕中华民族疆域的扩大,中华民族体量的增大以及中华民族文化范围之扩大而展开,通过"叙述中华民族发展史迹的久远与光荣,藉以振奋热烈的民族意识,发扬伟大的民族精神"②。"民族自尊心"以及"时代的潮流",这些主观上的因素都足以影响到对此类问题的研究。③

我们今天都知道,对于中华民族的研究应该是多元性与一体性并重的,"认识到多元一体,或说多元中的统一,统一中的多元,这一对矛盾确实主导着中华民族的现实格局和历史进程。中华民族经历几千年连绵不断的发展,终于形成今日这样的统一国家"④。在"中华民族是一个"的学术讨论中,费孝通看到了中华民族的多元性,顾颉刚为了强调一体性而否定了多民族的存在,使其理论带有严重的缺陷。但其一体性的论述对于费孝通"中华民族多元一体格局"理论还是有积极意义的。⑤ "中华民族多元一体格局"的理论对此后的民族史编纂产生了很大的影响,徐杰舜《中国民族史新编》和江应梁《中国民族史》抛弃了民国时期以汉族同化融合其他民族为线索贯穿中国

---

① 俞剑华:《中华民族史》,重庆:国民出版社,1944 年,第 8 页。

② 张旭光:《中华民族发展史纲》,第 9 页。

③ 刘节:《汉族源流初探》,《图书月刊》第 1 卷第 3 期,1941 年 3 月,第 1—13 页。

④ 林耀华:《认识中华民族结构全局的钥匙》,费孝通主编:《中华民族研究新探索》,北京:中国社会科学出版社,1991 年,第 9 页。

⑤ 周文玖、张锦鹏:《关于"中华民族是一个"学术论辩的考察》,《民族研究》2007 年第 3 期。

民族史的编纂模式,力图反映多民族共同创造历史的旨趣。①

　　以中华民族的多元性与一体性来衡量《中国民族演进史》,便可看出其侧重于一体性而忽视了多元性。吕思勉将汉族作为中华民族的主体民族,认为在"现今世界上,决没有真正单纯的民族国家。这就是说:没有以一民族而组织一国家的;一国家中,总包含好几个民族。中国自然也是如此。这不但现在如此,追溯到历史上,也久已如此了。但是一个国家,虽不止一个民族,而其中,总有一个主要的民族,为文化的重心的。通常所谓某国民族,就是指此而言。此项主要民族,在中国,无疑地是汉族了"②。汉族可以作为中华民族的代表,不知不觉将汉族和中华民族等同起来,同时又将汉族和各少数民族对立起来,吕思勉提到自宋以来,"在近世一千年中,中国民族在武力斗争上,虽然迭遭失败,而在文化斗争上,仍占优胜,依然为一庞大优秀的民族,立于东亚"③。中国民族在武力上迭遭失败,就是指汉族对契丹、蒙古、满族等少数民族武力上的失败,而后在文化上予以同化,"汉族正统思想,主导着他的民族观,民族同化意识存在于他的脑海中。在他的思路中,中国民族形成的路径就是以汉族为核心,将四方夷狄蛮戎同化"④。在吕思勉的其他著作中这种立场也不时体现,例如《两晋南北朝史》"于民族观念似甚强烈,书中于当时北方诸胡族每有微辞,流露于字里行间"⑤。对于其

---

　　① 赵梅春:《中华民族"多元一体"理论与中国民族史撰述》,《廊坊师范学院学报》2016年第1期,第46页。

　　② 吕思勉:《中国民族演进史》,《吕思勉全集》第15卷,第221页。

　　③ 吕思勉:《中国民族演进史》,《吕思勉全集》第15卷,第274页。

　　④ 方素梅:《民族主义与历史书写——以吕思勉的两部中国民族史为例》,《青海民族研究》2013年第4期,第150页。

　　⑤《新书介绍·两晋南北朝史》,《图书季刊》新第9卷第3、4期,1948年12月,第73—74页。

他少数民族则视其同汉族的亲疏远近程度不同而有所偏向,例如盖吴本为卢水胡人,"异种的西域人反能助中国人以抵抗压迫",故以"民族英雄"称之。① 当然,这种大民族主义一体性的立场在当时各种中华民族史著作中是普遍存在的。中国自古以来就是一个统一的多民族国家,56 个民族共同创造了中华民族的历史,诸如此类的论述都是在今天的高度上,从民族团结、民族融合立场出发而对过去应有的认识。

第四节　吕思勉历史通俗读物编纂述论

历史学有两项基本任务,一是历史学的学术研究,二是历史知识的普及。对于历史学家而言,前者是其专业工作,后者是其社会责任,二者不可偏废,同样重要,正如何兹全所言:"历史学有两个使命:一是认识人类社会历史的客观真实和客观发展规律,二是把这些认识普及到人民群众。也可以说,历史学有两个任务:一是提高,二是普及历史,不断提高人类对社会对自我的认识。历史使人积累经验,总结经验。经验给人智慧,给人高明。但提高究竟是少数人的事,更重要的是把历史和历史给人的智慧和高明传播给广大人民群众。历史知识、历史修养,是个人文化修养、民族文化素质中最重要的因素。要提高个人文化修养、民族文化素质,就要靠普及历史知识。"②

通俗史学,就是为了适应历史知识传播的需要,采用各种浅显易懂、容易理解的方式来叙述历史或对历史知识进行加工改造,以

---

① 吕思勉:《论学丛稿·民族英雄盖吴的故事》,《吕思勉全集》第 11 卷,第 560 页。
② 何兹全:《〈历史学的突破、创新和普及〉自序》,《何兹全文集》第 2 卷,北京:中华书局,2006 年,第 1082 页。

达到普及历史知识的目的。通俗史学又可分为广、狭二义,广义的通俗史学包含了口头的、图画的、文本的诸形式,狭义的通俗史学仅指以文本的形式来普及历史知识,又可称其为历史通俗读物。本节拟从普及历史知识的角度出发,对吕思勉的历史通俗读物编纂加以论述。

一

吕思勉作为历史学家,除了史学专著外还编纂了相当数量的历史通俗读物,对于历史知识普及也做出了突出的贡献。吕思勉所编纂的历史通俗读物大致上可分为两大类:一是通俗读物专著,此类专著通常有明确的主题,合乎逻辑的章节编排,行文叙事都是围绕着主题而展开,并且有相当的篇幅。此类通俗读物专著有《苏秦张仪》(1915 年)、《关岳合传》(1916 年)、《国耻小史》(1917 年)、《〈新唐书〉选注》(1928 年)、《中国民族演进史》(1935 年)等。另一类则是通俗性的史学小品文,和通俗读物专著相比,此类文章通常篇幅短小,选题比较宽泛、随意,行文相对而言也并不太严谨。通俗性的史学小品文基本上都是刊于报纸杂志上。吕思勉最为知名的历史通俗读物《三国史话》实际上就是最初连载于《知识与趣味》杂志,后结集而成《三国史话》。

《苏秦张仪》《关岳合传》以及《国耻小史》均为吕思勉早年在中华书局担任编辑时所作,根据中华书局为"学生丛书"所作的图书广告,"苏秦张仪,为我国古代外交家,本编记其事实,评其政策,委曲详尽",《关岳合传》"论述关岳二公忠义事迹,读之得明了英雄所以炳耀万古之原由"①。两书曾得教育部通令褒奖。

———

① 参见中华书局"学生丛书"各书之衬页。

　　《苏秦张仪》和《关岳合传》均为中华书局"学生丛书"之一,《苏秦张仪》全书共 10 章,首章为发端,其余诸章分为外交与战国时代、合纵连衡、合纵前的苏秦、合纵时代之苏秦、纵约解散复之苏秦、连衡前之张仪、连衡时代及衡约解散后之张仪、合纵连衡政策之评论、古代外交学之真相及苏秦张仪之人物。①《关岳合传》全书 18 章,第 1 章为英雄与社会之关系,第 2—10 章为关羽传记,介绍关羽所生活的时代背景、生平和主要功业。第 11—18 章为岳飞传记,介绍岳飞的生活年代和生平事迹。

　　《苏秦张仪》和《关岳合传》作为通俗性的历史人物小传记,吕思勉在编纂中深受梁启超的影响②,这一点从两书的章节编排以及章节名目用语中可以明显看出(参见附表 3)。《苏秦张仪》和《关岳合传》都是在当时的时代背景下有感而作。《苏秦张仪》论述的主题是外交,因为中国自鸦片战争以来在外交上屡遭失败。吕思勉认为外交对于国家的重要性是不言而喻的,但自宋代以来的外交却一直走在失败的道路上,此后"明之于清,清之于今日东西洋诸国,固亦袭是迹以致败者"③。但若谓中国古代无外交则言之太过。先秦时期纵横家之学即中国古代外交学,其学博大精深,"苏秦、张仪辈,曾不克运用之,稍有建树,而徒以为一身富贵利禄之资"④,从苏秦、张仪而窥中国古代外交及外交学。《关岳合传》论述的主题是英雄。吕

----

　　① 《史记》对苏秦活动的年代及其有关史实的记载有不少错乱。1973 年马王堆汉墓出土的《战国纵横家书》,对于苏秦的活动以及相关史实,可以重加订正。

　　② 吕思勉自述其 13 岁时"始读梁先生所著之《时务报》。嗣后除《清议报》以当时禁递甚严未得全读外,梁先生之著述殆无不寓目者。粗知问学,实由梁先生牖之,虽亲炙之师友不逮也"。(参见吕思勉:《论学丛稿·辨梁任公阴阳五行说之来历》,《吕思勉全集》第 11 卷,第 330 页)

　　③ 吕思勉:《苏秦张仪》,《吕思勉全集》第 25 卷,第 99 页。

　　④ 吕思勉:《苏秦张仪》,《吕思勉全集》第 25 卷,第 140 页。

思勉有感于八国联军之役中国人徒恃血气之勇,轻挑强敌而致严重后果,在于"崇拜英雄而误其真相致之","崇拜英雄而不知英雄之真相,其害如此"。① 英雄种类不一,战争中之英雄特别受人崇拜。关羽、岳飞作为中国历史上的绝代英雄,吕思勉作《关岳合传》重点在论述历史上之关羽、岳飞事迹,否则执《三国演义》崇关,执《岳传》崇岳,又将导致崇拜英雄而不知英雄之真相。

《国耻小史》是中华书局"通俗教育丛书"之一,1917 年初版。分上、下册,共 15 章。上册 8 章,从鸦片战争前之时代背景叙述至中俄伊犁交涉。下册 7 章,从法据安南叙述至英兵入西藏。

自二十世纪初开始,各种帝国主义侵略史、中国失地史以及国耻史的著作层出不穷。以国耻史而论,有《增订国耻小史》(1914 年)、《国耻小史续编》(1915 年)、《国耻痛史》(1918 年)、《国耻史》(1928 年)、《中国国耻史略》(1928 年)、《中国国耻地理》(1930 年)、《新编国耻小史》(1930 年)、《国耻小史》(1933 年)、《国耻史要》(1933 年)、《国耻史略》(1936 年)、《国耻史讲话》(1939 年)等等。吕思勉的《国耻小史》在上述国耻史著作中是比较早的。但是各种国耻史著作在创作旨趣、内容编排、行文叙事等方面差别不是很大。

《〈新唐书〉选注》是商务印书馆"学生国学丛书"之一,1928 年初版。其书编纂是节选《新唐书》中之《兵志》《食货志》《后妃列传》《尉迟敬德列传》《李靖李勣列传》《房玄龄杜如晦列传》《魏徵列传》《姚崇宋璟列传》《郭子仪列传》《李泌列传》《刘晏列传》《段秀实颜真卿列传》《李晟列传》《陆贽列传》《裴度列传》《韩愈列传》《李德裕列传》《忠义列传》《单行列传》共二十二篇,标点句读,并对若干词句加

① 吕思勉:《关岳合传》,《吕思勉全集》第 25 卷,第 148 页。

以注释。其注释"以训诂名物为主。间及史裁,及史事之是非不明者。……以简明为主"①,有别于与传统的"注""疏"。

《中国民族演进史》为上海亚细亚书局基本知识丛书之一。吕思勉以"此书之作,本所以供应中等学生的阅读,理论原无取高深"②。全书共十章,首章介绍一些关于民族的基本知识,然后叙述中国民族的起源、形成、发展开拓,近代以来所受的创痛以及民族复兴之路,最后论述了对中国民族的总观察,末附参考书和复习问题。此书在当时是颇受欢迎的一部通俗读物。

《苏秦张仪》《关岳合传》《国耻小史》《〈新唐书〉选注》《中国民族演进史》等通俗读物的阅读对象主要是学生。《苏秦张仪》等通俗读物都可看作学生学习的课外读物,按照周谷城的说法:"学习历史,单靠一两本……薄薄的教科书,我不必加以批评,你们也知道这是不会有什么成绩的。所以教科书以外,参考书的问题同样是异常重要的。"③中国近代众多的史学名家中,对中学历史学科的教科书、教师教授参考书、学生学习辅导书以及历史课外读物都全程参与的,吕思勉大概是绝无仅有的一个。

二

史学小品文是对历史上的事件、人物、制度、文化、风俗等进行简要介绍并加以必要的解释评论,文章短小,议论精炼,其形式通常为刊载于报纸或杂志上的豆腐干文章,亦可称为闲话历史、漫话历史。

吕思勉除了编著学术专著、历史教材、课外读物外,还在报纸

---

① 吕思勉:《〈新唐书〉选注》,《吕思勉全集》第18卷,第85页。
② 吕思勉:《中国民族演进史》,《吕思勉全集》第15卷,第213页。
③ 周谷城:《历史学习的途径与工具》,《中学生》第16号,1931年6月,第20页。

杂志上发表过许多史学小品文,有漫谈生活风俗的,如《苏常》(1919 年)、《论南北民气之强弱》(1938 年)、《上海风气》(1940年)、《读史随笔·公厨、蔬食、民生简便食堂、善举》(1940 年)、《都会》(1942 年)、《上海人的饮食——辟谷》(1944 年)、《上海人的饮食——烹调》(1944 年),有介绍史学学习方法与研究感想体会的,如《怎样读中国历史》(1934 年)、《研究历史的感想》(1937年)、《史学杂论》(1939 年)、《从我学习历史的经过说到现在的学习方法》(1941 年)、《活的史学研究法》(1941 年),其他还有《学风变迁之原因》(1918 年)、《士之阶级》(1920 年)、《民族英雄盖吴的故事》(1938 年)、《唐宋暨以前之中日交际》(1939 年)、《年节与岁首》(1939 年)、《何谓封建势力》(1940 年)、《眼前的奇迹》(1940年)、《武士的悲哀》(1940 年)、《塞翁与管仲》(1940 年)、《四史中的谷价》(1940 年)、《论历代兵制》(1941 年)、《历史上的原子炸弹》(1945 年)、《治水的三阶段》(1945 年)、《发现新世界者为谁》(1945 年)、《千五百年前的特务》(1946 年)、《新生活鉴古》(1946年)、《台湾何时始通中国》(1946 年)、《历史上的抗战夫人》(1947年)、《中国人为什么崇古》(1947 年)、《猫乘》等等。从上述列举可以看出,吕思勉的史学小品文,涉及面非常广泛。有些选题冷僻但却富有情趣。例如《猫乘》一文①,《猫乘》中"古猫""猫相""猫寿""猫眼",介绍了猫的一般特征,"猫行之速""猫可教""猫哺鼠""猫打门""猫救子""猫托孤""猫窃""猫生翼""风猫""好猫者""猫食""染

---

① 清人王初桐曾编有博物学著作《猫乘》,此书小引云:"猫之见于经史者寥寥数事而已,其余则杂出于传记百家之书。……指授抄胥采录,积久成帙。取而治之,削繁去冗,分门析类,厘为八卷,名曰《猫乘》,窃附于《相马经》《相牛经》《麟经》《驼经》《虎苑》《虎荟》之列,虽无关于大道,亦聊略家所不废也。"此外许地山亦有同名论著。(参见许地山:《猫乘》,《许地山学术论著》,上海:上海书店,2011 年,第 338—359 页)

猫""猫赛""猫作官""杀猫肇祸""剥卖猫皮""人造猫""猫眼人",吕思勉素来爱猫,于此将平日所搜集的种种猫之趣闻,加以排比罗列,既使人增广见闻,又兴趣盎然。①

　　史学小品文,侧重点在于议论,多以历史作为话题的起点,从历史中品读出人生的智慧和哲理,总结出经验教训,例如《塞翁和管仲》一文,"塞翁失马,焉知非福",讲的是"祸兮福之所倚,福兮祸之所伏"的人生哲理。我们都知道,矛盾的转化不是任意的而是有条件的,吕思勉认为塞翁的人生哲学不过为消极的、听天由命式的"委心任运",不如管仲"因祸而为福,转败而为功"的积极进取的态度,"遇见了困难,便想法子,方能因祸而为福,所想的法子不中用,失败了,随即重想,方能转败而为功"②。小到个人,大到社会、国家都是如此。又例如《治水的三阶段》,把历代治水的过程从最初的与自然相抗争的堤防,到顺从自然的疏浚,再到明代潘季驯束水攻沙之法,这种方法"不和自然力争斗,亦不见他退缩,而即利用他的力量,来达到我们的目的,这确是治水最高的方法了","治水的三阶段,恰代表了人类对付自然的三种态度",③表达的也是这层含义。

　　以古鉴今,以今说古,这是许多史学小品文的共同特征。吕思勉的史学小品文大多都是从当下的热点问题出发,寻求其在历史上的渊源和根据。例如《历史上的原子弹》,便是因第二次世界大战中美国在广岛、长崎投掷2枚原子弹,而说到历史上的原子弹。吕思勉把原子弹看作一种足以改变战争进程的威力巨大的新兵器,此类新兵器在历史上有很多,例如弓箭。文中介绍了传说中弓箭的发明,弓箭的制造以及弓箭在战争中的使用。吕思勉显然反对唯兵器

①　吕思勉《猫乘》为未刊稿,《吕思勉先生年谱长编》将其系于1936年,并收录全文。
②　吕思勉:《论学丛稿·塞翁和管仲》,《吕思勉全集》第12卷,第662页。
③　吕思勉:《论学丛稿·治水的三阶段》,《吕思勉全集》第12卷,第1000页。

论,认为"原子炸弹,总只是原子炸弹",而在当今科学条件下,各国的军事技术水平可约略相当,"这一国会发明的,并不能禁他国之亦从事于发明。原子炸弹的秘密,不能终保",因此,"立国自有其正当的途径,只要循着正当的途径走,战祸并非不可避免"。①《历史上的抗战夫人》也是如此写法,主要讨论夫妻因战乱隔绝,男子另娶之社会问题,而多举历史上此类情况之实证。②

史学小品文要引人入胜,必需具有一定的趣味性。吕思勉认为,"'现代机械的发明,到底足以使人的生活变更否?''机械发明之后,经济组织能否不随之而起变化?''资本主义,能否不发达而为帝国主义?''这种重大的变化,对于人类的苦乐如何?''现在的社会,能不革命否?'这些看似复杂,而逐层推勘,其实是容易明白的,何至于不能了解? 都是和生活极有关系,极切近的事,何至于没有兴味?"③吕思勉《四史中的谷价》,刊于《知识与趣味》杂志,从杂志之名即可看出注重小品文的知识性和趣味性。因当时上海米价腾贵,故此"搜得过去相类的事情,以资比较",吕思勉平时搜集了大量的历代谷价史料,不幸散失,只能因就四史而谈谷价,"虽说不上知识,趣味或者还有一些"。④

从今天的眼光来看,吕思勉的史学小品文还有些可议之处。吕思勉有读史札记《貉族发见西半球说》,后将其改写为通俗性的小品文《发现新世界者为谁》,认为"扶桑必貉族之流播而东者无疑也。首先发见西半球者,当属朝鲜人,必不虚矣"⑤。朝鲜人与印第安人

---

① 吕思勉:《论学丛稿·历史上的原子弹》,《吕思勉全集》第 12 卷,第 1027 页。

② "抗战夫人"中最为知名的当属郭沫若夫人。抗战爆发后,郭沫若离开日本,留下日本的妻子儿女。回国后于 1939 年与于立群举行婚礼。

③ 吕思勉:《历史研究法》,《吕思勉全集》第 18 卷,第 74 页。

④ 吕思勉:《论学丛稿·四史中的谷价》,《吕思勉全集》第 11 卷,第 614—615 页。

⑤ 吕思勉:《论学丛稿·发见新世界者为谁》,《吕思勉全集》第 12 卷,第 983 页。

差别很大,吕思勉仅依据史籍文献进行推测,又无考古、民俗材料作为实证,其观点只能作为一家之言。在中外学术史上,哥伦布之前发现美洲者,种种假说五花八门、无奇不有,"大致说来,有多少支持者,就有多少反对者"①。

三

通俗史学是史学而非历史小说、历史演义。但历史知识的传播,却在很大程度上是借助于小说、演义、戏曲等形式,最典型的例子便是《三国演义》。民国时期《三国演义》的重印和改编,使得有关三国的历史知识得到了进一步的传播,在社会上产生了广泛的影响。

但是小说毕竟与史实有着一定的差距。章学诚对《三国演义》"七分实事,三分虚构"的估计还偏高,"就大略言之,《三国演义》的主干或有六七成真,但就其总体内容而言,最多当在五成真以下"②。因而,《三国演义》在其传播过程中不可避免地会产生文学虚构和历史真实相混淆的现象。对于历史学家来说,应该通过各种形式的历史知识普及工作以纠正小说演义中的谬误。民国时曾出版过不少以三国历史为题材的通俗读物,如王钟麒《三国之鼎峙》(重版时改名《三国史略》)、郑逸梅《三国闲话》,黎东方在讲史的同时亦写过一本《新三国》,吕思勉的《三国史话》便是其中的代表作。③

---

① 罗荣渠:《世界之谜:谁在哥伦布之前到达美洲?》,《罗荣渠文集》第 2 卷,北京:商务印书馆,2009 年,第 101 页。

② 朱大渭:《三国历史与〈三国演义〉》,《六朝史论集续编》,北京:学苑出版社,2008 年,第 73—74 页。

③ 柳春藩亦有同名之《三国史话》(北京出版社 1981 年版),为吴晗主编之"中国历代史话"丛书之一。

　　《三国史话》为开明书店"文化社丛书"之一种,从东汉末年外戚、宦官述起,至西晋史事。《三国史话》最初先于《知识与趣味》中连载《三国史话·楔子》《(一续)外戚》《(二续)黄巾》《(三续)历史和文学》《(四续)董卓的扰乱》《(五续)董卓是怎样强大起来的》《(六续)曹孟德移驾幸许都》等篇目。1943 年初版时收入了史话 16 篇,后又增入《孙吴为什么要建都南京》《三国史话之余——司马懿如何人》《三国史话之余——司马氏之兴亡》《晋代豪门斗富》四篇。

　　根据吕思勉在《三国史话·楔子》中所述,其书之作,是"就这一段史事,略加说述,或者纠正从前的误谬,或者陈述前人所忽略的事情"①。可见,纠正前人谬见和陈述前人所忽略之事,是吕思勉撰述《三国史话》的两个基本旨趣。

　　对三国历史的谬见,最主要地体现在历史人物评价中。在 1929 年出版的《关岳合传》中,吕思勉就极力为关羽洗冤。历来史家多以关羽不识大体导致孙刘联盟决裂,以至身死,诸葛亮荆、益两路的进取计划亦宣告破灭。吕思勉则认为孙刘联盟决裂曲在东吴。东吴罔顾信义,背盟拓地,完全是一派军阀作风。吕思勉引赵翼论"借荆州"事件的真相,认为"吴人外交手段之狡诈之卑劣,概可见矣。抑吴人不仅造为借荆州之说,指所不当取为当取也,又重为谰言,以诬衊壮缪(关羽)"②。在《三国史话》中,曹操和魏延是吕思勉所要进行辨诬的两个重点人物。史书中许多关于曹操的记载多为诬枉不实之词,又受了《三国演义》影响而流传至广。根据吕思勉的考证,曹操并无篡汉意图,曹操可称得上是"公忠体国"之"绝代的

---

① 吕思勉:《三国史话》,《吕思勉全集》第 25 卷,第 303 页。
② 吕思勉:《关岳合传》,《吕思勉全集》第 25 卷,第 162 页。

英雄"。① 魏延富于谋略,颇具战功,而其被杀则完全是蜀汉内讧的结果,所以"《三国志》里有这样的几句话,说'魏延不北降而南还,乃是要除杀杨仪等,本意如此,不便背叛',就是替魏延剖辨的"②。其他重要的历史人物如姜维、钟会等,吕思勉也曾进行过"辨诬"。

吕思勉认为《三国演义》式的故事,固然有其文学上的趣味,而三国历史同样也有着历史学上的趣味。但是文学上的趣味毕竟浅薄,而历史却"多少见得一点事实的真相。其意义,要比演义等假设之以满足人的感情的,深长得多。满足感情固然是一种快乐,了解事实的真相,以满足求知的欲望,又何尝不是一种快乐?"③因此,《三国史话》注重对历史真相,尤其是对被前人所忽略的历史真相的揭示,例如吴蜀夷陵之战,吕思勉注意到刘备伐吴距关羽败亡已经时隔一年半了,刘备有足够的时间冷静清醒,何况刘备是干大事的,"意志必较坚定,理智必较细密,断不会轻易动于感情"。吕思勉认为刘备伐吴,"大约自揣兵力,取中原不足,而取荆州则自以为有余。……自以为厚集其力,可一举而夺取荆州"。④ 又例如孙吴定都南京的问题。南京是六朝都城,东晋和宋、齐、梁、陈五朝都南京不过因袭而已,而孙吴定都南京则有研究的必要,但这一问题却少有人关注。吕思勉认为长江下游都会,本为苏州,后迁至扬州。孙权建都南京,以示向上游进取之势。但若再图上游,则将首都暴露于敌人之前。从军事地理的角度来看,南京又和孙吴的重要军事据点,"声势相接,便于指挥",定都于此"不过一时军事形势使然,别无

---

① 吕思勉:《三国史话》,《吕思勉全集》第 25 卷,第 361 页。
② 吕思勉:《三国史话》,《吕思勉全集》第 25 卷,第 374 页。
③ 吕思勉:《三国史话》,《吕思勉全集》第 25 卷,第 320 页。
④ 吕思勉:《三国史话》,《吕思勉全集》第 25 卷,第 360 页。

深意"。①

　　吕思勉以"三国时代,既然是人们所最熟悉的,就此加以讲论,自然最为相宜"②,但是"三国史事,是众人所熟知的,所以阐明真相,大家会觉得其有趣味,别一时代,就未必如此了"③。三国时代,政治军事事件曲折离奇,引人入胜,历史人物又大都个性鲜明,富有传奇色彩。三国历史本身的特征再加上小说演义的渲染,使得三国历史得到了广泛的普及。广大民众或多或少都有一些关于三国的知识——此种知识不论是来自演义小说还是来自正规历史——成了民众自身所具有的知识结构和知识储备。而在通俗读物的撰述过程中,以民众原有的知识结构、知识储备为切入点,使通俗读物的选题与民众原有的知识结构、知识储备相契合,而后在此基础上进行进一步的叙述、品读以及引申发挥,更能引发民众对此话题的认同和兴趣,因而更能使之充分发挥普及之效能。

四

　　中国古代史学,只承认、推崇专著,对于历史教材包括普及读物在内都不屑一顾,认为其始终难登大雅之堂。二十世纪上半期的历史学家,则开始有目的、有计划地从事历史知识普及工作。吕思勉在通俗史学方面的成就和影响尤为突出,主要体现在以下几个方面:

　　第一,通俗易懂。自新文化运动开始提倡白话文以来,吕思勉是中国比较早地使用白话文著史的史学名家之一。吕思勉认为白话之长有三：活泼而富于现代趣味;可以随思想而变;为大多

　　① 吕思勉:《三国史话》,《吕思勉全集》第 25 卷,第 381 页。
　　② 吕思勉:《三国史话》,《吕思勉全集》第 25 卷,第 303 页。
　　③ 李永圻、张耕华:《吕思勉先生年谱长编》下册,第 832 页。

数人所接受。根据吕思勉的看法："文字艰深之弊去，俾学者节省日力，则教育易于普及，而学术程度，可以提高，则事实昭然，不可掩矣。"①

白话文自晚清就开始提倡，直至五四新文化运动时方才收其功效。在历史教材和通俗读物中，白话文基本上取代了文言文。1922年出版的吕思勉《白话本国史》，以"白话"为其书之名，根据该书"序例"："本书全用白话，取其与现在人的思想较为接近。"②《三国史话》的撰述，"就人所熟悉的事情，加以讲论，要容易明白些，有兴味些"③。吕著教材及通俗读物基本上都使用白话文写作，在写作中并不是简单地将文言直译为白话，而是在全面掌握史料的基础上将其融化为作者个人的见解，再用通俗易懂的文笔加以叙述。

当然，语言是随着时代的发展不断发生变化的，而人们的阅读能力也在不断地发生变化。吕思勉也曾提到，吴乘权的《纲鉴易知录》，"在昔学者鄙为兔园册子，今则能读者已为通人也"④。吕思勉在通俗读物中所使用的白话文，和当下通行的语言还是有一定的差别。吕思勉也认为白话取代文言是一个渐进的过程，"吾自某日，将尽废其物而代以某物，乃为必不可能之事。文言白话之废兴，亦同受此原理之支配者也"⑤。早年的通俗读物《苏秦张仪》和《关岳合传》，行文的文言色彩还是比较浓厚。与吕思勉的各种史学小品文

---

① 吕思勉：《论学丛稿·三十年来之出版界：1894—1923》，《吕思勉全集》第11卷，第336页。

② 吕思勉：《白话本国史》，《吕思勉全集》第1卷，第2页。

③ 吕思勉：《三国史话》，《吕思勉全集》第25卷，第303页。

④ 吕思勉：《论学丛稿·史学杂论》，《吕思勉全集》第11卷，第575页。兔园册子，即《兔园册府》，唐代李恽令僚佐杜嗣先仿应科目策，自设问对，引经史为训注而编成。以汉梁孝王兔园名其书。后则泛指浅近的书籍。

⑤ 吕思勉：《论学丛稿·答程鹭于书》，《吕思勉全集》第11卷，第260页。

相比,《苏秦张仪》和《关岳合传》阅读起来是有一定困难的。

第二,传播广泛。吕思勉所撰述的历史通俗读物不但为数众多,而且在民国时期曾多次重版,传播广泛:

表 8　吕思勉历史通俗读物民国时期版本表

书　名	版　本
《苏秦张仪》	上海中华书局 1915 年 8 月"学生丛书"初版,1924 年 4 月第六版,1928 年 10 月第九版
《关岳合传》	上海中华书局 1916 年 8 月"学生丛书"初版,1920 年第四版,1923 年第六版,1929 年 4 月第十版
《国耻小史》	上海中华书局 1917 年 2 月"通俗教育丛书"初版,1919 年 4 月再版,1925 年 6 月第十二版,1936 年 12 月第二十四版,1941 年续印
《〈新唐书〉选注》	上海商务印书馆 1928 年 11 月"学生国学丛书"初版,1933 年国难后第一版
《中国民族演进史》	1935 年 3 月上海亚细亚书局初版,1936 年中国文化服务社再版
《三国史话》	上海开明书店 1943 年 1 月文化社丛书初版,1946 年 12 月再版,1948 年 4 月第三版,1944 年 4 月赣一版,1945 年渝一版,1945 年东一版,1948 年 4 月沪第三版

上海古籍出版社整理出版《吕思勉文集》,其中《吕著史地通俗读物四种》(2010 年)收入《苏秦张仪》、《关岳合传》和《三国史话》,《国耻小史》被收入《中国近代史八种》(2008 年),《〈新唐书〉选注》被收入《史学与史籍七种》(2009 年)。上述著作以及吕思勉的众多史学小品文都被收入了 2016 年出版的《吕思勉全集》。

《三国史话》是吕思勉众多历史通俗读物中最有代表性的作品,

此书近年来又由多家出版社重版①：

上海教育出版社 1987 年《论学集林》版

辽宁教育出版社 2001 年"新世纪万有文库"版

中华书局 2006 年版(改名《吕著三国史话》)

九州出版社 2008 年"吕思勉讲史系列"(改名为《吕思勉讲三国》)

天津人民出版社 2008 年版

中国青年出版社 2009 年版(改名《吕著三国史话》)

中华书局 2009 年版("跟大师学国学"系列)

线装书店 2009 年版(《吕思勉文集》,收入《三国史话》等四种)

中国三峡出版社 2009 年版

商务印书馆香港股份有限公司 2009 年版

岳麓书社 2010 年版("民国学术文化名著"丛书)

天津人民出版社 2011 年版

云南人民出版社 2011 年版(绣像插图本)

北京出版社 2012 年版("大家小书"系列)

三联书店 2012 年版

吉林人民出版社 2013 年版("中国学术文化名著文库")

中国画报出版社 2013 年版(精装插图本)

金城出版社 2013 年版("蜜蜂文库")

中华书局 2014 年版

中国盲文出版社 2014 年版

鹭江出版社 2014 年版

---

① 图书版权页中的版次、印数、定价等信息与该图书在社会中流通传播以及影响程度并不完全对等。图书重版次数多、印数大、价格低廉并不意味着其影响大、接受面广与接受程度深,上述信息只能作为一般性的参考。

江苏美术出版社 2014 年版(生词注音版)

商务印书馆国际有限公司 2015 年版

民主与建设出版社 2015 年版

中国工人出版社 2015 年版("三味人文馆小经典系列")

哈尔滨出版社 2015 年版

岳麓书社 2015 年版("周读书系")

华中科技大学出版社 2016 年版

新世界出版社 2016 年版

北京出版社 2016 年版

中华书局 2016 年版

中州古籍出版社 2016 年版

译林出版社 2016 年版

古吴轩出版社 2017 年版

江西教育出版社 2017 年版("大家学术文库")

学林出版社 2017 年版("海纳丛书")

四川人民出版社 2017 年版

天津人民出版社 2008 年版《三国史话》叙言中介绍其书经由"数家出版社再版,仍畅销不衰,可见社会需要这种雅俗共赏、通俗易懂的历史读物。当今,人们工作紧张,生活节奏加快,像《三国史话》这样的好书,我们只恨其少而不嫌其多"[1]。显然,相对于各种"文化麦当劳"式的快餐读物,吕思勉的历史通俗读物直到今天,还是有着很高的价值。

第三,具有一定的学术深度与特色。吕思勉的通俗史学,虽然

---

[1] 孙立群:《三国史话·致读者》,吕思勉:《三国史话》,天津:天津人民出版社,2008 年,第 2 页。

阅读对象主要是普通民众，目的在于普及历史知识，但对于历史学者来说亦具有一定的参考价值。以《三国史话》为例，叶圣陶在为《三国史话》所写的广告词中特别强调了其书在学术上的价值："作者（吕思勉）是一位对于中国历史有数十年研究的学者，本历史求实的精神，用浅显的文笔来讲述三国历史，尤其是对于演义中歪曲事实部分，竭力加以矫正，来改正一般人的谬误观念，给与人们以正确的历史知识。内中尤其是对三国中的人物，像诸葛亮、曹操、魏延、钟会，都有崭新的见解，那是作者读史的心得，即使在正史里也找不到。所以一般《三国演义》的读者，应该用这部书来矫正谬误的历史知识。专门研究历史的学者，也可以从这本书里获得作者对于历史的独特见解。"（1947 年 4 月 10 日刊出）①吕思勉自评其《中华民族演进史》"程度低一点的人，不至于看不懂；高一点的人，浏览一过，也还不至于十分乏味"②。吕思勉的通俗读物中还有很多地方都可以做进一步的引申发挥，成为学术界深入研究的学术生长点，如《三国史话》中对曹操的翻案，直到 1959 年郭沫若《谈蔡文姬的"胡笳十八拍"》开始，随后翦伯赞提出"应该替曹操摘去奸臣的帽子，替曹操恢复名誉"③。学术界开始了大规模为曹操翻案。吕思勉在《三国史话》中为曹操的辩诬，比郭沫若替曹操翻案早了 20 年，足见其丰厚的史识。④

　　但是需要指出的是，近年来重版的吕思勉的通俗史学著作，自然以上海古籍出版社的《吕思勉文集》和《吕思勉全集》为最佳，其他

---

① 《叶圣陶书写的广告文字》，宋原放主编：《中国出版史料·现代部分》第 2 卷，济南：山东教育出版社，2000 年，第 686 页。

② 吕思勉：《中国民族演进史》，《吕思勉全集》第 15 卷，第 213 页。

③ 翦伯赞：《应该替曹操恢复名誉——从〈赤壁之战〉说到曹操》，《光明日报》1960 年 2 月 19 日，第 3 版。

④ 章义和：《吕思勉〈三国史话〉的意义》，《淮阴师范学院学报》2002 年第 6 期。

则质量参差。还是以《三国史话》为例,上海教育出版社1987年《论学集林》收入《三国史话》,删改、错误颇多。辽宁教育出版社2001年"新世纪万有文库"版《三国史话》,完全沿袭《论学集林》版。中华书局2006年《吕著三国史话》于《三国史话》外又收入了吕思勉读史札记中有关三国的条目若干,读史札记中的三国部分,显然是学术的而非通俗的。此后的诸多版本,又都沿袭了这个版本。此外,有些版本还加上不少恶俗的广告语——"易中天品三国中引用最多"之类——对其进行商品化的包装。从版本学的角度来看,读书治学讲究善本,通俗读物也应如此。

附表3　《苏秦张仪》《关岳合传》与《王荆公》篇章对比表

	梁启超《王荆公》(1908年)	《苏秦张仪》	《关岳合传》
目录	第一章　叙论 第二章　荆公之时代(上) 第三章　荆公之时代(下) 第四章　荆公之传略 第五章　执政前之荆公(上) 第六章　执政前之荆公(中) 第七章　执政前之荆公(下) 第八章　荆公与神宗 第九章　荆公之政术(一)总论 第十章　荆公之政术(二)民政及财政 第十一章　荆公之政术(三)军政	第一章　发端 第二章　外交与战国时代 第三章　合纵连横 第四章　合纵前之苏秦 第五章　合纵时代之苏秦 第六章　纵约解散后之苏秦 第七章　连横前之张仪 第八章　连横时代及衡约解散后之张仪 第九章　合纵连横政策之评论 第十章　古代外交学之真相及苏秦张仪之人物	第一章　英雄与社会 第二章　旷世之君臣相与 第三章　关壮缪之时代 第四章　先主初起时之关壮缪 第五章　先主初据徐州及入许都时代之关壮缪 第六章　关壮缪与曹操 第七章　先主居荆州及赤壁战时之关壮缪 第八章　壮缪守荆州 第九章　壮缪之北伐及成仁 第十章　关壮缪之生平

梁启超《王荆公》(1908年)	《苏秦张仪》	《关岳合传》
第十二章　荆公之政术(四)教育及选举 第十三章　荆公之武功 第十四章　罢政后之荆公 第十五章　新政之成绩 第十六章　新政之阻挠及破坏(上) 第十七章　新政之阻挠及破坏(下) 第十八章　荆公之用人及交友 第十九章　荆公之家庭 第二十章　荆公之学术 第二十一章　荆公之文学(上)文 第二十二章　荆公之文学(下)诗词		第十一章　秦桧 第十二章　岳忠武之时代 第十三章　岳忠武初出时 第十四章　南渡初之岳忠武 第十五章　岳忠武之削平内寇及经营襄汉 第十六章　岳忠武平伪齐 第十七章　和议之成及岳忠武之成仁 第十八章　恢复政策之评论及岳忠武之生平

第四章　吕思勉的学术研究与史书编纂

　　吕思勉作为介于"新旧之间"的史学家,在史学方法上更多地受到传统考据学的影响。吕思勉的读史札记采取了札记体的考证方式,在形式上继承了赵翼《廿二史札记》、钱大昕《廿二史考异》、王鸣盛《十七史商榷》等做法。夏鼐将吕思勉《燕石札记》和陈登原《国史旧闻》并举,认为《国史旧闻》"涉及的旧书不少,分题编排,加以按语,在清代亦《二十二史札记》之流亚,近中则近于吕思勉之《燕石札记》"①。但是,吕思勉的学术研究也绝非是停留在札记体的考证上,而是在考证史事的基础上进而融会贯通地说史,将具体的考证成果融会贯通在史书编纂中。②

第一节　吕思勉与井田制研究

　　井田本于耕地井字的划分,井田制是基于耕地井字划分的土地制度。中国古代是否存在过井田制一直以来都有争议。从孟子开始至西汉末年一直有复井田之议,是为井田论。二十世纪二十年

---

　　① 夏鼐:《夏鼐日记》第 6 卷,上海:华东师范大学出版社,2011 年,第 135 页。
　　② 张耕华:《吕思勉与 20 世纪前期的新史学》,《华东师范大学学报》2003 年第 1 期,第 28—33 页。

代,以《建设》杂志为中心展开过一场关于井田制有无的争论。吕思勉积极参与了争论,关于井田论述对其本人的通史、断代史编纂有着相当的影响,本节即拟对此加以论述。

一

众所周知,最早关于井田的记载是孟子。孟子的井田论最为系统,但所论还是比较模糊,且有不少抵牾之处。

《孟子·滕文公》:"夏后氏五十而贡,殷人七十而助,周人百亩而彻,其实皆什一也。彻者,彻也;助者,藉也。龙子曰:'治地莫善于助,莫不善于贡。'贡者,校数岁之中以为常。乐岁,粒米狼戾,多取之而不为虐,则寡取之。凶年,粪其田而不足,则必取盈焉。为民父母,使民盻盻然,将终岁勤动,不得以养其父母,又称贷而益之,使老稚转乎沟壑,恶在其为民父母也?夫世禄,滕固行之矣。《诗》云:'雨我公田,遂及我私。'惟助为有公田。由此观之,虽周亦助也。……请野九一而助,国中什一使自赋。卿以下必有圭田,圭田五十亩。余夫二十五亩。死徙无出乡,乡田同井。出入相友,守望相助,疾病相扶持,则百姓亲睦。方里而井,井九百亩,其中为公田。八家皆私百亩,同养公田。公事毕,然后敢治私事,所以别野人也。此其大略也。"

自孟子以后,井田制一直是中国学术史上的焦点问题之一。从汉代到清末,一直有学者在讨论"复井田"。1919 年,胡汉民在上海《建设》①杂志第 1 卷第 3、4 期上刊载《中国哲学史之唯物的研究》,

---

① 《建设》月刊,1919 年 8 月在上海创刊,是孙中山领导的中华革命党主办的理论刊物。

肯定井田制是中国古代所存在过的土地制度。胡汉民并不是专论井田制，而是将井田制的崩坏看作先秦哲学形成的时代根源。针对胡汉民的文章，胡适则否认井田制的存在。胡适的意图也并非仅限于否定井田制，可能与其《中国哲学史大纲》有关。① 此后，廖仲恺、朱执信等也相继加入了讨论。在论争过程中，"廖仲恺是把'井田'作为一种古代的社会经济制度来论证的，而胡适是把'井田'作为思想家的理论来探讨；廖仲恺要论证的是井田作为一种经济制度在古代实施的情况，而胡适要探讨的是井田作为一种乌托邦理论是如何发生和发展的"②。或者说，廖仲恺论述的重点是井田制，胡适论述的重点则是井田论。双方的主要论点不在一个层面上，"双方立论，各具见地，而辩驳往往有所偏"③，自然不可能达成一致。

《建设》杂志是二十世纪二十年代井田制有无的论争场域，上海华通书局曾将论争诸文汇编为《井田制有无之研究》（1930 年）。吕思勉在 1920 年第 2 卷第 6 期的《建设》杂志上刊载了《论货币与井田》，参与了这场论争。

胡适对于井田制提出的质疑，即战国以前无人提及井田制，孟子云"周人百亩而彻"，助为公田，与"虽周亦助也"两相矛盾，"夫世禄，滕固行之矣"一句在贡、助之间，为不可解，并怀疑"卿以下必有圭田"为当时卿大夫之禄田。对于井田制有无，吕思勉并没有过多地加以论证，只是简单肯定廖仲恺之论。对于胡适所疑《孟子》之不可解之处，吕思勉做了重点论述：

---

① 陈峰：《1920 年井田制辩论：唯物史观派与史料派的初次交锋》，《文史哲》2003年第 3 期，第 32—38 页。

② 杨宽：《重评 1920 年关于井田制有无的辩论》，《杨宽古史论文选集》，上海：上海人民出版社，2003 年。

③ 万国鼎：《〈井田制度有无之研究〉述评》，《地政月刊》第 1 卷第 1 期，1933 年，第 103 页。

　　古代田制，国与野不同，国中无公田，以按亩而税其若干为常法，殷人之行助法为变例，野则恒行井田之制。所以然者，古代部落错处，战事必多，既有战争，必有胜败。胜者为主，败者为奴。及其体国经野，则胜者恒居中央山险之地，以制驭异族，败者则居四面平夷之地，以从事耕耘。……夫战胜之族，既居中央山险之地，则其地必难平正划分，故不能行井田之法。战败之族，既居四方平夷之地，则其地皆平正，易划分，故井田之制可行。……野者，皆可为法之地，而国则不然也。孟子之时，国中所行彻法，盖犹未泯，故直言周人百亩而彻，野所行之助法，则已破坏无余，故仅能据诗句推想也。①

　　直到现在，关于井田制的基本材料还是《孟子》，"近人以为孟子认为九一而助的井田法是周代的制度，而引经据传去反驳他的，简直是无的放矢；而另一方面，用孟子这段话去证明周代实行过井田法的更是谬中之大谬了"②。吕思勉以国、野分别对应了畦田、井田，国中行畦田，在野则行井田，很好地解释了《孟子》中"虽周亦助"以及圭田等问题。对于井田制本身，吕思勉没有在史料方面有突破，也没有下确凿无疑的肯定性的结论，"平地零星不可井之田，与圭田制在国中者异。夏、殷之世，田制已难具详。周代国中用贡法，野用助法，必无大缪"③。在某种程度上也可看作推测性的结论。但是吕思勉却能够将文献中的抵牾之处做出合理的解释，并且解释

---

① 吕思勉：《论学丛稿·论货币与井田》，《吕思勉全集》第 11 卷，第 191—192 页。当时《建设》杂志上除了井田论争之外，对于货币问题的讨论亦很激烈。第一次世界大战以后，金本位国家停止纸币兑换，中国也随之停兑换。纸币停兑导致的社会问题引发了对中国古代货币的研究。（参见朱执信：《中国古代之纸币》，《朱执信集》上册，北京：中华书局，1979 年，第 426 页）所以吕思勉在井田之外亦兼论货币。

② 张荫麟：《〈孟子〉所述古田制释义》，《张荫麟全集》下卷，第 1488 页。

③ 吕思勉：《先秦史》，《吕思勉全集》第 3 卷，第 297 页。

本身并无自相矛盾之处。通常认为主观和客观相符合、相一致即是真理,但是历史研究的对象是既往的、已逝的,无法通过主客观一致来衡量,所以在某种程度上,某种解释、观点、理论或学说能够圆融贯通、前后一贯,也可看作真理。

吕思勉对于井田的研究在学术界产生了一定的影响,例如其对于井田和圭田的区分,吴慧在《井田制考索》中认同"井田既然适宜于平原地区,那就只能离城郭很远。因为古时'王公设险以守其国',城郭都在险峻之区。……离城既远,才有地势较低的平原,而近城之地仍是'高下不平,零星不整',这里'不能实行井田制,而只能以圭法量之,圭田与井田之不同盖由此'(说本吕思勉)。圭田不能画方如棋局,沟洫随地为之"①。但是也有不同意吕思勉观点的,例如童书业认为"吕先生承认孟子所说的井田制度,我以为这也该加以斟酌的。类似井田的田制,古代当然是有的,例如欧洲封建时代农奴们的私田,也是划成一块一块的长方形的,不过像孟子所说的那种井田制度,古代一定不曾有过。尤其是在周朝"②。

二

二十世纪二十年代关于井田的论争,其焦点在于井田制的存在与否,却不是想认真地讨论它。尽管论争非常激烈,结果并没有真正解决问题。井田制存在与否的学术论争的背后,隐含的是某种政治诉求,但是也存在一定的学术价值。

在论争中倾向于肯定井田制存在的诸如胡汉民、廖仲恺、朱执信等人,都是政治人物而非历史学家,都是孙中山的追随者。他们

---

① 吴慧:《井田制考索》,北京:农业出版社,1985年,第20页。
② 李永圻、张耕华:《吕思勉先生年谱长编》上册,第590页。

肯定井田制的存在,是在继承与发挥孙中山平均地权的三民主义
理论。

1905 年中国同盟会成立之时,孙中山就提出了"建立民国,平
均地权"的口号。孙中山早期的民生主义思想深受亨利·乔治《进
步与贫困》的影响,亨利·乔治主张没收地租,实行单一土地税。孙
中山注意到地价日涨,以至富者日富,贫者日贫,因而主张核定地
价,将增殖的收益收归国有。孙中山明确指出:"我国固素主张社会
主义者。井田之制,即均产主义之滥觞。"①对于平均地权和井田的
关系,孙中山说得很清楚:"平均地权者,即井田之遗意也。"②

早在孙中山之前已有人将井田制、平均地权以及亨利·乔治单
一税制思想相联系,光绪二十五年(1899 年)的《万国公报》刊载了
马林、李玉书《论地租归公之宜》:

> 中国自古有井田之制,男子年十五以上,皆有田亩。妇人
年十五以上,皆有营业。二十岁始受田输租,六十岁退田免役,
尽人皆有地也。尧舜之世,民安耕凿之田,文王之时,国无冻馁
之老,职此故也。其后吞并攘夺之风炽,于是贵贱贫富之势大
分。孟子崛起其间,深知病根之所在,乃于齐于梁于滕,历详文
王治岐之政,而欲复井田之制。且欲但征地租,尽免他税,故
曰:"关市,讥而不征。"又曰:"廛而不征。"皆以免货物之税也。
而其终则曰:"圣人治天下,使菽粟如水火。"盖法井田之政,推
而行之,诚足令斯民无衣食不足之患。以视马尔德(即马尔萨
斯)之言生材不足养人,必禁其婚嫁,绝其孳生而后可者,其相

---

① 孙中山:《在上海中国社会党的演说》,《孙中山全集》第 2 卷,北京:中华书
局,1982 年,第 507 页。

② 孙中山:《三民主义》,《孙中山全集》第 5 卷,北京:中华书局,1985 年,第199 页。

去何啻天壤？然则孟子者，非古今富国之绝大策乎？可惜秦用
商鞅，变乱旧制。于是富者田连阡陌，贫者无立锥。①

马林、李玉书在同年 1 月的《万国公报》（第 121 册）上曾刊载
《各家富国策辨》，介绍了亨利·乔治、马尔萨斯以及大卫·李嘉图
等人的经济学说，亨利·乔治作卓尔基亨利。《论地租归公之宜》在
介绍孟子井田说之后，又提到"美之卓尔基氏……深探本愿，创地税
归公之说。夫二氏之于孟子，地之相去三万里，时之相后二千年，而
其言乃不谋而合如此。且能推广其意，因时制宜，化板为活，不拘于
井田分地而自能均富分财，不尤较古制为善乎？"②

孙中山的民生主义体现了民主主义和社会主义的统一。③　胡
汉民在《孟子与社会主义》中从井田制而阐发了民主主义和社会主
义的双重含义，胡汉民将井田制视作在国家所有土地制度前提下的
计口授田，孟子"是要一般人民有一定的产业来做生活。他的办法，
就是恢复井田制度。……井田的好处，是民有定产，自食其力，田有
定分，豪强不能兼并，赋有定法，贪暴不能多取。经济上的不平等和
政治上的不平等，几乎减免个干净"④。

经过胡汉民、廖仲恺等人对井田制的阐发，井田制与土地国有、
平均地权、节制资本等革命话语相联系，从而将井田制纳入社会革

---

① 马林、李玉书：《论地租归公之宜》，《万国公报》第 125 册，1899 年 5 月。马
林（Williams Edwards Maclin，1860—1947），加拿大人，1886 年受英国基督教会派遣来中
国，主要在南京地区传教。李玉书为南京人，两人曾在《万国公报》上刊载一系列介绍西
方经济思想学说的论著。1911 年，中国社会党成立，纲领是"专征地税，罢免一切税"，亦
是亨利·乔治学说的翻版。中国社会党的江亢虎和马林曾在南京作土地归公的实验，以
失败告终。

② 马林、李玉书：《论地租归公之宜》，《万国公报》第 125 册，1899 年 5 月。

③ 董四代、贾乾初：《中国早期启蒙中的乌托邦倾向和近代社会主义》，《天津师范
大学学报》2004 年第 5 期，第 6—11 页。

④ （胡）汉民：《孟子与社会主义》，《建设》第 1 卷第 1 期，1919 年，第 157—168 页。

命的话语中,"古代实行井田制度,为历史上不可诬之事实。倘中国能用温和手段,收土地为国有,行社会主义的大农制度,既富加教,采用井田制之精神,则今日救国的唯一政策,实即在此"①。这样,井田制有无之争最后还是回到汉代以后"复井田"的政治诉求,所不同的只不过并非古代学者简单化的"复井田",而是实行三民主义的"平均地权"。

上古史研究文献不足征。周代是否实行井田制没有直接证据,胡适认为战国以前无井田制的记载就否认井田制的存在,是使用了默证法,而在上古史研究中默证法的使用是有限度的。20世纪20年代的井田制有无之争在史料上没有拓展,对于井田制的存在与否自然也没有最终的定论,但是论争中各人所运用的研究方法还是很值得重视的,这场论争在史学上更多的是体现出了方法论层面上的价值。

胡适论述的重点不在于井田本身,而在于各个时代的井田论;其要点如下:(1)孟子的井田论很不清楚,很不完全。(2)《公羊传》只有"什一而藉"一句,也不清楚。(3)《穀梁传》说得详细一点,但全是后人望文生义而作,不是当时的记载。(4)汉文帝时的《王制》源自《孟子》。(5)文、景时的《韩诗外传》是在推演《穀梁传》。(6)《周礼》晚出,其中的井田论繁复齐整,应当是大一统背景下的大胆想象。(7)《韩诗》《周礼》之后,各家井田论有《汉书·食货志》、何休《公羊解诂》、《春秋井田记》等,井田论日见精密。胡适得出的结论即是"井田的话是汉代有心救世的学者,依据孟子的话,逐渐补添,逐渐成为'像煞有介事'的井田论"②。吕思勉也承认"胡

---

① 《中国古代土地国有的井田制及其精义》,《青年进步》第7卷第1期,1924年3月,第23—26页。

② 胡适:《井田辨》,《胡适文集》第2卷,北京:北京大学出版社,1998年,第324页。

君谓井田论为孟子所虚制,后人一步一步,越说越周密。仆虽未敢
苟同,然谓后人之说,不可以证《孟子》,则其说极精"①。

胡适对井田论的研究成了顾颉刚等人"古史层累地造成"说的
先导。顾颉刚说得很清楚:"读到适之先生的《井田辨》与《水浒传考
证》,性质上虽有古史与故事的不同,方法却是一个,使我知道研究
古史可尽应用研究故事的方法。……试用这个眼光去读古史,它的
来源、格式,与转变的痕迹,也觉得非常清楚。"②当然,顾颉刚的疑
古思想和"古史层累地造成"的方法论来源是多源的,胡适《井田辨》
只是其中之一。

廖仲恺所论井田制实有其事,因为没有第一手的直接证据,所
以运用了很多其他国家、地区、民族上古时期土地制度的情形,以为
比较的参证:

> 以社会进化的程序看来,在先生所谓"半部落半国家的时
> 代",这种井田制度不只是可能的,而且是自然会发生的。试考
> 究欧洲古代"均地制度"(Agrarian system)的沿革和经济农政
> 学者对于土地公有私有问题互相聚讼的学说,便晓得中国古代
> 的井田制度,似乎不是可以理想否认的事。……中国井田制
> 度,和外国均地制度,自然有很多不同之点,但是于不同的地
> 方,不同的民族中,要寻出绝对相同的制度,除凑巧之外,是万
> 不会有的事。不过各个原始的民族里,有那些相类似的例,那
> 么井田制度在中国古代,如先生所谓"半部落半国家"之世,就
> 不能说它是绝对不可能。③

---

① 吕思勉:《论学丛稿·论货币与井田》,《吕思勉全集》第 11 卷,第 195 页。

② 顾颉刚:《答李玄伯先生》,《顾颉刚古史论文选集》第 1 卷,北京:中华书局,2010
年,第 313 页。

③ 廖仲恺:《答胡适论井田书》,《廖仲恺集》,北京:中华书局,1963 年,第 79—81 页。

中国古代有"礼失而求诸野""天子失官,学在四夷""中国失礼,求之四夷"等说法,意谓中国古代的礼仪制度在野畴的少数民族中尚有遗存。将其原始习俗同汉族的古代历史互相联系,互相比较,从中看到了彼此间存在着某种程度的类似性。① 这种研究方法是比较的参证而非坚确的实证。廖仲恺所运用的方法是以世界上其他国家、地区、民族所行的土地公有制度与井田制比较,以论证井田制的真实存在,亦属比较的参证。

马克思《给维·伊·查苏利奇的复信草稿》三易其稿,其中提到了"农业公社的地产",与井田制有着很大的相似之处,所以马克思主义史学家通常将井田制作为农村公社的土地制度来进行研究。

三

二十世纪二十年代的井田制论争需要从政治和学术的双重视角进行审视,其政治意义要大于学术价值。同样,吕思勉参与井田论争,并肯定井田制的存在,既有学术上的认同,亦有政治上的倾向,并对吕思勉此后的史学研究以及通史、断代史编纂均产生了巨大的影响。

按照胡适的看法,汉武帝以后井田论层出不穷,反映的是当时土地兼并严重的社会现实,各种井田论到王莽则付诸现实。吕思勉把王莽改制的失败作为中国历史上一个关键性的转折点。

《汉书·王莽传》三篇是关于王莽的最基本史料,班固从正统立场出发,将王莽置《汉书》篇末,评价王莽"窃位南面,处非所据,颠覆之势险于桀、纣,而莽晏然自以黄、虞复出也。乃始恣睢,奋其威诈,滔天虐民,穷凶极恶,流毒诸夏,乱延蛮貉,犹未足逞其欲焉。是以

---

① 刘敦愿:《"天子失官,学在四夷"解》,《美术考古与古代文明》,北京:人民美术出版社,2007年,第443页。

四海之内，嚣然丧其乐生之心，中外愤怨，远近俱发，城池不守，支体分裂，遂令天下城邑为虚，丘垄发掘，害遍生民，辜及朽骨，自书传所载乱臣贼子无道之人，考其祸败，未有如莽之甚者也"①。吕思勉从1923年《白话本国史》开始，即以"社会革命"来论述王莽。在此后的《大同书》《中国社会变迁史》《吕著中国通史》《秦汉史》等论著中反复论述其义：西汉中后期以来土地兼并日益严重。在政治上，从董仲舒开始不断有人提出类似"限民名田"的措施。在学术上的表现则是井田论日见精密。到最后，所有的改革理想和措施都归结到王莽身上。对于王莽的失败，吕思勉认为，"真正为国为民的人，总只有少数，官僚阶级中的大多数人，其利害总是和人民相反的，非靠督责不行。以中国之大，古代交通的不便，一个中央政府，督责之力本来有所不及；而况大改革之际，普通官吏，对于法令，也未必能了解，而作弊的机会却特多；所以推行不易，而监督更难。王莽当日，所定的法令，有关实际的，怕没有一件能够真正推行，达到目的，而因此而生的流弊，则无一事不有，且无一事不利害。其余无关实际，徒滋纷扰的，更不必说了"②。王莽的失败，也"不是王莽一个人的失败，实在是先秦以来谈社会主义和政策的人公共的失败。因为王莽所行的，都是他们所发明的理论，所主张的政策，在王莽不过见诸实行罢了"③。王莽失败后，"治天下不如安天下，安天下不如与天下安"便成为政治上的金科玉律。④ 新莽由此而成为中国历史的

①　［汉］班固：《汉书》卷九九《王莽传》，第3078页。
②　吕思勉：《吕著中国通史》，《吕思勉全集》第2卷，第285页。
③　吕思勉：《中国社会变迁史》，《吕思勉全集》第13卷，第491页。
④　东汉以后，中国历史上还是有各种"复井田"的主张，例如荀悦《汉纪》卷八《文帝纪论》："井田之制，不宜于人众之日；田广人寡，苟可为也。……若高祖初定天下，光武中兴之后，人众稀少，立之易矣。既未悉备井田之法，宜口数限田，人得耕种，不得买卖，以赡贫弱，以防兼并，且为制度张本，不亦善乎？"

关键转折点。

　　吕思勉不但在《白话本国史》《吕著中国通史》《秦汉史》等通史、断代史著作中阐述新莽之际的社会分期。直至 50 年代,吕思勉曾想再编纂一部中国通史,在其所拟的提纲中,还是分中国通史为三大时期:(1) 自上古至新室末。(2) 自后汉至近代西力东侵以前。其中又分为(甲)自后汉至唐天宝之乱,(乙)自唐中叶以后至清室盛时。(3) 鸦片战争以后。① 马克思主义史学家运用五种社会形态理论来编纂中国通史,而吕思勉的上述分期还是沿用了《白话本国史》和《吕著中国通史》,没有使用奴隶社会。反之,吕思勉以圭田、井田与国人、野人分别对应,作为种族奴隶不存在的证据,"居于国中,耕种畦田的,谓之国人;居于野外,耕种井田的,谓之野人。……其一为征服部族,一为被征服部族,显而易见。……在古代,却绝无国人授田多于野人之事,可见当时征服之族,并不抑被征服之族为奴隶。孟子又说:'卿以下必有圭田,圭田五十亩。'卿以下未必自耕,然其田不过五十亩,安用奴隶? 这更是征服之族,未曾使用被征服之族为奴隶的明征了"②。

　　历史和现实是密切关联的。同样,历史学家也不会将历史和现实割裂开来。相反,历史研究有时也是有其现实背景,或是为现实服务的。吕思勉由井田制、井田论而论及王莽改制,并肯定王莽改制是一场社会革命。而在现实中,吕思勉也提出种种政治社会改革的主张,如"新造的都市,商业都归公营。……但仍承认私人的资本,发给股票,听其取息。这是初步的办法。将来再徐图取消。商业官营,是改良社会一个最好的办法。……数千年来,活跃于社会

---

①　吕思勉:《中国通史的分期》,《吕思勉全集》第 2 卷,第 385 页。
②　吕思勉:《中国通史的分期》,《吕思勉全集》第 2 卷,第 390—391 页。

的商业资本、生产消费两方面，都受其剥削，就可以打倒了"①。商业官营，往历史上追溯，王莽的五均六筦肯定是无法回避的。孙中山民生主义除了平均地权外，还包含有节制资本的内容，而节制资本亦为王莽改制的主要目的。中国古代有"上医医国"的理念，吕思勉亦深受其影响，在《十年来之中国》（1935 年）一文中分析了十年间中国的军事、政治、经济、学术领域存在的各种问题，"今之医国者，曰其病在此，其病在彼，已皆属徒然"，因为沮延医、沮服药、且日迫病者存在，"在平世为文吏，在乱世为武人"②。需要拨乱反正，由乱入治。吕思勉论及中国古代均贫富，"盖古者国小民寡，政府之威权易于下逮。而其时去部落共产之世未远，财产之分配，较为平均。此等情形，习为后人所讴歌，所想望。……故藉国家之权力，以均贫富，实最合于我国之国情者也。然借国家之力以均贫富，亦必行之以渐，而断非一蹴所能几。何也？藉国家之力，以均贫富，则国家之责任必大。为国家任事者，厥惟官吏。服官之成为谋食之计旧矣。监督不至，焉不朘民以自肥？"③王莽之时并非小国寡民，以国家之力自上而下来均贫富肯定是行不通的，基层官吏缺乏监督，自然朘民自肥。若是将其与中国之病"在平世为文吏"相联系，则可看出吕思勉的很多史论亦是政论。

　　胡适把王莽称作"一千九百年前的一个社会主义者"④。吕思勉也认为"西汉儒者，殆无一不以救济社会贫富之不均为目的……迨哀平之际，而瑰伟绝特之王莽出焉，耳席可以实且之势，故终至在中国历史上，演出一部失败的社会革命。……夫居今日而欲宣传社

　　① 吕思勉：《中国社会变迁史》，《吕思勉全集》第 13 卷，第 501 页。
　　② 吕思勉：《论学丛稿·十年来之中国》，《吕思勉全集》第 11 卷，第 514 页。
　　③ 吕思勉：《中国社会史》，《吕思勉全集》第 14 卷，第 60 页。
　　④ 胡适：《王莽：一千九百年前的一个社会主义者》，《胡适文集》第 3 卷，第 19 页。

会主义,犹为甚难之事,而况二千年之前乎?"①所以自王莽失败以来,"大同之世"社会主义的实现道路,是无法从历史中找到直接答案的。吕思勉对此也没有系统全面的主张。在《大同释义》和《中国社会变迁史》之末,也只是谈了几点他认为可以试试的办法。从"复井田"一直到平均地权,也是为历史所证实的无法可行的道路。

第二节　吕思勉的中国史学史研究

史学史是历史学的分支学科。正如每个学科都有其自身的发展历史一般,历史学也是如此,"科学有科学史,文学有文学史,哲学有哲学史,医学有医学史等皆是。所谓历史的研究者,即取某种科学之经历,而研究其自古到今之起源及经过之结果。……各种科学如此,史学亦无不如此"②。中国史学史这门学科到二十世纪四十年代已粗具规模,相关的课程设置以及学术研究也得到一定程度的开展。吕思勉虽然没有完成一部严格意义上的中国史学史专著,但是对于中国史学史也有很多相关的论述,尤其是《史通评》和《文史通义评》在当时是关于刘知幾、章学诚的两部系统的研究论著。吕思勉在对中国史学史的研究中也表达了其对于史学的独特见解。

一

众所周知,中国学者最早提出编纂史学史的是梁启超,在《中国历史研究法补编》(1927 年)中提出应以史官、史家、史学的成立及发展、最近史学的趋势四方面为主要内容展开。二十世纪三十年代,史

---

① 吕思勉:《论学丛稿·答程鹭于书》,《吕思勉全集》第 11 卷,第 266 页。
② 陆懋德:《中国史学史》,陈功甫等撰,王传编校:《中国史学史未刊讲义四种》,上海:上海古籍出版社,2016 年,第 193 页。

学界出现了一大批史学理论著作,大多以"史学通论""史学概论""史学概要"等为名,这类著作中大都包含了一定的史学史内容。①

　　吕思勉虽然没有关于史学概论的专著,但也曾著有《历史研究法》《史籍与史学》《中国史籍读法》等著作,尽管主旨是关于史学研究方法的,然而其中也有不少内容是涉及中国史学史的,其在论述中则很大程度上受到了梁启超的影响。《历史研究法》和《史籍与史学》所论比较接近。吕思勉在《历史研究法》中对于中国史学的发展勾画了一个大体上的轮廓,对于历史学的起源,吕思勉认为:"历史的缘起,从心理方面说来,可以说:(一)属于理智方面。因为人类有求知的欲望,所以(1)属于无可解释之事,亦要给它一个解释,神话的起源即如此。(2)要记录已往之事,以做将来办事的根据或参考,国家设立史官的根源,就在于此。(3)要记录已往的事,以作后人的法戒……(二)属于情感方面。不论什么人,都有一个恋旧而不忍忘记之感情,所以要把自己的经历,或他人的事情,是他认为有意义的,传述下来,留给后人。有这两种动机,历史就诞生出来了。"②吕思勉对于史学缘起理智方面的解释,类似于黑格尔所说的"故事的历史"和"教训的历史"。

　　对于中国史学的进化,吕思勉分成了四个阶段,第一阶段是以司马迁父子为代表,《史记》可说是一部承前启后的著作。第二阶段是到《史通》,在此期间的史学家主要是编纂史书,保存材料。到了第三阶段,《史通》才开始对史学编纂本身进行探讨。而此后史籍日

---

　　① 周文玖:《中国史学史学科的产生和发展》,北京:北京师范大学出版社,2002年,第64页。将史学史的内容作为"史学概论"的重要组成部分,似已成为惯例,例如"马克思主义理论研究和建设工程重点教材"《史学概论》中,中国马克思主义史学和二十世纪西方史学均有相当的篇幅。

　　② 吕思勉:《历史研究法》,《吕思勉全集》第18卷,第48页。

多,到第四阶段章学诚就把史材和作成的史籍作了区分。史材力求
详备,但是作史则需提要钩玄。吕思勉认同旧史弊端主要在于偏重
政治,偏重战争以及过度崇拜英雄。而借历史以激励爱国家、爱民
族之心,而至于极端偏狭的民族主义,有时亦太过。现代历史学家
的任务当然是"再造已往","现代史学上的格言,是'求状况非求事
实'。这不是不重事实,状况原是靠事实然后明白的,所以异于昔人
的,只是所求者为'足以使某时代某地方一般状况可借以明白的事
实',而不是无意义的事实而已"。① 对于历史学的发展趋势,吕思
勉认为自近代以来历史学的各个分支学科得到了很大的发展,"分
析之密,研究之精,实至近世而盛;分科研究之理,亦至近世而益明
也。学问至今日,不但非分科研究不能精,其所资取,并非专门研究
不能解。于是史学亦随他种学问之进步,而分析为若干门,以成各
种专门史",但是专精之外还得会通,"将一切史籍,悉行看作材料,
本现今科学之理,研究之以成各种专门史,更合之而成一普通史,则
今日史学之趋向也"。②

　　二十世纪上半期的各家史学史专著都有着一定程度的目录学
色彩,吕思勉亦是如此。在《史籍与史学》的"史部大略"中将史籍分
正史、编年、纪事本末、别史、杂史、诏令奏议、传记、史钞、载记、时
令、地理、职官、政书、目录、史评各门,完全是依照《四库全书总目》
中的史部分类。依目录学来编纂可能更加接近于史料学。

　　梁启超提出中国史学史编纂的构想后,金毓黻的《中国史学
史》(1946 年)将梁启超的设想付诸实践。王玉璋《中国史学史概
论》(1942 年)和魏应麒《中国史学史》(1944 年)亦在当时的学术界

---

① 吕思勉:《历史研究法》,《吕思勉全集》第 18 卷,第 63 页。
② 吕思勉:《史籍与史学》,《吕思勉全集》第 18 卷,第 37 页。

引起一定的反响。金毓黻等人的均属专门性的史学通史,而断代的史学史专著则较为罕见。吕思勉在《秦汉史》《两晋南北朝史》《隋唐五代史》这三部断代史中的学术文化章之下专设有"史学"一节,似可看作简要的断代史学史,而其编纂亦是按梁启超的规划进行,即按史官、史家、史学的成立与发展、最近史学的趋势的模式进行编纂。在"秦汉史学"一节中,吕思勉认为"史籍之原有二:一为史官所记,一则私家传述"①,上述两者正对应了梁启超所说的史官与史家。司马迁著《史记》是中国史学史上的标志性事件,吕思勉认为先秦史书大多散落无记,"及谈、迁有作,乃举古事之可记者,下逮当世,悉网罗之于一编,诚通史之弘著也。抑通史之义有二:萃古今之事于一编,此通乎时者也。合万邦之事于一简,此通诸地者也"②。班固《汉书》以后,断代为史之风益盛。吕思勉还介绍了秦汉时期编纂当代史者亦不乏其人。魏晋南北朝时期的史学,吕思勉同样先从史官开始论述。这一时期纪传、编年二体,角力争先,为当时史家所习用,而通史编纂在当时亦为常见。其他史书体裁如方志、传记、谱牒以及史注等,在魏晋南北朝亦有较快的发展。隋唐五代史学,吕思勉还是先述史官,论述史官的设置、职掌、编制、任用以及史官制度下史书的编修等情况。唐代的史著,包括初唐所编的《晋书》、"五代史"、唐国史等,吕思勉均加以介绍。吕思勉又将隋唐时期的史家分成各个流派:重名物训诂、解释详明的;商榷史例、进退古人的;专明典制、熟娴故事的;接续《春秋》、注重褒贬的等等,各个流派的代表人物以及治学取向皆有分析。对于五代时期的史学亦略有涉及。

---

① 吕思勉:《秦汉史》,《吕思勉全集》第4卷,第543页。
② 吕思勉:《秦汉史》,《吕思勉全集》第4卷,第545页。

《吕著中国通史》中之"学术"章论述中国学术思想转变之大略，又附论文学和史学。关于史学的部分论述甚略，简述史籍之起源，司马迁《史记》以及刘知幾、章学诚，但是于此篇中对于宋代史学论述较多。吕思勉和其他很多史学家一样都认为宋代是中国传统史学发展的高峰，具体表现在九个方面：正史独立编纂，欧阳修《新五代史》即是；编年体巨著《资治通鉴》贯通古今；《文献通考》以及诸会要体史书的出现；《通志》亦是贯通古今之作；当代史编纂的盛行，如《续资治通鉴长编》《三朝北盟会编》《东都纪略》等；古史研究加详，如《通鉴外纪》《古史考》《路史》等，出现了《契丹国志》《蒙鞑备录》等记载少数民族的专史；考古金石之学的兴起；史事考证史学批评益见精核。宋代史学发展诸端，"可见宋代史学的突飞猛进"，但是"元明时代复见衰"。①

当然，限于体例和篇幅，吕思勉在《吕著中国通史》以及各部断代史中关于"史学"的部分，总体来看还是比较单薄，对各个时代史学发展的整体特征以及发展情况没有提纲挈领式的描述，与当前的史学史研究还是有着很大的区别。

除了《历史研究法》《史籍与史学》《中国史籍读法》中关于中国史学史的论述外，吕思勉还有不少和史学史相关的札记，包括《周官五史》《毁誉褒贬》《守藏室之史》《左右史》《左氏不传春秋》《左国异同》《太史公书亡篇》《读汉书札记》《汲冢书》《再论汲冢书》《论晋书》《论魏史之诬》《北史蠕蠕传叙次不清》《春秋史记皆史籍通称》《记府》《空籍五岁》《本纪世家皆史记前已有》《史记于众所习知之事皆弗论》《太史公书采战国策》《路史》《史家书法之原》《六经皆史之蔽》《崔浩魏记》《吴均齐春秋》《江淹齐史》《沈约宋书》《唐以前无断代

_____

① 吕思勉：《吕著中国通史》，《吕思勉全集》第2卷，第233页。

史》等。各条札记或辨析异说，或考证细微，或别出新解，如"史家书法之原"条对史家将书法起于欧阳修《新五代史》，成于朱熹《通鉴纲目》提出质疑，引《汉书·文帝纪》中关于薄昭和张皇后之死的书法已含有褒贬之意。"吴均《齐春秋》"条对《梁书》《南史》中关于吴均编纂《齐春秋》的不同记载进行考辨，引《史通·古今正史》以证《南史》之说为确。史学史札记的写作方式与其他札记类似，引征相关史料解决问题，篇幅不长。但比较零散，未成体系。

二

民国时期的中国史学史专著，多是将梁启超《中国历史研究法补编》中所构建的中国史学史理论体系付诸实践，而个案研究则主要集中于司马迁、司马光、刘知幾、章学诚等少数人，尤其是刘知幾和章学诚，在当时为史学界的研究热点。吕思勉于二三十年代在上海光华大学开设"史学名著选读"课程，讲义两种后修订而成《史通评》和《文史通义评》，对刘知幾《史通》和章学诚《文史通义》中的各篇均有专门的评论。

吕思勉对《史通》和《文史通义》的评论，不外乎三种情况：一是赞同刘、章所论，例如刘知幾反对六朝以来文人修史，《史通·载文》发挥其义，吕思勉认同"此篇论魏晋以降，文辞华靡，采以为史，有失真实之义，可谓深切著明。大抵华靡之文，最不宜于作史。此篇与《言语》《浮词》两篇合看，可见当时文体之弊也"[1]。章学诚于才、学、识之外特标史德，这是章学诚的一大创见。吕思勉认为"史德"篇所论"极为入微"，"今人论学，莫不知重客观；然所谓客观，亦难言之矣。心有所偏，曲立一说，固不足论；即诚不杂以好恶之私，然史事

---

① 吕思勉：《史通评·载文第十六》，《吕思勉全集》第 17 卷，第 243 页。

如物,吾心如衡,衡之正久失于平时,临事致谨,又恶足用哉? 欲为良史,当尽天而不益以人,从来论史学之求真,未有若此之入微者也"。①

二是不赞同刘、章的观点。《史通》首篇"六家",分述《尚书》记言家,《春秋》记事家,《左传》编年家,《国语》国别家,《史记》通古纪传家,《汉书》断代纪传家。吕思勉则认为"刘氏以《尚书》《春秋》《左》《国》并列为四家,实于古代情事未合"②。《文史通义》中最著名的观点是"六经皆史","六经之中:《诗》《书》《礼》《乐》《春秋》为政典,说均易通;惟《易》为讲哲学之书,以为政典,较难取信。故章氏作《易教》上、中两篇以发挥之"③,《易教》之上、中两篇旨在论证《易》为政典,但吕思勉认为章学诚的论证很成问题。吕思勉又于读史札记中复申其说:"六经皆史之说,特有鉴于作史之道宜然,借是以发之而已。必如近人托古改制之说,谓其明知古事之不然,而姑为是言以自重,昔人诚未必然。"④

三是对刘、章所提及但并未详论之处进行深入探讨,并加以引申发挥。《史通·表历》中刘知幾专取《列国年表》而论,吕思勉则认为表之为用甚广,大致而言有六:"《史记》之《三代世表》,所以表世系者也;《十二诸侯年表》,则所以表国者也。《汉书》之《百官公卿表》,用以表官,《唐书》之《宰相表》,《宋史》之《宰辅表》,皆用其例。《五代史》之《职方考》,则用以表地。《辽史》之《皇子公主》,《元史》之《后妃》,则又用以表人。《辽史》之《游幸》,《金史》之《交聘》,则所以表事者也。要而言之,事之零碎无从叙,又不可弃者,则以表驭之;眉目既清,事实又备,实法之最便者也。今后史法较前益密,表之为用必愈广。"①《文史通义·繁称》论述了人名、书名之繁复,吕思勉又论及篇名,"书名诡异者尚少,篇名则极多。大抵篇名不外两种:一观其名可知其实者。一不然者,其中又分为二:(一)名取简,故不能尽表篇中之意;(二)故为此以动人,此亦各有其用,予意则以能备括篇中之意者为最善"②。

《史通》外篇的《史官建置》和《古今正史》两篇亦可看作刘知幾以前的简明史学史。吕思勉于上述两篇评论之后附宋以后之史官制度以及唐以后之正史,将中国古代的史官建制和历代正史简要完整地勾画出来。

吕思勉对于刘知幾、章学诚的评论,主要还是将其置于其时代的背景下,"欲知人,必先论世"③,即所谓的知人论世,例如对于通史,刘知幾抑通史而扬断代,章学诚则恰恰相反,吕思勉认为是"时势使然","盖刘之时,史籍尚少,所求在精详;郑(樵)、章之时,则史籍浸繁,所难在钩玄提要"④,刘、章在不同的学术环境下而对会通、断代有所侧重,不能一概而论。《史记》以来在史书中收录各篇文辞,在早期尚可,至"后世则以文辞自见者日多,有载之不可胜载之势,此刘氏所以欲变旧体,别立一书,亦事势为之也"⑤。刘、章二人的各人经历与其撰述亦是知人论世的重要内容,对于《史通·核才》,吕思勉认为此篇主旨谓六朝华靡之文不可为史,"唐时史馆,多取文人,刘氏目击其弊,故不觉言之之激"⑥。刘、章之识见若是超越其同时代人,则是其卓越之处,中国古代没有严格的学科分类体

---

① 吕思勉:《史通评·表历第十七》,《吕思勉全集》第17卷,第236—237页。
② 吕思勉:《文史通义评·繁称》,《吕思勉全集》第17卷,第333—334页。
③ 吕思勉:《文史通义评·感遇》,《吕思勉全集》第17卷,第330页。
④ 吕思勉:《文史通义评·释通》,《吕思勉全集》第17卷,第332页。
⑤ 吕思勉:《史通评·载言第三》,《吕思勉全集》第17卷,第234页。
⑥ 吕思勉:《史通评·核才第三十一》,《吕思勉全集》第17卷,第252页。

系，"分科不密，故不能精别专门与普通：于是材力不足者，不免于
陋；材力大者，亦以贪多务得，而所造不深，此实学术演进之大阻力
也。此篇(指《文史通义·博约》)所论之理，今日人人知之，在当日
则极通而难得之论也"①。

知人论世实际上就是历史主义的批评方式。按照历史主义的
要求，史学批评不能以后世的标准来衡量古人，亦不能出于主观臆
断。《史通评》中多举刘知幾不知古人而妄加批评之例，例如司马迁
在《史记·太史公自序》中认为其书是"述故事，整齐其世传，非所谓
作也"。刘知幾以《史记》中夏、商二本纪与《项羽本纪》之体例绝不
相侔而讥《史记》体例不纯。吕思勉则认为刘知幾不知司马迁本意
是"述"而非"作"，"不知编次旧文，不加改易，即《史记》之体例也"，
纪传体史书"纪以编年，传以列事，纪举大纲，传详委曲，《春秋》则传
以解经，《史》《汉》则传以释纪，此例实成于后世，初起时并不其然。
刘氏谓后之作史者当如此可也，以此议古人则误矣"。② 刘知幾批
评文人所作史书序例多炫示文采，而非切实之例，但是"古人著书，
虽有例，而恒不自言其例，欲评其得失，必先通贯全书，发明其例而
后可。此等读书之法，非刘氏之时所有；故刘氏论史例当如何，说多
精审，而其讥弹古人处，则多失之，由其未知一书有一书之例，未可
概执我见，以绳古人也"③。章学诚将记注和撰述作了区分，但是
"章氏谓诸史皆掌记注，未尝有撰述之官，以见撰述之非可易言，亦
将自己理想附合古人也"④。

对于刘知幾、章学诚二人史学批评的整体评价，吕思勉亦是以

---

① 吕思勉：《文史通义评·博约》，《吕思勉全集》第17卷，第323—324页。
② 吕思勉：《史通评·列传第六》，《吕思勉全集》第17卷，第236页。
③ 吕思勉：《史通评·序例第十》，《吕思勉全集》第17卷，第239页。
④ 吕思勉：《文史通义评·书教》，《吕思勉全集》第17卷，第316页。

刘、章二人所处的时代背景为出发点。《史通》是在大体承认前人史书编纂方法的基础上为之弥缝修补，而批评历代史书编纂是否得当，并且指示今后作史方法的还当属章学诚，"此亦时代为之。因为刘知几之时，史料尚不甚多，不虑其不可遍览，即用前人的方法撰述已足。章学诚的时代，则情形正相反，所以迫得他不得不另觅新途径了。然章氏的识力，亦殊不易及。他知道史与史材非一物，保存史材，当务求其备，而作史则当加以去取；以及作史当重客观等，实与现在的新史学，息息相通"①。

三

吕思勉对中国史学史的相关研究和论述与当前各部体例严整、系统完善的中国史学史专著当然无法相提并论，但是吕思勉对中国史学史的编纂以及中国古代史家与史学的各种论断，还是有相当的参考价值。

史学史当然是关于历史学自身发生发展的历史，但是史学的发展不是孤立的，与其他学科也是有联系的，吕思勉断代史中的"史学"部分，不是孤立论述史学，而是将史学置于学术一章之下，与文字、经学、诸子、文学、美术、经籍以及自然科学等学科并列。这当然主要是由吕思勉典章制度的断代史体例所决定，但也可以从某一断代的学术整体的眼光之下来看待这一时期的史学发展情况。同样，史学与社会亦是紧密联系的，吕思勉的各部断代史中的史学部分亦可以与其时代背景相关联，从各个不同历史时期的时代特征出发来看待这一时期的史学。

对于中国史学的发展，吕思勉也不是持单一的线性发展观，例

---

① 吕思勉：《吕著中国通史》，《吕思勉全集》第 2 卷，第 233 页。

如史权之毁誉褒贬，吕思勉认为"毁誉之权，实惟风气淳朴之世，为能有之"，但此后"作而不记，则当春秋之时，已有掩其实而不书者。又有曲笔以乱其实者"。① 在此背景下则董狐、南史精神显见其可贵。"惟闻以直笔见诛，不闻以曲辞获罪"，这种情况自春秋以后已成为常态，"事实具在，识力亦非不及，徒以徇私畏祸之故，甘为恶直丑正之徒，则史事之纠纷弥多，而后人欲睹信史，亦愈难矣"②。到了魏晋南北朝时期则堕落更甚，吕思勉引《南齐书·崔祖思传》云："古者左史记言，右史记事，故君举必书，尽直笔而不污。上无妄动，知如丝之成纶。今者著作之官，起居而已。述事之徒，褒谀为体。世无董狐，书法必隐。时阙南史，直笔未闻。"对其时史职不举深感惋惜。这一时期有关少数民族政权的史书如《魏书》《北齐书》《周书》等多诬妄之辞，而"以私意淆乱史实者，莫如清代，夫人而知之矣。其实清代亦不过其变本加厉者，相类之事，前此久有之矣"③。所以既要看到中国史学发展进步的方面，但对史学某些方面的异化倒退也应有清楚的认识。

吕思勉对史学道德训诫功能持保留态度。吕思勉认为"史也者，所以记人群之行事，以资借鉴……史官缘起，本君大夫之私人，所记者特其私事，记言记行，皆以表彰其人为主，此等见解，相沿不易化除，而视史家之褒贬为一身之荣辱者遂多矣"④。史书应记的是客观事实，在真和善之间当取前者，"史所以记事而已，事之善恶，非所问也。若以表言行、昭法式，为史之用，则史成为训诫之书

① 吕思勉：《读史札记·毁誉褒贬》，《吕思勉全集》第 9 卷，第 181—182 页。
② 吕思勉：《史通评·直书第二十四》，《吕思勉全集》第 17 卷，第 249 页。
③ 吕思勉：《读史札记·论魏史之诬》，《吕思勉全集》第 10 卷，第 796 页。
④ 吕思勉：《两晋南北朝史》，《吕思勉全集》第 6 卷，第 984 页。

矣"①。吕思勉不是反对史学以褒贬善恶来发挥道德训诫功能，而是善恶难断，有时甚至过于褒贬善恶而至损害历史之真实，"史官当独立不倚，著事之真相，以明是非，使人知所惩劝，此中国自古相沿之见解也。此在古代，社会情况较简，或可致之。如崔杼弑君，事甚明白，真相之能著与否，只系乎史官之敢书与否；董狐以亡不越境，反不讨贼，断定灵公见弑，赵盾知情，亦无可诋谰也。后世社会情况，日益繁复，则事之真相，有不易见者。真相且不可见，皇论是非？……史官亦人也，岂能独立于各派之外，诚本良心以著之，亦一派之见耳。然则欲恃史笔以见事状之真，而明是非所在，云胡可得？……然恃史籍以求事状之真而知是非所在，虽不可得，而史家之能以此自励者，其人固自可矜"②。只记事实，不论曲直，是非善恶自有各人定评，或许亦不失为一种立场。

　　从史学发展的趋势来看，在近代唯科学主义的影响下将史学看作一门科学在二十世纪上半期的中国颇有影响，但是吕思勉却认为史学完全等同于自然科学是很成疑问的，就研究对象而言，自然现象和社会现象之间存在着明显的差异，"社会现象所以异于自然现象者，曰：有生命则有自由，然其自由决非无限。况自然现象之单简，亦在实验中则然耳。就自然界而观之，亦何尝不复杂。社会现象，割截一部而研究之，固不如自然科学之易，而亦非遂无可为。若论所知之少，社会科学诚不容讳，自然科学亦何尝不然"，但是史学作为社会科学之一则当无疑问。"社会科学与自然科学之精确不精确，乃程度之差，非性质之异，史学亦社会科学之一，固不能谓其非科学也"。③

---

①　吕思勉：《史通评·六家第一》，《吕思勉全集》第 17 卷，第 230 页。
②　吕思勉：《隋唐五代史》，《吕思勉全集》第 8 卷，第 865 页。
③　吕思勉：《史籍与史学》，《吕思勉全集》第 18 卷，第 37 页。

第三节　吕思勉的神话传说研究

神话(myth)有广、狭二义,狭义的神话是指在原始社会以口耳相传形式存在的自然现象和社会现象在原始人不自觉的艺术幻想中的反映。广义的神话则包含了后世的各种神话小说。传说(legend),是人民群众创作的,与历史人物、历史事件以及日常生活、风俗习惯、遗迹遗存有密切关联的口头故事,大多是以历史上特定的人物、事件而衍生出的曲折生动的情节。当然,神话和传说也没有绝对的区分和界限,也有发展演变的过程,正如鲁迅所言:"神话演进,则为中枢者渐近于人性,凡所叙述,今谓之传说。"①

中国古代的神话传说相当丰富。② 吕思勉的研究比较集中于《读史札记》和《先秦史》,前者是以札记为形式的考证,后者则是断代史中涉及了神话传说,吕思勉以个案式的札记研究作为断代史编纂的基础,《先秦史》中很多关于神话传说的内容基本上来自平日札记。这也是吕思勉通史和断代史编纂的一般特征。本文拟以对吕思勉神话传说研究方法的分析为主题进行论述。

一

二十世纪二三十年代以来,中国的神话学研究开始兴起,茅盾在 1924—1929 年间相继出版了《神话杂论》《中国神话研究新探》

---

① 鲁迅:《中国小说史略》,《鲁迅全集》第 8 卷,北京:人民文学出版社,1975 年,第 12 页。

② 对于中国古代的神话传说,袁珂编有很多工具书,包括《中国神话传说词典》(上海辞书出版社 1985 年版)、《中国神话资料萃编》(四川省社会科学院出版社 1989 年版)、《中国民族神话词典》(四川省社会科学院出版社 1989 年版)、《中国神话大词典》(四川辞书出版社 1998 年版)等等。

《北欧神话 ABC》《中国神话研究 ABC》等论著,最早将西方的神话学理论与中国上古神话研究相结合。① 此后对于中国上古神话传说研究的路径主要有二:一是从人类学、社会学、民俗学等相关学科理论和方法出发,将其与文献中的神话传说记载相结合进行研究,另一则还是主要从传统历史学的视角出发进行研究。②

吕思勉作为历史学家,其对于神话传说的研究当然还是从传统历史学的视角出发。众所周知,一个民族的历史记忆通常可分为无文字记载时代和有文字记载时代,无文字记载时代历史记忆的主要内容之一即为神话传说。中国神话传说的主要来源有三:文字资料,考古发掘和口头流传。③ 记载神话传说的文献史料便是吕思勉研究的基本依据,中国史书中所记"其出于荒古者,则不免杂以神话。今日读古书,固不能一一知其所出,据此求之,犹可得其大略也"④。

中国古代神话传说异说纷纭,最基本的应该是运用考据学的方法,"凡考订之学盖出于不得已。事有歧出而后考订之,说有互难而后考订之,又有隐僻而后考订之"⑤。以考据学方法对神话传说的各种异说辨析源流,判别真伪。对于远古时期的历史,吕思勉认为:"史事不能臆说,亦不能凭记忆以约略言之,故前二说皆不足用。求可信者,必资记载。记载为史官之职。古代史籍传诸后世,可为考

① 黄泽:《20 世纪中国神话学研究述评》,《思想战线》2007 年第 5 期,第 105—110 页。

② 以上只是从研究主体的身份进行区分,前者如黄石、芮逸夫、林惠祥、杨堃、岑家梧等均为人类学家或民俗学家,后者如顾颉刚、童书业、郑德坤、卫聚贤、杨宽等均为历史学家。就方法而言,历史学家虽然还是主要遵循着传统的研究方法,但亦开始受人类学、民俗学的影响,顾颉刚接受胡适歌谣研究中的"母题"概念而运用于古史研究便是典型。

③ 陈建宪:《神祇与英雄》,北京:三联书店,1994 年,第 3—4 页。

④ 吕思勉:《史籍与史学》,《吕思勉全集》第 18 卷,第 8 页。

⑤ [清] 翁方纲:《复初斋文集》,中国近代史料丛刊本,第 156 页。

校年代之资者……记事之史，多用编年之体，有历时甚久者，传之于后。古史之年代，固可大详，即或不然，亦可以诸国之史，互相校补，其为用诚甚大也。"①吕思勉在这里虽然说的是古史年代，但是对于研究神话传说也同样适用，即研究必须基于相关记载，并且取各种记载"互相校补"。吕思勉考证"唐虞之际二十有二人"，《史记·陈杞世家》中叙唐虞之际有功德之臣十一人：舜、禹、契、后稷、皋陶、伯夷、伯翳、垂、益、夔、龙。吕思勉引《史记·五帝本纪》："禹、皋陶、契、后稷、伯夷、夔、龙、垂、益、彭祖，自尧时而皆举用，未有分职。"两处记载互校可知《史记·陈杞世家》漏彭祖。司马贞《史记索隐》指出"秦祖伯翳，解者以翳益，则为一人"。吕思勉认为垂、益、夔、龙四字之益，为"古人行文足句之例，亦或益字为误衍"，但是"翳、益为一人不疑也"。《史记·五帝本纪》云："舜曰：'嗟！女二十有二人，敬哉，惟时相天事。'……此二十二人咸成厥功。"《陈杞世家》中去舜得十人，翳、益为一人而补彭祖，再加上十二牧而得二十二人。马融、郑玄之二十二人之说皆非。② 又如舜之卒地，《孟子》作鸣条，《礼记》作苍梧，《史记》作"崩于苍梧之野。葬于江南九疑，是为零陵"。苍梧、九疑相近，鸣条近安徽巢县，吕思勉以"别种史事来参证，则当时洞庭彭蠡之间的三苗，是和北方反对的。舜曾分北三苗，恐未易通过其境"③，苍梧、九疑之说，当为后人所附会。

　　除了考证之外，以比较的方法研究神话传说亦为吕思勉所常用。吕思勉读史札记首篇即为《盘古考》。盘古神话晚出，见后出之文献如《三五历记》《五运历年记》以及《述异记》等。对于盘古传说，吕思勉引用古印度文献《厄泰梨雅优婆尼沙昙》（*Aitareya*

　　① 吕思勉：《读史札记·古史时地略说》，《吕思勉全集》第 9 卷，第 15 页。
　　② 吕思勉：《读史札记·唐虞之际二十有二人》，《吕思勉全集》第 9 卷，第 60 页。
　　③ 吕思勉：《论学丛稿·来皖后两点感想》，《吕思勉全集》第 11 卷，第 461 页。

Upanishad）中所记阿德摩（Atman）先造世界之神话,《外道小乘涅槃论》中"时熟破为二段：一段在上作天,一段在下作地",《摩登伽经》中"自在以头为天,足为地,目为日月,腹为虚空,发为草木,流泪为河,众骨为山,大小便利为海"等相关记载,将古印度与中国文献互相对比,可知《五运历年记》等书中关于盘古的传说,"盖皆象教东来之后,杂彼外道之说而成"①。夏曾佑以盘古为《后汉书·南蛮传》中之槃瓠,吕思勉则博引史料以证其非。

对于神话传说中所反映的史前文化,包括社会组织、社会生活等方面的残留影像,吕思勉亦有考证。《史记·封禅书》中记"黄帝时明堂图。明堂图中有一殿,四面无壁,以茅盖,通水"。吕思勉认为明堂通水为渔猎时代所通行的居住方式,"渔猎之世,民多山居,亦有藉水以自卫者。希腊史家赫罗多德（Horodurus）,谓古屋皆在湖中,筑于杙上,惟一桥通出入……西元千八百五十三年,欧洲大旱,瑞士秋利伊湖涸,湖居遗址见,人类学家、古物学家皆以为邃古之遗。今委内瑞拉、新几内亚之民,仍有湖居者,可知以水自环,实野人防卫之法也"。② 广泛运用考古学、民族学方面的材料以为参证。

以考证作为研究神话传说的基本方法必须依赖于证据,证据缺乏则以"疑"以表推测,例如《列子·黄帝》中所记载的华胥氏之国,吕思勉以《列子》中的列姑射山与《庄子》中的藐姑射山同,故以音近

---

① 吕思勉:《读史札记·盘古考》,《吕思勉全集》第 9 卷,第 2 页。类似的开辟化生神话在少数民族中甚多,如布依族《开天辟地》、拉祜族《牡帕密帕》、彝族《查姆》、瑶族《盘王歌》等,北欧亦有类似的神话。可知"世界各民族的初民们对天地万物的形成有着类似的幻想,足以说明他们在神话时代的心理状态是相同的"。(参见贾芝:《史诗在中国》,《拓荒半壁江山——贾芝民族文学论集》,北京:文化艺术出版社,2012 年,第 200 页)

② 吕思勉:《先秦史》,《吕思勉全集》第 3 卷,第 258 页。

推测《列子》中的华胥氏即为《庄子》中的赫胥氏。①

　　人类社会在不断发展进步之中,人对于自然界的认识和改造的能力也随之进化,至先秦诸子时,对于自然界和人类社会已经超越了原始社会不自觉的、虚幻的认识水平,吕思勉考证先秦文献中都记载有大壑,"大壑虽大,然举天地间水,穷日夜注之,终亦必有盈时。真无底,则将超乎对色明空之外,非古人之所知矣。《吕览·君守》曰:'东海之极,水至而返,夏热之下,化而为寒。'则亦以水为循环者矣。此哲学之兴,足弥神话之缺者也"②。

　　严格意义上的神话大多都是在原始社会文字产生以前形成的,是在人们认识自然和改造自然能力极为低下的状态下对外部世界虚幻的反应,与后世的神话小说决不相类。此外,历代的统治阶级出于巩固统治的需要,粉饰神化自己而伪造了很多神话,这在各王朝所编修的正史中极为常见。吕思勉举清朝为例,认为"清朝的祖先,据他们自己说,是什么天女所生的,这一望而知其为有意造作的神话"③。此类神话当然无需经过复杂的考证,"一望而知"即可知其为虚构。

二

　　中国古代的神话传说流传不多,按照吕思勉的分析:"大抵士大夫所传述的,其所关涉之事较大,其说亦较近情理;农夫野老所传述的,则正相反。但要考见当时社会的情况,以及较古的情况,反宜于后者求之,一入士大夫口中,就被其以'言不雅驯'四字删去了。中

① 吕思勉:《读史札记·华胥氏》,《吕思勉全集》第9卷,第30—31页。
② 吕思勉:《读史札记·归虚》,《吕思勉全集》第9卷,第332页。
③ 吕思勉:《吕著中国通史》,《吕思勉全集》第2卷,第350页。

国的神话,颇觉贫乏,其原因即由于此。"①但神话传说在经部中保存的却相对较多。吕思勉对神话传说的考证与其对经今古文之学的认识有着密切的关系。

　　清代后期中国面临政治社会危机时,今文经学成了日趋广泛的改革呼声的一部分。常州学派的庄存与、刘逢禄完成了西汉今文经学的复兴,"他们的后继者的任务就是继续公羊学说"②。吕思勉的史学颇受常州赵翼、屠寄等乡里先进的影响。在经学上也不可能不受常州学派的影响。吕思勉认为在先秦史研究中经部的材料是相当重要的,对今古文经作为史料的运用也给出了明确的认识:

　　　　今古文之别,昧者多以为在文字。其实古文家自称多得之经,今已不传;其传者,文字异同,寥寥可数,且皆无关意指。……今古文之异,实不在经文而在经说。经本古书,而孔子取以立教。古书本无深义,儒家所重,乃在孔子之说。说之著于竹帛者谓之传;其存于口耳者,仍谓之说,古书与经,或异或同,足资参证,且补经所不备者,则谓之记。……今文家之传说,盖皆传之自古,古文家则出己见。故今文诸家,虽有小异,必归大同;古文则人自为说。又今文家所言制度较古,古文则较新……以治古史而治经,求真实其首务。以求真论,汉人去古近,所说自较宋人为优,故取材当以汉人为主。同是汉人,则今文家之说,传之自古,虽有伪误,易于推寻,非如以意立说者之无所质正,故又当以今文为主也。③

　　① 吕思勉:《历史研究法》,《吕思勉全集》第 18 卷,第 48 页。
　　② [美]艾尔曼著,赵刚译:《经学、政治和宗族——中华帝国晚期常州今文经学研究》,南京:江苏人民出版社,1998 年,第 190 页。
　　③ 吕思勉:《先秦史》,《吕思勉全集》第 3 卷,第 12—13 页。

　　吕思勉认为经学自宋以后分汉、宋两派，以义理而论，或以宋学较为优胜。但是经部作为史料，则宋学多出宋儒之己见，而汉代去古未远，两者在史料价值上高下立判断。今古文经也是同样的道理，今文经十口相传，传自于古，西汉已立为学官，古文经则到东汉方始盛行，其间有一个空白期，故古文家解经亦多出己见。

　　吕思勉对于古文经的来源也是有所怀疑的。古文经之原本来源有三：孔壁所得书，张苍所献书，鼎彝之铭文。鼎彝中之文字与许慎《说文解字》不相合，张苍献书则不见于《史记》本传，"孔壁得书，事有极可疑者"①，其事虽然未必出于刘歆所伪造，但是各种附会之迹宛然，诸家记载的年代事迹舛误更甚，不足为据。

　　吕思勉认为今文经的史料价值高于古文经，故其在神话传说研究中亦多偏重于今文经，例如考证伏羲，《易·系辞》："古者包牺氏之王天下也。"郑玄注《周易》以"包，本作苞。郑云：取也。孟、京作伏。牺，郑云：鸟兽全具曰牺。孟、京作戏，云伏，服也；戏化也"。今文之说则见于《白虎通义》"下伏而化之"，《风俗通义》云："伏者，别也，变也；戏者，献也，法也。伏戏始别八卦，以变化天下；天下法则，咸伏贡献，故曰伏戏也。"吕思勉考证郑玄古文之说源于《汉书·律历志》引刘歆《世经》云："作网罟以田渔取牺牲，故天下号曰炮牺氏。"前句出于《周易》而"取牺牲"为刘歆所增益，故当以今文说为准。② 又如三皇五帝，历代文献关于三皇之异说有六，五帝异说有三，吕思勉引用《风俗通义》"燧人以火纪。火，太阳托也，故托燧皇于天。伏羲以人纪事，故托羲皇于人。神农悉地力，种谷蔬，故托农皇于地。天地人之道备，而三五之运兴矣"，认为"此盖《书传》之义，

---

　　① 吕思勉：《读史札记·孔壁得书》，《吕思勉全集》第 9 卷，第 610 页。
　　② 吕思勉：《读史札记·伏羲考》，《吕思勉全集》第 9 卷，第 29 页。

为今文家旧说。伏生者，秦博士之一，始皇时，时代较早，异说未兴"。将《史记》和《尚书大传》的解释统一起来。汉人将女娲和祝融混而为一，分别羼入三皇系统。伪孔传在三皇中加入黄帝是根于五帝说。古文家在《史记》的五帝系统中又加入了少昊，"以六为五，于理终有未安，伪孔传乃去燧人而升黄帝为三皇，则五帝仍为五人"①。吕思勉梳理了三皇五帝异说的源流演变，对其解释还是取"今文旧义"。

　　清末民国经学向史学转变的过程中，大致上经历了几个环节：分别经是经，史是史，丢掉经今古文之争，代之以古代史的问题；分出时间层次，汉是汉，先秦是先秦，各个层次是一样的；用历史研究的方法区分出古代文献内容中"理想"和"事实"的区别；接受西方史学的影响，尤其是种族、地理两种因素②。上述表征在吕思勉的神话传说中也不同程度地存在，以"理想"和"事实"而论，吕思勉一再强调记言记事之别，认为"重言轻事，古人积习甚深。故虽爱好史籍，而于史事初不知求实"③，"古人之言，寓言、实事不甚分别，故欲辨其孰为史实甚难"④。甚至于康有为托古改制之说"亦轻事重言，用信（伸）己见而已"⑤。《战国策·魏策》中所记"得密须氏而知汤服桀矣"，吕思勉考证"伐密须氏为文王事，此盖传伪也。古人轻事重言，往往如此"⑥。

　　经部中关于神话传说的材料比较多，但是对于经部之外的文

　　① 吕思勉：《读史札记·儒家之三皇五帝说》，《吕思勉全集》第9卷，第27页。

　　② 王汎森：《从经学向史学的过渡——廖平与蒙文通的例子》，《历史研究》2005年第2期，第59—74页。

　　③ 吕思勉：《秦汉史》，《吕思勉全集》第4卷，第550页。

　　④ 吕思勉：《读史札记·丹朱傲辨》，《吕思勉全集》第9卷，第53页。

　　⑤ 吕思勉：《读史札记·禅让说平议》，《吕思勉全集》第9卷，第56页。

　　⑥ 吕思勉：《读史札记·汤弱密须氏》，《吕思勉全集》第9卷，第94页。

献,吕思勉认为"因治古史而取材,则一切古书,皆无分别"①。"六经皆史"之论是章学诚对宋学末流空谈心性的反动,"至近世章太炎,则因受此观念影响,专认史官所记者为史;于是骂康有为为妄人。而不知论史材、史官所记,与传说、神话及其他种著述,各有其用也。其又一反动,则为胡适之、顾颉刚一派。胡氏专取《诗经》《楚辞》为史料。顾氏亦宗之;后虽渐变其说,而仍目古史官所记者为伪造:皆不免固执一说,而未能观其会通也"②。故此在研究中不应存门户之见,应该具体问题具体分析③,"民间传说,自非史官载笔,拘于成例者比。然传述信否,亦视其人之知识程度以为衡"④。吕思勉对于神话传说的考证不限于经部,而是博取各种相关文献,参互考订而成。例如《有巢燧人考》以《韩非子・五蠹》中所记有巢、燧人事迹,认为两者系以德立号,而《周书》中记有巢氏失国事,则系以地立号。吕思勉并引《庄子・盗跖》中之有巢亦系以德立号,认为"以德号者,其去后世盖已久远,民已不能详记其行事,徒以功德在人,久而不忘,乃即以其德为其人之称号耳,安能识其兴亡之由乎?"⑤吕思勉并且推论以德立号类似于后世的谥号。

三

在五四新文化运动提倡"科学",在学术层面上以"现代精神"取代权威主义、蒙昧主义的"传统精神"的背景下,中国古代文献成为

---

① 吕思勉:《先秦史》,《吕思勉全集》第3卷,第13页。

② 吕思勉:《国学概论》,《吕思勉全集》第16卷,第248页。

③ 吕思勉认为康有为《新学伪经考》"可以观其事实……此书于重要事实,考辨颇详。皆前列原书,后抒己见"。但是谓吕思勉为今文学派,则"其实不然"。(参见吕思勉:《经子解题》,《吕思勉全集》第16卷,第96页)

④ 吕思勉:《先秦史》,《吕思勉全集》第3卷,第21页。

⑤ 吕思勉:《读史札记・有巢燧人考》,《吕思勉全集》第9卷,第31页。

批判和怀疑的对象。以"古史辨"为代表的疑古观念成为现代学术思想史上最重要的社会思想。①

吕思勉与古史辨派关系密切,不仅在《古史辨》上刊载古史论文,还亲自参与《古史辨》第七册的编纂,在一定程度上也认同了古史辨的观点和方法,例如吕思勉对古史史料价值的认识,便完全来自古史辨派:

> 吕思勉:古代的史实特别模糊。这种性质,大概秦、汉之际,是一个界限。在汉朝初年以前,历史所传的,如赵高指鹿为马之事,如流俗所谓鸿门宴的故事,都是说得天花乱坠,极有趣味,而细想一想,就知道其万无此理的。其可信的程度,决不会超出后世的《三国演义》之上。……从汉朝统一天下以后,文化发达,传述者的程度骤然提高;可靠的材料,流传下来的亦多,历史便焕然改观了。②

> 顾颉刚:古人心中无史实与神话的区别,到汉以后始分了开来。因为历来学者不注意神话,所以史实至今有系统的记载,而神话在记载上就斩然中绝。③

顾颉刚对于古史"层累地造成"以及用比较的方法研究古史也

---

① 路新生:《中国近三百年疑古思潮研究》,上海:上海人民出版社,2001 年,第 495 页。

② 吕思勉:《历史研究法》,《吕思勉全集》第 18 卷,第 49 页。

③ 顾颉刚:《我的研究古史的计画》,《顾颉刚古史论文选集》第 1 卷,第 295 页。顾颉刚在《朝阳类聚》中又认为考据学兴起于宋代:"《史记》中多传说,如屠岸贾灭赵氏即其一例,至于荆轲谋刺秦王,而出发时高歌'壮士兮一去不复返',以秦之间谍多,宁不畏其谋泄;项羽困于垓下,旦夕将亡,其部下且散之殆尽,而'力拔山兮气盖世'之歌竟传,实不知谁为传之。此皆司马迁以文学笔调写史……至北宋以下,则故事与史实尚有区分,而要求有科学性之历史,于是考据之学兴焉。"(参见顾颉刚:《朝阳类聚·〈史记〉中之戏剧性故事》,《顾颉刚读书笔记》第 10 卷,台北:联经出版事业公司,2008 年,第 29 页)

在一定程度上为吕思勉所接受运用。根据顾颉刚"层累地造成中国古史"的著名论断,对于古史神话传说的研究,侧重点"不在它的真相而在它的变化"①。吕思勉的神话传说研究亦从各个不同时代对于神话传说的记载出发,从而考析其变迁之迹,例如考证西王母,古有两说,一为人名,一为国名。吕思勉从最早的《山海经》开始,条列《淮南子》《吴越春秋》《史记·赵世家》《大戴礼记》《尚书大传》《尔雅》等关于西王母的记载,认为西王母为神名、国名其实为一,"古代多怪异之谈,后世知识稍进,则其所谓神者,怪异之性质较少,哲学之见解渐多,及儒生,乃径说之以人事。此可见同一名也。而其实迥异,辗转变迁,遂至判然二物。然谓其说非同原,固不可也"②。又如对于桀、纣之恶,夏曾佑《中国古代史》中已认为史书中的桀、纣之恶多为附会之辞,顾颉刚又有《纣恶七十事的发生次第》,考证纣之罪名实在是有如一箭垛,其罪名随着时代变迁不断地增加。吕思勉亦赞同桀、纣之恶多附会,"然附会之由,由于兴者极言前王之恶,则误以后世事度古人。古本无信史,古人又不知求实,凡事皆以意言之……然附会之辞,虽或失实,亦必有由,不能全无根据也。就桀、纣言之,则纣之世近,而事之传者较详,桀之世远,而事之传者较略,故以纣之恶附诸桀者必多,以桀之恶附诸纣者必少"③。与顾颉刚之观点有异,但研究思路却是一致的。

胡适曾提出歌谣以及小说本来只有一个简单"母题"(motif),其后却随着时间、地域而不断发生变化。顾颉刚受其影响在《孟姜

---

　　① 顾颉刚:《答李玄伯先生》,《顾颉刚古史论文选集》第1卷,第313—314页。古史辨派的此种观点,与当下的后现代主义史学颇有合辙之处,如柯文《历史三调》即把义和团运动作为事件、经历和神话三个层面来考察。

　　② 吕思勉:《读史札记·西王母考》,《吕思勉全集》第10卷,第937页。

　　③ 吕思勉:《先秦史》,《吕思勉全集》第3卷,第100页。

女故事的转变》中,以《左传》"杞梁之妻"开始,研究这个故事的扩张和转变。"知道一件故事虽是微小,但一样地随顺了文化中心而迁流,承受了各时各地的时势和风俗而改变,凭藉了民众的情感和想像而发展"①。同一传说"母题"随时、地而改变,这种现象在史书中亦极常见,即史书中各种相似、雷同的记载层出不穷。吕思勉虽然没有运用"母题"这个概念,但是也注意到了史书中的各种雷同、重复的记载,只能以传说视之,认为"传说之辞,往往辗转附会,不得其实。而昔人修史,好奇爱博,过而取之,遂至显然不足信者"②,《史记》中所载吕不韦之事,"与春申君相类大甚,而楚幽王有庶兄负刍及昌平君,则考烈王实非无子,传言之不必信久矣。嫪毐事果与不韦有连,而犹迟至期年,始免其相,听其从容就国;而诸侯宾客使者,仍相望于道;文信侯既不为遁逃苟免之计,亦不为养晦自全之谋,岂理也哉?"③吕思勉又举《宋书·刘庸祖传》和《隋书·麦铁杖传》中所记两人为盗并书证事加以比较,"合观两事,明明皆非实录。特有此一类传说,随事增饰附会耳。其不足信,显而易见"④。这样,史书中所记便不能作为史实而只能作为故事传说来看待。

当然,吕思勉对于古史辨派疑古过甚的弊端也是不认同的。根

---

① 顾颉刚:《孟姜女故事的转变》,《顾颉刚民俗论文集》第 2 卷,北京:中华书局,2010 年,第 68 页。顾颉刚在《景西杂记》中曾提到"母题"(motif):"故事相传,只有几个 motif 作柱,流传久远,即微变其辞。若集拢来比较研究之,颇可看出纵的变痕与横的变痕。譬如此 motif 是明代发生的,其形容描写都用明代之习尚服装,传到清代,即改变为清代之习尚服装了。"(参见顾颉刚:《景西杂记·故事主题》,《顾颉刚读书笔记》第 1 卷,第 298 页)

② 吕思勉:《读史札记·刘庸祖、麦铁杖》,《吕思勉全集》第 10 卷,第 676—677 页。

③ 吕思勉:《先秦史》,《吕思勉全集》第 3 卷,第 179 页。

④ 吕思勉:《读史札记·刘庸祖、麦铁杖》,《吕思勉全集》第 10 卷,第 677 页。吕思勉亦曾举《宋史·富弼传》中富弼对契丹主语以及《旧唐书·郑善果传》中郑元璹对突厥可汗语,两人应如出一辙。可能是富弼师法郑元璹,亦可能两人确系不谋而合。(参见吕思勉:《读史札记·北狄嗜利》,《吕思勉全集》第 10 卷,第 845 页)

据吕思勉的观察,"近二十年来,所谓'疑古'之风大盛,学者每訾古书之不可信,其实古书自有其读法,今之疑古者,每援后世书籍之体例,訾议古书,适见其卤莽灭裂耳"①。"信以传信,疑以传疑"应该是比较谨慎的态度。吕思勉关于神话传说研究的很多观点也与古史辨派不尽相同,例如顾颉刚《息壤考》认为鲧以壅塞的方法治水反映了战国时期"以邻为壑"的观念,吕思勉认为"以息壤湮洪水者,谓以土填平低洼之区也",此种方式与"今荷兰人之与水争地"是比较类似的。② 刘知幾《史通·疑古》将尧舜禹相继看成后世篡夺,古史辨派亦将尧舜禹与魏晋禅代相关联,吕思勉则认为"古代君位与王位不同……这正和蒙古自成吉思汗以后的汗位一样。成吉思汗以后的大汗,也还是出于公举的。前一个王老了,要指定一个人替代,正可见得此时各部落之间,已有较密切的关系,所以共主之位,不容空阙。自夏以后,变为父子相传,古人谓之'家天下',又可见得被举为王的一个部族,渐次强盛,可以久居王位了"③。吕思勉从比较的方法出发,认为尧舜禹禅让与蒙古汗位公推是一样的。马克思主义史学更是从原始社会军事民主制的角度出发对尧舜禹禅让做出科学的解释。

四

　　中国古代文献中还有不少关于少数民族神话传说的记载,少数民族的神话传说与汉族的神话传说在性质上是一致的。各种记载

---

① 吕思勉:《先秦史》,《吕思勉全集》第 3 卷,第 11 页。从二十世纪二三十年代开始,古史辨派中亦有学者开始"走出疑古","最初都是疑古的。由疑古进而释古,又由释古进而考古"。(参见柳存仁:《纪念钱玄同先生》,《古史辨》第 7 册,上海:上海古籍出版社,1982 年,第 3 页)

② 吕思勉:《读史札记·共工、禹治水》,《吕思勉全集》第 9 卷,第 59 页。

③ 吕思勉:《吕著中国通史》,《吕思勉全集》第 2 卷,第 252—253 页。

看似荒渺无稽，但神话传说背后当存在着历史的真实。吕思勉认为“民族缪悠之传说，虽若为情理所必无。然其中必有事实存焉。披沙拣金，往往见宝，正不容以言不雅驯，一笔抹杀也”[①]。

吕思勉对于少数民族神话传说的研究，主要是通过文献记载来推究其中所包含的历史事实。古代文献中对于少数民族有很多看似荒诞不经的记载，但在这些记载中都包含有一定程度的历史事实，《后汉书·南蛮西南夷列传》中有很多西南地区少数民族的传说记载，“如槃瓠负高辛之女，廪君射盐水之神，不避荒唐，咸加甄录，当时看似非体，然迄今日，考彼族之初史者，于此实有资焉”[②]。若是将槃瓠传说与图腾理论相结合，更可对此传说作出合理的解释。又如《魏书·序纪》中关于拓跋先世的记载，年代久远，殆不足为信，吕思勉认为“晋世五胡，多好自托于神明之胄，其不足信，自无待言。而魏人自述先世，荒渺尤甚……然其中亦略有事实……所贵善为推求，不当一笔抹杀也”。成帝时统国三十六，大姓九十九之说当然不可靠，但是当时拓跋部“曾统有诸姓，则必不尽诬，特不当造作成帝其人，而系之于其时耳”，《序纪》中所述的其后两次南迁亦不尽诬，“又傅以神兽道引荒诞之说，正与野蛮部落十口传说之性质相符，故知其非子虚也”。[③]

以比较的方法研究少数民族神话传说，在吕思勉的研究中亦为常见。蒙古先世孛而只吉歹蔑儿干娶忙豁勒真豁阿，“是娶蒙古部女，遂以蒙古部名”，与金始祖函普娶完颜部女而以完颜部为名类似。[④] 唐代曾取福山石以坏回纥风水，自是怪迂可笑，“然蒙古人之

---

① 吕思勉：《读史札记·突厥与蒙古同祖》，《吕思勉全集》第10卷，第1028页。
② 吕思勉：《史通评·采撰第十五》，《吕思勉全集》第17卷，第242页。
③ 吕思勉：《读史札记·拓跋先世考》，《吕思勉全集》第10卷，第703页。
④ 吕思勉：《读史札记·元室先世》，《吕思勉全集》第10卷，第895页。

传说,有与之相类者"。吕思勉引《辍耕录》"万岁山"条,与回纥传说极相类,"非畏吾人造作以媚元人,则元人习于畏吾者造作以自张,更无足疑也"。①

吕思勉在研究少数民族神话传说时还使用了域外材料,与汉文文献互为参证,例如关于蒙古先世,吕思勉引拉施特《蒙古全史》中的记载,所记之事实自为怪诞,但是其中所记之"乞要特"应为《元史》中之奇渥温,拉施特所述之传说与《北史》中突厥起源传说类似,洪钧疑为从突厥转述,但是吕思勉则认为拉施特著史郑重,不至于假本族先祖传说于他人,蒙古部落"实为鞑靼与室韦之混种,而鞑靼则为鞑鞨与沙陀、突厥之混种。拉施特《蒙古全史》作载,盖沙陀、突厥相传之神话也"②。

当然,远古时代的神话传说大多渺茫无稽,在传述过程中又不断地增饰修改,记之于文献中时已多不可靠,吕思勉对于神话传说的研究也未必是结论性的,有的研究还需通过考古发掘以资验证。1980 年 7 月,米文平等在鄂伦春自治旗阿里河镇西北十公里大兴安岭北段顶巅之嘎仙洞发现北魏石刻铭文,内容与《魏书·礼志》基本一致,可知鲜卑早期所居的大鲜卑山在今大兴安岭,鲜卑石室即今嘎仙洞,鲜卑拓跋部原居住地在今鄂伦春自治旗一带。③ 由此可知,吕思勉考证《魏书·礼志》中所记"遣中书侍郎李敞诣石室告祭天地"一事,认为石室"旧墟,盖是。《礼志》云凿石为庙则诬

---

① 吕思勉:《读史札记·蒙古传说本于回纥》,《吕思勉全集》第 10 卷,第 901 页。

② 吕思勉:《读史札记·蒙古之由来》,《吕思勉全集》第 10 卷,第 894 页。拉施特(Rashid-Din Hamadani),现又作拉施德丁、拉施都丁。《蒙古全史》,现通常作《史集》。《蒙古全史》的记载是吕思勉从洪钧《元史译文证补》中引出的。

③ 张承宗:《〈魏书·序纪〉的史学价值》,《吴门探史录》上册,哈尔滨:黑龙江人民出版社,2009 年,第 178—179 页。

矣"①,应该说已被考古发掘所证实。但吕思勉推测北魏出自西伯利亚,初生活于北纬六十五度以北的冻土带,此后南徙而至外蒙古,则与大兴安岭相去甚远。从总体上看,中国远古的"神话与传说,率多荒诞不经,想于其中求稍许之史实,本甚困难"②,要从神话传说中完全恢复历史事实的本来面目还是非常困难的。

---

① 吕思勉:《读史札记·拓跋先世考》,《吕思勉全集》第 10 卷,第 704 页。
② 杨筠如:《中国史前文化的推测》,《杨筠如文存》,南京:江苏人民出版社,2015年,第 158 页。

第五章 吕思勉的历史人物 评论与史书编纂

历史人物评价广泛地存在于史书编纂中,也是中国史学编纂的优良传统。从《左传》的"君子曰",《史记》的"太史公曰",一直到梁启超的"新史氏曰",都是如此。自夏曾佑《中国历史教科书》(后改名《中国古代史》)之后,学术界普遍采取了章节体的编纂方式,"凡旧文须考,故叙事之中亦附考证。述往事宜有解说,故叙事之中亦附议论。此合叙事考证议论而为文者"①。在章节体史书中,很多都是叙事、考证、评论三者合一的。所以,历史人物评价也是史书编纂的重要内容,也可以反映出史家本人的政治立场、社会背景、治史旨趣、价值取向等,而其在吕思勉的史书编纂中也得到了很明显的反映。

第一节 吕思勉的历史人物评论

近代以来,新体史学著作中大多包含了叙事、考证、评论这三种主要形式。如果将评论再加以区分的话,可分为"史论"和"史评",

---

① 孙楷第:《评〈明季滇黔佛教考〉》,《沧州后集》,第251页。

前者是对史事、人物、历史现象的评论，后者是对史家、史书、史学现
象的评论，故"史论"和"史评"的区分正对应着"历史"和"历史学"的
差异。"史论"或可对应"历史评论"，"史评"或可对应"史学批
评"。① 本节仅就吕思勉的历史人物评论进行论述。

一

在叙事、考证、评论三者之中，叙事和考证是评论的基础，因为
评论必须基于历史事实，而历史事实必须经过考证并通过叙事加以
表述。所以，历史人物评论必须建立在考证的基础上。吕思勉在思
想改造运动中回顾早年岳飞评价而引发的风波时就指出："欲表扬
战将，亦当详考史事，求其真相，不当禁遏考证也。"②王鸣盛谓"学
问之道，求于虚不如求于实，议论褒贬皆虚文耳"③。以议论褒贬为
虚文当然是片面的，但是通过考证"求于实"，从而将议论褒贬建立
在考证的基础上。

考证是评价历史人物的基本出发点，故吕思勉的历史人物评价
都是建立在考证基础之上的，例如魏晋禅代之际"事多深秘不可
知"，吕思勉考证曹爽等人都有远大之图，但习凿齿谓其"因好改革
而失人心"则当有所本。正始十年高平陵之变，居间说项者均非司
马氏之人，故曹爽信之不疑，"（曹）爽等颇务文治，疆场之吏，未必有
何腹心，临危征召，大兵聚会，强者为雄，岂能进退由己？"故其败并
非是曹爽等人主观方面的优柔寡断。何晏、夏侯玄等人均系欲大有

---

① 瞿林东：《中国古代史学批评纵横》，第 233 页。

② 吕思勉：《论学丛稿・三反及思想改造学习总结》，《吕思勉全集》第 12 卷，
第 1229 页。

③ ［清］王鸣盛著，黄曙辉点校：《十七史商榷》，上海：上海书店，2005 年，第 1 页。

为之人，"卓然不同于流俗。度其所为，必有大过人者"。① 曹爽、何晏作为司马懿的政敌，而其作为因史籍缺载而流传甚少。当然，也因为传世史料稀缺，所以在对某些历史人物的考证以及评价问题上也会存在很多争议。对于传统"清谈误国"的观点，吕思勉认为以后世对于清谈的看法归咎于何晏、王弼系时代倒错，清谈之弊端开始于晋。而各人情况各异，不可一概而论，需要具体情况具体分析，吕思勉考证以清谈知名之各人事迹，有真不能任事者，有托以避祸者，有热衷权势者，有所处非宜者，所以"清谈者不必皆无能之人，反清谈者，亦不必皆有为之士"②。又如武周革命，吕思勉认为专制之世女主临朝而帝王之实者不乏其人，武则天操权柄之实又易名称帝亦无足为奇，但是史书称武后能用人则误，吕思勉考证武后拔擢各人多为昧死要利，益以忿戾、谀媚容悦之人，更多用嬖幸，其他纵侈淫暴之政不胜枚举，但是武则天"亦暴主之一耳，谓其暴有特甚于他暴主之处，亦不其然"③。

　　吕思勉对于历史人物的评论，是在全面考证历史人物生平事迹的基础上，在肯定历史人物的同时亦不讳言其过失，例如评价隋文帝为"贤主"，在内政方面列举史料论述隋文帝之勤政爱民，克勤克俭，取民愈寡而国计愈富。在外交上则认为对于周边少数民族"志在攘斥之以安民，而不欲致其朝贡以自夸功德。既非如汉文、景之苟安诒患，亦非如汉武帝、唐太宗之劳民逞欲。虽无赫赫之功，求其志，实交邻待敌之正道也"④。但用刑严苛是其为政之失。对于《隋书》批评隋文帝"好为小数，不达大体"，吕思勉认为其猜忌功臣是事

---

① 吕思勉：《秦汉史》，《吕思勉全集》第 4 卷，第 304—305 页。
② 吕思勉：《读史札记·清谈》，《吕思勉全集》第 10 卷，第 690 页。
③ 吕思勉：《隋唐五代史》，《吕思勉全集》第 7 卷，第 97 页。
④ 吕思勉：《隋唐五代史》，《吕思勉全集》第 7 卷，第 4 页。

实,但各人之见罪亦非无因,故举高颍诸人事迹以证其观点。吕思勉受梁启超影响,对王安石评价很高,"王安石所行的政事,都是不错的。但行政有一要义,即所行之事,必须要达到目的,因此所引起的弊窦,必须减至极少。若弊窦在所不免,而目的仍不能达,就不免徒滋纷扰了。安石所行的政事,不能说他全无功效,然因此而引起的弊端极大,则亦不容讳"①。

欧洲文艺复兴时期出现了"人文科学"一词,是在同"神学学科"并立的意义上开始使用并广泛流传开来的,现一般都将文学、历史、哲学归入人文科学。人文科学是与"神"对立的,以"人"为对象的世俗的学问。历史学当然也是以"人"为对象,吕思勉认为"原来把科学家的眼光看起来,人是差不多的……研究历史的目的,在于把古今的事情互相比较,而观其会通。就是要把许多事情,归纳起来,得一公例。若把儒家改制所托的话,通统认作实在,在后世,都是'欺人孤儿寡妇'的操、莽,而古代忽然有个'天下归公'的尧舜,在后世,都是'彼可取而代也'的项羽,'大丈夫当如此也'的汉高,而在古代,忽然有个'非富天下'的汤,'以至仁伐至不仁'的武王。那就人的相异'如金石与卉木之不同类',就无从互相比较,无从把许多事情,归纳了而得其公例,科学的研究,根本取消了"②。从进化论的视角来看,人类的进化只是社会的进化,社会是从落后向进步、从低级向高级阶段发展的。但是所谓的人性在吕思勉看来应该是不会有太大变化的,人性是不会随着社会发展而有所改变的,这就是人情恒理。

人情恒理即是按常理而言当为如何,"事之大小不同,其原理则一。故观人之相处,猜嫌难泯,而军阀之互相嫉忌,不能以杯酒释其

① 吕思勉:《吕著中国通史》,《吕思勉全集》第2卷,第330页。
② 吕思勉:《白话本国史》,《吕思勉全集》第1卷,第156页。

疑可知矣。观人情恒欲多,至于操干戈而行阴贼而不恤,而资本主义之国恃其多财,以侵略人者,断非可缓颊说论,以易其意,审矣"①。基于人情恒理论的观点,吕思勉在《白话本国史》中作了不少历史人物的翻案文章,在当时影响很大,其书"在叙述政治方面,对于王莽、曹操、王安石、秦桧……诸人,向来所认为奸佞的典型人物,特别旁征博引,很细心地指示事实的真相,而却有不是如一般文人玩弄笔墨的翻案文章,故作惊人的议论"②。

<h2 style="text-align:center">二</h2>

吕思勉在陈登原《历史之重演》序中提出:"昔之人,昧于时势之殊,尝以为今古之事虽异,而其所凭藉之境,则无不同;遂致执古方以药今病。近世西人东来,我国交涉之败绩失据,职是故也。今之人,则又昧于其同,以为古今之事,无一相类者。古今之事苟无一相类,复用读史何为?"③古今之事其同其异,不是割裂开来毫无联系的。因此,历史学家对历史人物的评论,不能不受其所处时代的特征与其本人思想观念的影响,吕思勉的历史人物评论就是如此。

吕思勉对王莽的评价与其本人思想观念是一致的。从《汉书·王莽传》开始,在正统观念下当然是对王莽做负面评价。但是吕思勉强调"要晓得王莽是个怎样人,先要晓得西汉的社会是个怎样的社会",在西汉末年土地兼并严重,贫富分化加剧的社会中,王莽"实在是个'社会革命家'"④。王莽所推行的,都是先秦以来社会改革

---

① 吕思勉:《史籍与史学》,《吕思勉全集》第 18 卷,第 33 页。
② 曼:《读物杂评·白话本国史》,《之江附中学生自治会会刊》创刊号,1935 年 1 月,第 42 页。
③ 吕思勉:《论学丛稿·陈登原〈历史之重演〉叙》,《吕思勉全集》第 11 卷,第 558 页。
④ 吕思勉:《白话本国史》,《吕思勉全集》第 1 卷,第 158 页。

者的主张。王莽的失败，也是先秦以来社会改革者的公共的失败。这是吕思勉在其各种著作中所再三强调的。孙中山三民主义中的民生主义，主张平均地权、节制资本，吕思勉赞同民生主义的政治主张，以此衡量王莽的各项改革措施也正反映了平均地权、节制资本的要求，对于调节经济结构和贫富分化有着一定的积极意义。王莽改制在"均贫富"的层面上与吕思勉的社会思想是一致的。吕思勉曾有《禁奢》(1935 年)一文，认为私有制下巧夺豪取导致贫富分化，最终表现为消费领域里的奢侈，要革除奢侈之弊必须提倡合理的新生活，同时限制商业资本，"新都市之中，商业的控制，是势在必行……不准私人设立商店。一切物品，都由官发卖"①。此外，关于婚丧礼节上的费用，该有一个限度；某一地方准许消耗的物品，须定一个最高的限度，不准逾越；工人娱乐的营业，亦宜设立限制。上述种种意见当然太过于理想化了，但与王莽的措施却在某种程度上存在着相近之处。

　　自 1840 年鸦片战争以来，中国外有帝国主义列强的侵略凌逼，内有大小军阀的分裂割据。1931 年九一八事变以后，抗日救亡成为时代的主题。在这样的时代背景下，吕思勉的历史人物评价大多基于抵抗外来侵略，维护国家统一，反对军阀割据的立场。

　　中国古代的正统论是史学史上的重要范畴，至清则自以为历朝得国之正莫过于清，原因是清为明报君父仇而得国。当然历史上的正统论在吕思勉看来甚为无谓。② 正统论关注的"得国之正"问题，吕思勉提出"从来人君得国，无如陈武帝之正者"，对陈武帝评价如此之高者似仅此一见，其原因在于"人君之责，在于内安外攘而

---

　　① 吕思勉：《论学丛稿·禁奢》，《吕思勉全集》第 11 卷，第 504 页。
　　② 吕思勉：《史通评·称谓第十四》，《吕思勉全集》第 17 卷，第 241 页。

已"。① 安内攘外正是吕思勉所处时代的主题,因而在吕思勉看来,陈武帝便是安内攘外的典范。抵抗外来侵略是当时吕思勉评价历史人物的主要方面,其他则属次要方面,例如朱温在多数情况下是作为负面人物出现的,但是吕思勉则认为"当大局阽危之际,只要能保护国家、抵御外族、拯救人民的,就是有功的政治家。当一个政治家要尽他为国为民的责任,而前代的皇室成为其障碍物时,岂能守小信而忘大义? 在唐、五代之际,梁太祖确是能定乱和恤民的,而历来论者,多视为罪大恶极,甚有反偏袒后唐的,那就未免不知民族的大义了"②。

主张国家统一,反对分裂割据,最有代表性的是对张昭的评价。张昭一直都被视为投降派的代表人物,《三国志·张昭传》注引《江表传》:"权既即尊位,请会百官,归功周瑜。昭举笏欲褒赞功德。未及言。权曰:'如张公之计,今已乞食矣。'昭大惭,伏地流汗。"吕思勉特引裴松之之说:"鼎峙之计,本非其志也。曹公仗顺而起,功以义立,翼以清一诸华,拓平荆郢,大定之机,在于此会。若使昭议获从,则六合为一,岂有兵连祸结,遂为战国之弊哉? 虽无功于孙氏,有大当于天下矣。昔窦融归汉,与国升降。张鲁降魏,赏延于世。况权举全吴,望风顺服,宠灵之厚,其可测量哉? 然则昭为人谋,岂不忠且正乎?"吕思勉认为赤壁之战孙权、刘备胜在侥幸,孙权"决策拒操,可谓狼子野心",周瑜、鲁肃等皆为好乱倾危之士,"徒以二三剽轻之徒,同怀行险徼幸之计,遂肇六十年分裂之祸,岂不哀哉"。③在军阀割据的年代,吕思勉对于历史上大大小小拥兵自重、尾大不掉的军阀均持批判态度。

① 吕思勉:《两晋南北朝史》,《吕思勉全集》第 5 卷,第 463 页。
② 吕思勉:《吕著中国通史》,《吕思勉全集》第 2 卷,第 322 页。
③ 吕思勉:《秦汉史》,《吕思勉全集》第 4 卷,第 271 页。

　　中国近代以来不断遭受外国侵略,故此民族主义在吕思勉的历史人物评论中比较突出。中国近代虽说是西力东来而至数千年未有之变局,然木自腐而后虫生,从中国内部来看,自乾隆时国力已开始由盛转衰,"高宗秉性夸大,文治武功,皆近文饰,末年更用一黩货无厌之和珅,吏治大坏,民生日蹙;遂至内忧外患纷至沓来,嘉、道以后,日入于艰难之世矣"①。

　　从民族主义的立场来评价历史人物通常很难排除主观因素的影响。吕思勉虽然不赞成极端民族主义而导致的盲目排外,但对于历史上少数民族的评价还是颇有些偏差,认为"一部二十五史,荒淫暴虐之主,以东晋、南北朝之世为多,是何也? 则以五胡之所行,固非中国之道也。斯时既有此俗,汉人自亦不免渐染,见废弑之主,人因亦以此等语诬之。然汉人虽染胡俗,其纵恣,究不若胡人之甚。故此等记载,宜分别观之。大抵汉人为君而失德者,史之所载,必诬罔之辞较多,实迹较少,胡人之僭窃者,则反是也"②。魏晋南北朝时期荒淫暴虐的统治者,无论是汉族还是少数民族,都需要具体问题具体分析,不能一概而论。对于少数民族人物倾心汉族文化的,则多持正面评价,"以五胡论,固然有荒淫暴虐,如石虎、齐文宣、武成之流的,实亦以能服从汉族的文化的居其多数"③,如石勒、苻坚、慕容氏诸帝以及孝文帝等。

三

　　历史主义是历史人物评价的重要原则。以历史主义的原则来评价历史人,简单来说就是将历史人物置于其所处的时代背景下,

---

① 吕思勉:《中国近代史讲义》,《吕思勉全集》第13卷,第16页。
② 吕思勉:《两晋南北朝史》,《吕思勉全集》第5卷,第117页。
③ 吕思勉:《吕著中国通史》,《吕思勉全集》第2卷,第307页。

"历史地"去看待。二十世纪六十年代初,学术界对于历史主义的讨论非常热烈,其时讨论比较多的还是帝王将相的"历史进步性"以及农民起义的"历史局限性"。吕思勉以历史主义来对历史人物做出评价,则主要是将历史人物置于时代背景之下,在当时具体的历史责任和使命之下能够交出一份怎样的答卷。

对历史时代负有使命和责任的大多数都为帝王将相,吕思勉评论"汉武帝这个人,武功文治亦有可观。然而他这个人太'不经济'。他所做的事情,譬如'事四夷''开漕渠''徙贫民',原也是做得的事。然而应当花一个钱的事,他做起来总得花到十个八个。而且绝不考虑事情的先后缓急,按照财政情形次第举办。无论什么事情,总是想着就办,到钱不够了,却再想法子,所以弄得左支右绌。至于'封禅''巡守''营宫室''求神仙',就本是昏愦的事情"①。评价一个历史人物有时亦可以采用"反设事实"的想象,对于汉武帝,吕思勉则"谓是时之开拓,乃中国之国力为之,即微武帝,亦必有起而收其功者,而武帝轻举寡虑,喜怒任情,用人以私,使中国之国力,为之大耗,实功不掩其罪也"②。隋炀帝开运河,"和汉武帝的'事四夷'一样,所做的事情,虽不能说他全然无益,然而以如此'劳费',致如此'效果',总是极不经济的;而且他作事的动机,全没有福国利民的思想;所以就他的行为而论,毕竟是功不抵罪的"③。安史之乱中,郭子仪、李光弼这两个在中国军事史上"负头等声誉的人物",在吕思勉看来亦不过如此,平定安史之乱主要并不是他们的作用,"进取西京的时候,官军的总数,共有十五万;回纥兵不过四千。然而为什么一定要有了回纥兵,才能收复两京? 当时官军的兵力,并不薄弱,贼

①　吕思勉:《白话本国史》,《吕思勉全集》第 1 卷,第 153 页。
②　吕思勉:《秦汉史》,《吕思勉全集》第 4 卷,第 88 页。
③　吕思勉:《白话本国史》,《吕思勉全集》第 1 卷,第 227 页。

兵则久已腐败了;而且安禄山死了,失了统御的人;何以十几万的官军,竟不能力战取胜,一定要借助于回纥兵呢? 围相州一役,没有外国兵,就以六十万的大兵,而杀得大败亏输"①。

历史主义从"当时当地"的立场出发评价历史人物,不能以今天的标准去苛求古人,龚自珍《平均篇》论历代之乱源在经济上分配不公,是极深刻之论。但解决分配不公的方法仍然是希望历代统治者能够从上而下推行举措。吕思勉认为这是一条不可能走通的路子,"龚氏是距离现在不过百年的人,而其思想如此,可见旧日的学者,其思想,全然局限于这一个范围之中。这是时代为之,自然怪不得古人"②。近代以来在守旧氛围极其严重的社会环境中,从洋务运动以至戊戌变法都很难推行,李鸿章等人所推行的各项措施,"无与大计,然反对者犹多,主持其事者,必几费笔舌心力,乃克排众议而底于成。此以见图新之不易矣"③。但从另一方面来看,历史主义有时在某种程度上来说亦是以"历史局限性"在为历史人物做辩护。吕思勉则从个人才能能力与历史任务相结合出发来评价历史人物,例如"晋武帝以荒淫怠惰,遗患后嗣名。然帝在历代君主中,实尚未为大恶。所不幸者,则以仅足守成之才,而当开创之世耳。盖晋之王业,虽若成于宣、景、文三朝,然其所就者,实仅篡窃之事,至于后汉以来,政治、风俗之积弊,百端待理者,实皆萃于武帝之初。此其艰巨,较诸阴谋篡窃,殆百倍过之。虽以明睿之姿,躬雄毅之略,犹未必其克济,况如武帝,以中材而涉乱世之末流乎? 承前世之积弊,而因受恶名,亦可哀矣"④。东晋立国,"元帝立国江东,遂获更衍百

---

① 吕思勉:《白话本国史》,《吕思勉全集》第1卷,第264页。
② 吕思勉:《吕著中国通史》,《吕思勉全集》第2卷,第76页。
③ 吕思勉:《中国近代史讲义》,《吕思勉全集》第13卷,第70页。
④ 吕思勉:《两晋南北朝史》,《吕思勉全集》第5卷,第8页。

年之祚，此盖自初平以来，久经丧乱，民力凋敝，朝廷纪纲，亦极颓败，其力不复能戡定北方，而仅足退守南方以自保，大势所趋，非一人一事之咎也"①。

四

历史是一个整体，历史既是时间上的整体，又是空间上的整体。按照吕思勉的说法："凡事皆因缘会合而成，故决无无原因者，而其原因为人所不知者甚多，于是一事之来，每出于意计之外，无以名之，则名之曰突变。而不知突变实非特变，人自不知其由来耳。一事也求其原因，或则在数千万年以前，或则在数千万里之外，人之遇此者，则又不胜骇异，乃譬诸水之伏流。夫知史事如水之伏流，则知其作用实未尝中断。而凡一切事，皆可为他事之原因，现在不见其影响者，特其作用尚未显，而其势力断无消失之理，则可豫决矣。"②在历史研究中就要求从整体出发，在历史过程中注意到各个要素之间的相互联系和作用。对历史人物的评价也应该遵从各因果关系互相关联的整体性原则。

吕思勉所强调的"因缘会合"实际上指的就是历史事实之间的因果关系，"凡论史事，最宜注意于因果关系。……真欲明一事之因果，必合全宇宙而遍知，此诚非人之所能，就其所能而力求其所知之博，所论之确，则治学术者所当留意也"③。从因果关系出发，历史人物评价的整体性原则即是将历史人物置于大范围的时空背景下，将历史事实的各要素仔细分析，梳理其因果关系，从而得出评价，例如吕思勉评价"唐太宗不过中材。论其恭俭之德，及忧深思远之资，

① 吕思勉：《两晋南北朝史》，《吕思勉全集》，第 5 卷，第 75 页。
② 吕思勉：《史籍与史学》，《吕思勉全集》第 18 卷，第 32 页。
③ 吕思勉：《史籍与史学》，《吕思勉全集》第 18 卷，第 32 页。

实尚不如宋文帝，更无论梁武帝；其武略亦不如梁武帝，更无论宋武帝、陈武帝矣。若高祖与高宗，则尤不足道。其能致三十余年之治平强盛；承季汉、魏、晋、南北朝久乱之后，宇内乍归统一，生民幸获休息；塞外亦无强部；皆时会为之，非尽由于人力也"①。陈寅恪曾提出"外族盛衰之连环性及外患与内政之关系"的理论，认为突厥的败落主要是由于内部天灾及乱政以及突厥周边部族回纥薛延陀等兴起这二端。唐太宗不过是适逢其会。吕思勉在此观点上和陈寅恪极为类似。同样，"汉自昭帝以后，用兵于四夷，远不如武帝时之烈，然其成功，转较武帝为大，则时会为之也"②。所谓的"时会"亦是基于匈奴内部原因。一般而言，大乱之后必有大治，乱世之中社会经济基本上都是在倒退的，而一旦国家统一，社会承平，就很容易由大乱走向大治，所以唐太宗的贞观之治亦属"时会"。同样，"文、景之致治，盖时会为之，王仲任（充）治期之论，信不诬矣"③。世以为开元、天宝年间是唐由盛转衰的关键，但是吕思勉认为唐玄宗亦不过于"即位之初，承极乱之后，不得不稍事整顿耳"④，而其放纵淫乱，昏聩糊涂，与前人相比亦是有过之而无不及。

　　当然，历史上的因果关系是非常复杂的，存在着一因多果，多因一果，多因多果等情况，需要仔细的分析辨别。吕思勉肯定王莽改制，"新室政治，可分数端：一曰均贫富，二曰兴教化，三曰改官制，四曰修庶政，五曰兴学术。凡莽之所怀抱者，多未能行，或行之而无其效，虽滋纷扰，究未足以召大乱，其召乱者，皆其均贫富之政，欲求

---

① 吕思勉：《隋唐五代史》，《吕思勉全集》第 7 卷，第 52 页。
② 吕思勉：《秦汉史》，《吕思勉全集》第 4 卷，第 110 页。
③ 吕思勉：《秦汉史》，《吕思勉全集》第 4 卷，第 57 页。
④ 吕思勉：《隋唐五代史》，《吕思勉全集》第 7 卷，第 119 页。

利民,而转以害之之故也"①。自上而下地推行平均地权、节制资本是不可能取得成功的。

因果关系有其近因,亦有其远因,从而形成一因果链。吕思勉在评价历史人物时由近因追溯至远因,由此对因果关系中各个环节的重要程度进行分析,例如秦之所以能够统一中国,"富强之基,树于商君;蚕食之形,成于穰侯;囊括之谋,肇于不韦;三人者,实秦并天下之首功矣"②。安史之乱以后唐朝"实无时不可有为,而终于不振者,则宦官把持政柄实为之。宦官所以能把持政柄,以其掌握禁兵,此事虽成于德宗,而实始于肃宗,故肃宗实唐室最昏庸之主也"③。

"因缘会合"即是肯定历史发展存在必然性,但是历史的过程是基于人的活动,即历史是由人创造的,这就需要处理历史发展的客观必然性与人的主观能动性之间的关系,吕思勉认为:"昔时读史者,多注重于个人之行为,故多崇拜英雄,今日之眼光,则异于是。何者? 知事之成败,其原因复杂万端;成者不必有功,败者不必有罪;谋胜者不必智,战败者不必怯也。生物界之情形,大抵中材多,极强极弱者少,惟人亦然……群之盛衰,非判之于有材无材,乃判之于有才(材?)者能否居于有所作为之地位,庸劣者能否退处不能为害之地位耳。"④

将客观必然性与主观能动性相联系,还要注意到各人的主观目的和客观效果之间的关系。吕思勉深受梁启超影响,对王安石评价很高,认为王安石所推行的政治改革措施"都是不错的",但是在推行过程中必须将弊端降至最少,"因此而引起的弊端极大,则亦不容为讳"⑤。

---

① 吕思勉:《秦汉史》,《吕思勉全集》第4卷,第140页。
② 吕思勉:《先秦史》,《吕思勉全集》第3卷,第180页。
③ 吕思勉:《隋唐五代史》,《吕思勉全集》第7卷,第162页。
④ 吕思勉:《论学丛稿·论民族主义之真际》,《吕思勉全集》第11卷,第520—521页。
⑤ 吕思勉:《吕著中国通史》,《吕思勉全集》第2卷,第330页。

　　历史事实是已经发生的客观存在,而历史人物的评论是涉及历史学家主观上的价值评判。历史事实不变但是对于历史的评价则往往会随着时代的发展而不断地变化。邓之诚《中华二千年史》则以"见解随时而异,随地而异,今日之所见,已异于昔日,则来日之所见,未必不异于今日。况往古之人与事多矣,论人当观其一生,论事当究其终始,而得也失也未必尽当。……诚不欲轻下断语,徒滋空论,致贻他日悔恨"①。对历史采取纯客观的立场,只叙述历史事实,不涉及主观评价。但是在通史、断代史著作中,若是把评价的部分去掉,则还似有所欠缺。吕思勉对历史人物的评价,以今天的眼光来看未必能够得到赞同②,但对于认识吕思勉所处的时代以及吕思勉本人的历史思想和观点,则有一定的参考价值。

第二节　吕思勉《白话本国史》对岳飞的评价

　　吕思勉在《白话本国史》中对岳飞、秦桧的评价在当时引发了轩然大波。③ 但是吕思勉为秦桧翻案,指岳飞为军阀并非是为翻案而翻案,而是其经过具体研究而得出的结论,借用与吕思勉观点近似的陈登原的说法:"夫史所以辨是非,别真伪,资后人昭鉴者也。必于是非真伪之存当,则举千年陈说,一举推翻……若务于人之所好

---

　　① 邓之诚:《中华二千年史》第 1 册,第 6 页。

　　② 在 1959 年为出版吕思勉遗著《隋唐五代史》所加的出版说明中,不同意吕思勉对隋文帝、武则天等人的评价,认为吕思勉"没有从整个历史发展过程来看这些历史人物所起的作用,也没有根据当时阶级矛盾和封建统治阶级内部矛盾的情况来进行分析,而全以封建的政治理论和道德标准来加以衡量","在评价历史人物上,大多以封建的正统思想为标准"。(参见李永圻、张耕华:《吕思勉先生年谱长编》下册,第 1032 页)

　　③ 相关研究参见王萌《吕思勉〈白话本国史〉查禁风波探析》(《华东师范大学学报》2015 年第 2 期)和张耕华、朱伟明《〈白话本国史〉的修订及相关问题的思考》(《华东师范大学学报》2015 年第 2 期)。

者恶之,人之所恶者好之,人之所是者非之,人之所非者是之——此则文人波澜驰骋之技,非所以语于史学者也。"①本节拟从吕思勉《白话本国史》中对岳飞的评介,结合相关研究进行论述,并试图借此对学术和政治的关系略做讨论。

一

吕思勉的《白话本国史》原名《自修适用白话本国史》,1923年由上海商务印书馆出版发行,此后又多次再版,是当时发行量很大的一部中国通史。《白话本国史》中以南宋初和战一节最具争议,但观其内容可知,吕思勉在此问题上的基本观点当受赵翼影响。赵翼《廿二史札记》"和议"条云:

> 义理之说与时势之论往往不能相符,则有不可全执义理者,盖义理必参以时势,乃为真义理也。宋遭金人之害,掳二帝,陷中原,为臣子者固当日夜以复仇雪耻为念,此义理之说也。然以屡败积弱之余,当百战方张之寇,风鹤方惊,盗贼满野,金兵南下,航海犹惧其追,幸而饱掠北归,不复南牧,诸将得以剿抚寇贼,措设军府,江淮以南粗可自立。而欲乘此偏安甫定之时,即长驱北指,使强敌畏威,还土疆而归帝后,虽三尺童子知其不能也。故秦桧未登用之先,有识者固早已计及于和。②

赵翼擅归纳法,"和议"条列两宋史实,得出"宋之为国,始终以和议而存,不和议而亡"的结论。赵翼是乾隆二十六年(1761年)进

---

① 陈登原:《秦始皇评》,《金陵学报》第1卷第2期,1931年11月5日,第301页。陈登原在《金陵学报》上曾为桀纣、王莽、曹操、刘禅、王安石、秦桧、韩侂胄等作系列翻案文章,但观其某些翻案——如评论韩愈——似主观色彩过浓,语多愤激。

② [清]赵翼著,王树民校证:《廿二史札记校证》下册,第585页。在赵翼之前,宋代王明清《玉照新志》、明代郎瑛《七修类稿》均有为秦桧翻案的论述。

士，入翰林院，后又曾在广西、广东、贵州等地任职，但其对宋金和战的相关论述，决不是因为女真系满洲先世，也不是专替秦桧翻案，而对包括岳飞在内的南宋诸将有所讥评。赵翼做的是清朝的官，其论著中对清朝统治者自然不乏恭维之语，但也暗含很多批评，例如《廿二史札记》中"车盖亭诗""秦桧文字之祸""明初文字之祸"诸条，很明显是在影射现实，又批评金代种人被害之惨，金军之弊等苛政。赵翼只肯定秦桧赞成和议，而对于秦桧操持国柄，玩弄权术，倾害忠良，则持批判立场，"秦桧赞成和议，自以为功，惟恐人议己，遂起文字之狱，以倾陷善类。因而附势干进之徒承望风旨，但有一言一字稍涉及忌讳者，无不争先告讦，于是流毒遍天下"，"秦桧、史弥远之柄国，则诛赏予夺，悉其所主持，人主反束手于上，不能稍有可否，几如曹操之于汉献帝"。①

赵翼对南宋和战的观点应该是直接来自明末书生误国的教训，在"明末书生误国"条中严厉批评了明代朝野之书生纸上空谈，书生持论甚高却不务实际，在"外有我朝之兵，内有流贼之扰，南讨则虑北，北拒则虑南"②两线作战的困境下，拒绝与后金议和，而至宗社沦亡。书生空言误国，贻害至斯。南宋初年的义理和时势两派对立，前者站到了道德的制高点，文字"愤激作气"，但却徒言空论，于国无补。相比之下，时势派则审时度势，以和保邦。

赵翼是吕思勉的乡里先进，吕思勉在治学方法和观点上深受赵翼影响。吕思勉《读史札记》沿用了赵翼《廿二史札记》札记体的写作方式。《白话本国史》中引赵翼论"汉初布衣卿（将）相之局"，认为此条考据精详。《关岳合传》中引赵翼"借荆州"，认为"此说于吴蜀

---

① ［清］赵翼著，王树民校证：《廿二史札记校证》下册，第599、601页。
② ［清］赵翼著，王树民校证：《廿二史札记校证》下册，第846页。

当日,关于荆州事件之真相,言之最为详晰",吴蜀荆州之争曲在吴,"荆州本非吴有也,以先主入蜀,度其鞭长不及东顾,则造为借地之说,以冒取之;冒取之而不能全得,则又不惜弃好事仇,忘立国百年之大计,以袭取之。其外交政策,卑劣极矣"。①可见,吕思勉史学论著中某些关键性的论断均取自赵翼。

1916年吕思勉《本论》中有"砭宋"一节,是《白话本国史》中《南宋和金朝的和战》章之本,而其基本观点主要受《廿二史札记》"和议"条影响,其论述包括了两个方面:一是指南宋诸将为军阀,另一是替秦桧辩诬。

以南宋诸将为军阀,主要根据《文献通考》所收汪藻、胡寅二疏所论诸将不循法度、骄横自恣、拥兵自重的情形,以及《金史》所载郦琼②所论宋将之畏怯。因当时将骄卒惰,军政不肃,不堪一战。秦桧并非是金人的奸细。对南宋而言,和议是必然之事。秦桧坚持议和是其有识见之处的。秦桧主持的绍兴九年的和议,不烦一兵不折一矢而收复河南地,是相当成功的。绍兴十一年和议之前的战局表面上似乎是宋占得先机,但是相持下去却对宋不利,"当时诸将的主战,不过是利于久握兵柄,真个国事败坏下来,就都一哄而散,没一个人肯负其责任了。所以秦桧不得不坚决主和。于是召回诸将"③。翦除诸将兵柄后南宋才得以勉强立国。

对于赵翼两宋以和立国的观点,吕思勉也是赞同的。在吕思勉

　　① 吕思勉:《关岳合传》,《吕思勉全集》第25卷,第161页。
　　② 郦琼本为南宋将领。按北宋抑制武臣的家法与建炎绍兴年间中央与武将势力冲突导致了南宋削兵权。宋高宗初时任张浚削兵权,处置失当而致淮西兵变,郦琼引兵降金。此后赵鼎、秦桧相继主其事。假设削兵权如由张浚、赵鼎等人来最终完成的话,岳飞之死的悲剧未必会酿成。(参见虞云国:《论宋代第二次削兵权》,《两宋历史文化论稿》,上海:上海人民出版社,2011年,第180页)
　　③ 吕思勉:《白话本国史》,《吕思勉全集》第1卷,第313页。

看来,北宋与辽的交涉,"始终处于弱国的地位的。然而言和甚久,实际上受害还不算利害"①。北宋之所以灭亡,实则源于童贯妄开边衅,"要想趁辽朝败亡的机会,恢复燕云。北狩南渡之祸,就因此而起了"②。吕思勉认为中国自宋以后,"受异族的压迫渐次深了,所以民族主义亦渐次勃兴,这固是题中应有之义。然感情与理性,须相辅而行,偏重感情,抹杀理性,就糟了。如中国宋以后盲目的排外之论,是很足以偾事的"③。吕思勉反对盲目排外,应该是来自庚子之役的教训,"我国民徒恃血气之勇,轻挑强敌。致其结果,偿款四万万,种种辱国之举动,不一而足"④。所以在宋以来盲目排外的社会环境下,秦桧残害忠良,一意求和,自然而成千夫所指。义理派反对议和,诋秦桧为权奸误国。顾炎武以东汉、北宋以及明末为知识分子最具气节的时代,赵翼却批评明末书生空论误国,吕思勉则以"东汉之末,士之矫伪极矣"⑤,所谓士人俱为追名逐利之徒。以此推论吕思勉对南宋义理派亦如是观。

二

在清末"驱逐鞑虏,恢复中华"的民族主义语境下,兼之女真为满族先世,故从民族主义的立场将抗金的岳飞视为民族英雄,是"为种魂,为国魂,为中国民族之天神"⑥。辛亥革命后,中国大大小小的军阀拥兵自重,割据一方。吕思勉《白话本国史》中有关岳飞的评价当是对其时军阀割据现状有所为而发。

---

① 吕思勉:《白话本国史》,《吕思勉全集》第 1 卷,第 286 页。
② 吕思勉:《白话本国史》,《吕思勉全集》第 1 卷,第 298 页。
③ 吕思勉:《历史研究法》,《吕思勉全集》第 18 卷,第 58 页。
④ 吕思勉:《关岳合传》,《吕思勉全集》第 25 卷,第 148 页。
⑤ 吕思勉:《读史札记·汉末名士》,《吕思勉全集》第 9 卷,第 471 页。
⑥ 《中国民族主义第一人岳飞传》,《湖北学生界》第 4 期,1903 年 4 月,第 66 页。

吕思勉对军阀的认知,最有代表性的是 1920 年 8 月《东方杂志》中的《对于群众运动的感想》,文中对当时军阀割据进行了激烈的批判:

> 中国今日,且不暇言国富国强,亦不暇言改进文化也,言救亡而以……夫为目前致亡之直接原因者,宁有过于军阀之专横,与财政之紊乱者乎?军阀惟有财,故能横行而无忌;亦惟政治为军阀所把持,故国民坐视财政之紊乱,而无可如何。使今日者,财政能清釐,则军阀必无所恃以自存;军阀而能去,则必无人能把持财政,使之紊乱。故此二事,实二而一,一而二者也。而其他一切恶事之不能去,则直接间接由此推衍而出,或恃此为保障自存者也,一切善事之不能举,则皆为此两事所阻碍者也。此二者,亡中国之本,而亦即目前最急之图也。故为国民者,当对此两者猛攻不已,无论如何坚固难动,必不容退让一步,且必不容稍变其方向。①

在吕思勉看来,军阀割据和财政紊乱是"亡中国之本",两者实际上是合二而一的,即军阀把持地方财政,有了经济后盾故能割据乱政,此种情形正与吕思勉在《白话本国史》中引叶适论四大屯兵相应:"诸将自夸雄豪,刘光世、张俊、吴玠兄弟、韩世忠、岳飞,各以成军,雄视海内。……廪稍惟其所赋,功勋惟其所奏;将版之禄,多于兵卒之数;朝廷以转运使主馈饷,随意诛剥,无复顾惜。志意盛满,仇疾互生。"②

吕思勉认为历史发展中存在着共通之点,"研究历史,有一件最紧要的事情,便是根据着现代的事情,去推想古代事实的真相。这

---

① 吕思勉:《论学丛稿·对于群众运动的感想》,《吕思勉全集》第 11 卷,第 179 页。原载 1920 年《东方杂志》第 17 卷第 16 号。

② 吕思勉:《白话本国史》,《吕思勉全集》第 1 卷,第 314 页。

么一来,自然见得社会上古今的现象,其中都有一个共通之点。得了这种原则公例,就好拿来应用,拿来应付现在的事情了。所谓'臧往以知来'。历史的用处,就在这里"。按照古今一理的原则从当下现实出发去推求历史,"现在满眼是骄横的军阀,从前偏有公忠体国的韩、岳、张、刘",以军阀割据的现实来衡量南宋四大将,若是认为四大将是"公忠体国",那么,"历史上的事实,再无公例可求;历史可以不必研究了"。①

通观《白话本国史》,除了南宋初期和战外,其余凡是涉及中国历史上军阀的,均大加挞伐:

> 读两晋南北朝的历史,有一件事情应当注意的。便是:"这时候,中国的政府,差不多始终是军阀政府。"……军阀的对于国家,是有百害而无一利的。——这个并不是说要去兵;正因为有了骄横的军阀,往往只能对内,并不能对外;到国内乖离之后,就是把别国人引进来……就对内一方面论,军阀政府的罪恶就更大。因为军阀政府大抵不知政治为何事的。所以行不出一点好政治来,而且本有的好政治,还要给他败坏。

> 军阀和国家的关系,可谓大了。然而还有一班人,说立国于现在的世界,军备是不能没有的。因而颇怀疑于现在的军人,不能全去。我却把什么话同他说呢? 立国于世界,军备原是不能去的,然而须要晓得,军备有种种的不同。若依然是'从今以前的军人',可以于国家有百害而无一利;莫说保护国家,国家本没有外侮,有这班人,就引起来了;外侮本可以抵御,有这班人,就无从抵御了。

> 从来读史的人,有一个谬论。就是说:"唐朝有藩镇,所以

---

① 吕思勉:《白话本国史》,《吕思勉全集》第 1 卷,第 315 页。

兵强；宋朝削除藩镇，国内虽然治安，然而兵就弱了，就有辽金元之祸。"这句话，全是误谬了的。……军事是贵乎严肃的，贵乎能统一的；所以对外能战胜的兵，对内必然能服从命令；骄蹇不用命的兵，对外必不能一战。唐朝就是如此：中叶以后的藩镇，可谓大多数不听朝廷的命令了。然而打一个区区的草寇，还得不济事，还得仰仗沙陀兵。

从藩镇擅土以后，就多用武人做地方官，管收税机关；又创设了无数麻烦的杂税。这种苛税，无有不是拣着地方上贫弱的人欺的。①

吕思勉以岳飞等四大将为军阀是受民国时期军阀割据现实的影响，当时就有学者作如是观。按照梁园东的看法，"岳飞、秦桧的旧案，近年来重复提起，又讨论的很热烈，讨论的结果，大体已公认南宋诸将当为军阀，连岳飞在内，而对秦桧颇有开脱的趋势。这种论调，自然也不无理由，南宋诸将之为军阀，原不成问题，我从前也曾为此论……对南宋诸将尽力丑诋，这中间细看起来实另有一种原因，乃是我们痛恨民国以来军阀的表现"②。

吕思勉《白话本国史》在民国时期影响甚大，尤其是其中对岳飞的评价引发了很多争议。但是吕思勉在《白话本国史》之前还著有

① 吕思勉：《白话本国史》，《吕思勉全集》第 1 卷，第 213—214、261、274、291 页。《白话本国史》中有关军阀的论述还有很多，此不赘引。

② 梁园东：《岳飞秦桧旧案》，《人文》第 8 卷第 5 期，1937 年 6 月，第 1 页。梁园东此前所论《南宋和战问题》刊于《史地知识》1936 年第 2 期。朱瑞熙在《岳飞研究一百年(1901—2000)》中也同样认为"作者(指吕思勉)撰写此书时，正是帝国主义列强为维护各自的在华利益，积极扶持各派军阀进行争夺地盘、扩大实力的混战和争斗，给国家民族带来了很大的灾难，广大民众对各省军阀深恶痛绝，因此作者谴责历史上的'军阀'，否定岳飞"。(参见朱瑞熙：《岳飞研究一百年(1901—2000)》，龚延明、岳朝军编：《岳飞研究论文集汇编》，杭州：浙江大学出版社，2013 年，第 943 页)

通俗读物《关岳合传》，其中有关岳飞、秦桧的论述更为详尽，但在民国却很少有人提及。

《关岳合传》是吕思勉任中华书局编辑时所撰写的，初版于1916年。其时很多通俗读物都以关、岳并称。孙毓修《岳飞》（1913年）应该是民国最早的关于岳飞的传记，其中特别提到"我国上下数千年中，名人亦不少矣。而一举成名，虽妇人孺子、里老走卒，亦莫不肃然起敬，至拟之为神，拜之如佛者，则惟得两人而已。其一则蜀汉之关壮缪，其一则南宋之岳武穆也"①。当时这种流行的看法也影响了《关岳合传》的撰写。

《白话本国史》为秦桧翻案与《关岳合传》完全相同，后者则更为详尽。《关岳合传》中对于秦桧为金之奸细、私通敌国等罪名逐一加以辨析，以"秦桧之杀忠武，成和议，千古冤愤之。然其所以诋桧之辞，亦多不衷情实，此不足以服桧之心，而彰忠武之忠也"②。但是吕思勉在《关岳合传》中一方面为秦桧翻案，另一方面又对岳飞做出高度评价，推崇岳飞"精忠报国，将才天挺，诚千古军人之好模范也"③。秦桧杀害岳飞正是其大罪。

从《关岳合传》到《白话本国史》，吕思勉对岳飞的评价发生了根本性的转变，关键即在于"军阀"。据相关考证，"军阀"这个概念是1912年才由日本发明的。1915年6月22日《申报》之《江苏之政绩官僚·政治之实验》载有目前所见最早的中文"军阀"，其时"军阀"一词在中文中的使用频率并不太高，内涵外延也并不明晰。《关岳合传》1916年8月初版，其书的撰写当为更早。吕思勉在写《关岳合传》时，极可能未有"军阀"的概念，故也不可能指岳飞为军阀。

① 孙毓修：《岳飞》，上海：商务印书馆，1913年，第1页。
② 吕思勉：《关岳合传》，《吕思勉全集》第25卷，第200页。
③ 吕思勉：《关岳合传》，《吕思勉全集》第25卷，第172页。

此后,李大钊率先用"军阀"来指称当时的军事实力派,其时"国共双方异口同声加以痛斥北洋军阀,通过北洋军阀的历史书写永远钉在历史的十字架上"①。"军阀"作为贬义词与割据自雄、横行一方、专横霸道、尾大不掉等形象相联系而固定下来。《白话本国史》出版于 1923 年,其时吕思勉当已接受了"军阀"的概念。《白话本国史》中就是运用了上述军阀的形象来叙述魏晋南北朝的军阀内乱、唐末五代的藩镇割据等历史,将历史上或割据一方、或拥兵自重的军人也都纳入了军阀的外延。汪藻、胡寅、叶适等人论南宋四大将也与军阀的特征相符。

《关岳合传》是吕思勉的早期著作,其中有不少观点到后来已发生改变。例如对于关羽的评价就有了根本上的转变,吕思勉在《秦汉史》中就严厉批评关羽"刚而自矜",在当时情形之下,"襄、樊不下,外援踵至,虽微孙权之谋,亦宜退兵以全其锋。计不出此,反信陆逊之言,撤后备以赴襄、樊,至曹操宣露权书,犹犹豫不能退,岂非强梁贪功之念,有以误之欤?"②对岳飞的认识,同样也不能以《关岳合传》而应以《白话本国史》为准。到了四十年代出版《吕著中国通史》之时,吕思勉依然认为南宋的将帅"颇为骄横",南宋之所以一意求和,是为"得一个整理内部的机会"。③ 但是指岳飞为军阀的话题则尽可能将其淡化与回避。

三

吕思勉《白话本国史》对岳飞、秦桧的评价不是孤立的,当时有

---

① 桑兵:《"北洋军阀"词语再检讨与民国北京政府》,《学术研究》2014 年第 9 期,第 105 页。民国时期大大小小的军阀割据一方,但是北洋军人的素质相对而言应该是比较高的,其军阀形象的建构更多的是被污名化的结果。

② 吕思勉:《秦汉史》,《吕思勉全集》第 4 卷,第 285 页。

③ 吕思勉:《吕著中国通史》,《吕思勉全集》第 2 卷,第 334 页。

不少学者都持类似的看法。

胡适在《南宋初年的军费》(1925 年)中引庄绰《鸡肋编》中记南渡军费二条为证,认为宋高宗和秦桧主张和议,"确有不得已的苦衷。……秦桧有大功而世人唾骂他至于今日,真是冤枉"。以南宋中兴诸将为军阀,胡适比吕思勉说得更加直白:"刘军仰给予漕司,岳军取给予酒库。此与今日军人靠盐税、鸦片为饷源者颇相同。"①胡适的观点与吕思勉《对于群众运动的感想》中军阀垄断财政之说相合。

周谷城于 1932 年任教暨南大学,以其"历史完形论"来指导编写《中国通史》。《中国通史》和《白话本国史》一样在民国时期风行一时。周谷城在《中国通史》中对南宋武人同样持批评态度,认为当时武人只顾私利,不肯牺牲,武人之间彼此内讧。和议在当时已大有人赞成,所引论据同样是《文献通考·兵考》中所收汪藻、胡寅二疏和叶适论四大屯兵,以及《金史·郦琼传》中郦琼对宗弼语以证之。周谷城的观点和论据与吕思勉并无二致,且同样深受赵翼影响。②

陈登原对秦桧的评价也是沿袭赵翼所论,认为"当和则和,可谓之智;不当和而和,则谓之闭。本可以制服敌人,而有意为之,则谓之奸人卖国。若谓低首外族,即是辱国辱种,不必问其应否低头者,

---

① 胡适:《南宋初年的军费》,《胡适文集》第 10 卷,第 119—120 页。原载《现代评论》第 1 卷第 4 期,1925 年 1 月。

② 《中国通史》仅下册所引赵翼所论计有《元建国号始用文义》《元代专用交钞》《元诸帝多不习汉文》《元制百官皆蒙古人为之长》《元世祖嗜利黩民》《元初诸将多掠人为私户》《明初文字之祸》《胡蓝之狱》《特简廷臣出守》《遣大臣考察官吏》《重惩贪吏》《外番借地互市》《海外诸番多内地人为通事》《天主教》《明末辽饷剿饷练饷》《明分封宗藩之制》《明代宦官》《魏阉生祠》《明乡官虐民之害》《明代先后流贼》。金毓黻谓周谷城录《廿二史札记》成说过多,"徒塞篇幅,不得谓为精心结撰"。(参见金毓黻:《静晤室日记》第七册,第5039 页)

此理义之说也,赵瓯北已为吾人非之矣。……且以桧之力持和议,为突然偶然者,亦不知历史的赓绩性者也。赵瓯北云:'宋之为国,始终以和议而存,以不和议而亡。'盖综观全局而得之结论"①。陈登原从五个方面入手,即以国富论,以当日之军队论,以将才论,以南宋文武矛盾论,以当时之军纪论,认为当时南宋万无战胜之理。陈登原未暗指岳飞为军阀,但对秦桧杀岳飞则颇有恕辞,"以杀岳飞而论,以死刑而加之政治意见不同者,吾人终嫌其不大方;虽然,时代之困人,对桧未可以十分苛求也!……桧之杀岳飞以成和议者非无因缘"。陈登原在其《高中本国史》中对南宋初年的形势还是认为当时"兵不是兵,将又非将,国事真糟透了"。② 引《文献通考》中胡寅、汪藻之议论为注解,并且以《鸡肋编》《金史·郦琼传》《廿二史札记》作为引申阅读。

　　胡适、周谷城、陈登原等学者对岳飞、秦桧的评价或以赵翼《廿二史札记》之"和议"为基础,或以《文献通考》中所载时人之政论为论据,或以当时军阀割据的现状有所为而发。据说胡适以吕思勉"在《白话本国史》中为秦桧辩护,有符于胡氏之意"③,而欲聘吕思勉到北大史学系任教。吕思勉与周谷城在中华人民共和国成立后同为上海史学会成员,但解放前似无交集。陈登原《历史之重演》由吕思勉作序。但却无法判断上述学者在岳飞、秦桧评价上是否为相互影响。

　　和吕思勉一样,周谷城、陈登原论秦桧、岳飞,大多也是引时人、

---

　　① 陈登元:《秦桧评》,《金陵学报》第1卷第1期,1931年5月,第28页。陈登元即陈登原。

　　② 陈登原:《高中本国史》,《陈登原全集》第15卷,杭州:浙江古籍出版社,2015年,第213页。

　　③ 顾颉刚:《顾颉刚日记》第10卷,北京:中华书局,2010年,第793页。

后人议论居多,对岳飞行迹考证的内容较少,金毓黻阅"陈登原撰秦桧、韩侂胄二评。有意为前人翻案,引据虽博,迄无一当,大抵称引宋人笔记中一、二似是而非之语,以曲证其说为是,如此读书则无往而不可通,所谓积非成是,涴黑为白,恶在其为可也"①。陈登原所引是否似是而非、曲证己说姑置不论,但其文中大量引用他人的观点和议论,对于历史事实本身的考证相当薄弱则无疑问。

　　1931 年九一八事变后,民族危机逐渐加剧,很多历史学家都从挽救民族危亡、振奋民族精神的立场来进行学术研究。涉及宋金的如陈乐素《宋徽宗谋复燕云及其失败》(1933 年),认为连宋徽宗都有志于恢复燕云十六州,现政府的不抵抗主义导致东北沦亡,其屈辱退让连昏君宋徽宗都不如。日本在东北、华北扶植伪政权,朱希祖撰《伪齐录辑补》《伪楚录辑补》,尽显借古说今之意。在此背景下,很多历史教科书以及通俗读物都将岳飞作为抵抗外敌入侵的英雄人物而阐扬其正面意义。章嵚在《中华通史》中叙述"乌珠等之变谋,宋廷非无御之之力,徒以误任秦桧之故,急遽求和,战胜而退师,敌之幸,我之祸也。而高宗构不察,诏诸师班师,不足,复谋所以死岳飞者,飞死而中原真不可复矣!……桧亦以飞不死,终梗和议,己必及祸,故力谋杀之"②。范作乘有通俗读物《岳飞》,认为"从中国历史上来看:每逢外族入寇,国家将亡的当儿,必有为国忘家的民族英雄出来,干那'保国''卫族'的伟大工作。在这两宋绝续之交,像宗泽、韩世宗、张浚、岳飞等,都是当时的民族英雄"③。

---

①　金毓黻:《静晤室日记》第六册,第 4332 页。

②　章嵚:《中华通史》第 4 册,上海:中华书局,1934 年,第 1038 页。乌珠即兀术(完颜宗弼),为乾隆时改辽、金、元三史译名时所改。

③　范作乘:《岳飞》,上海:中华书局,1935 年,第 1 页。

赵翼在《廿二史札记》"和议"条中尽管强调两宋均是以和而存，但宋南渡后也不无可乘之机，亦有机会恢复北土，一是金废刘豫之后，宋金开战，刘锜、韩世忠、岳飞、吴璘等人之捷，"使乘此势，策励诸将进兵，河以北虽不可知，而陕西、河南地未必不可得。乃当时君相急于求成，遽令班师，遂成画淮之局，此一失也"①。吕思勉、周谷城、陈登原等对赵翼所论"南宋恢复之机"都未加讨论。相反，沿袭岳飞、秦桧旧案定论的学者则大多都是从赵翼"南宋恢复之机"的观点加以引申发挥。朱偰从军事、财政、外交以及宋金两国的国力消长进行对比分析，认为绍兴十一年（1141年）之际宋是处于优势的一方，"宋内平群盗，肃清后方，财富积聚，日有增加，外摧强敌，将士用命，两河豪杰，纷起响应，金则自燕以南，号令不行，丧师败衄，士卒离心。从此论之，正千载一时之机会，纵使未必可以恢复河东河北，至少亦可以收回陕西河南，即欲议和，亦至少当坚持绍兴九年之成约"②。吕思勉认为秦桧所主持的绍兴九年合约于南宋有利，对绍兴十一年合约以"同情的了解"来解释南宋当局的苦衷。缪凤林则引绍兴十一年之合约以及金对宋之册命，认为"此表文与册命，同为吾民族有史以来最屈辱之外交文书，虽五季沙陀石敬瑭、重贵父子之于契丹，盖未尝有是也"③。

《宋史·岳飞传》多本于岳飞之孙岳珂《金陀萃编》，不可尽信。南宋时史书都无岳飞进军朱仙镇之事。南宋与金诸役，《宋史》《金史》记载不一，均有夸胜讳败之处，需两相参证。岳飞郾城、朱仙镇之捷，赵翼参以《金史》，以为"《宋史·岳飞传》所云克复京西州郡，

①　[清]赵翼著，王树民校证：《廿二史札记校证》下册，第587页。
②　朱偰：《宋金议和之新分析》，《东方杂志》第33卷第10号，1936年5月，第71页。
③　缪凤林：《中国通史要略》，长春：吉林人民出版社，2013年，第239页。

并遣梁兴会太行忠义及两河豪杰,累战皆捷者,必非虚语"①。吕思勉对岳飞、韩世忠的战绩评价不高,认为韩世忠江中之捷只是小胜。岳飞"郾城以外的战绩,就全是莫须有的"②。金毓黻认为岳飞战功的记载多有参差,考证岳飞战功主要有三:高宗四年收复襄阳六郡,绍兴五年平定杨幺,绍兴十年郾城大捷进军朱仙镇,"设于此时不挠于秦桧之主和,韩世忠、张俊、刘錡诸将之兵,分途并进,且为声援,则两河之收复,不过指顾间事"③。秦桧既持国柄,在编修国史时自将岳飞战功湮没。

　　吕思勉所据的《文献通考》所载汪藻、胡寅二疏及《金史》所载郦琼之语,也有学者认为不尽可靠,金毓黻以时人论诸将不善战之不可尽信,"汪藻所论,乃指初期之战况,非可概括于四年以后。至于胡寅所论,乃战时应有之情状,洎乎绍兴以后,则不尽如是,执此二疏为证,尚有时限不清之病。若郦琼所论,似非无故矣。然如韩岳刘吴诸大将,屡次获胜,必能身先士卒,不尽如琼所论,亦不得执此为诸将战功不可尽信之反证"④。梁园东则"按近人评论南宋诸将所征引《文献通考》诸书,实并非一般之论,在当时都各有所指。……马端临摭拾群言,笼统评论,已有未当"⑤。范文澜《中国通史简编》认为对于宋军的战斗力应该区别对待,"宋军最大部分如张俊、刘光世、杨沂中那些赵构亲信的将帅,正是郦琼所指腐朽必败的宋军。战争中长成的新军如岳飞、韩世忠所部,正是韩常所指勇

　　① [清]赵翼著,王树民校证:《廿二史札记校证》下册,第647页。

　　② 吕思勉:《白话本国史》,《吕思勉全集》第1卷,第312页。

　　③ 金毓黻:《宋国史所载岳飞战功辨证》,《中央大学文史哲季刊》第2卷第1期,1944年4月,第85—86页。

　　④ 金毓黻:《宋辽金史》,上海:商务印书馆,1946年,第75页。

　　⑤ 梁园东:《岳飞秦桧旧案》,《人文》第8卷第5期,1937年6月,第3页。

锐必胜的宋军"①。南宋诸将为军阀之论,梁园东认为不能将其与民国时期割据一方、横行不法的军阀相提并论,"南宋军人,替国家削平群盗,使国家统一,抗拒金人,时时规划收复失地,他们既未演出军阀的内乱,也未勾结外人以固其权位……南宋军人,我们是不应以唐末藩镇和民国以来军阀的眼光去观察的"。最后治岳飞的罪名还是"莫须有","设使岳飞果有军阀行径,那要找些专横不法的事实,岂不容易"。②

金毓黻、梁园东等人对将岳飞等同于民初军阀的认识进行了系统的批评。在材料上论证了胡寅、汪藻、郦琼等人之说不可靠,在史实上考证了岳飞之军功卓著。虽然没有指名道姓,但很明显应该是在批评吕思勉。③ 至于秦桧则未加深论,在抗战的时代背景下,秦桧作为汉奸卖国贼的代表人物已无争议。当然,对于各种批评意见,吕思勉也没有回应,可能未见上述诸人的论著。

四

对于岳飞的评价,本是学术问题。无论是吕思勉等指岳飞为军阀,还是金毓黻等推崇岳飞的民族精神,都是如此。历史学家当然不可避免地会从现实出发来研究历史,在历史研究中也不可能完全摆脱现实的影响,但是在具体论证中,则必须谨守学术规范。对于岳飞的评价当然必须建立在对历史事实考证的基础上,对历史人物

---

① 范文澜:《中国通史简编》,上海:新知书店,1947 年,第 409 页。

② 梁园东:《岳飞秦桧旧案》,《人文》第 8 卷第 5 期,1937 年 6 月,第 2—3 页。

③ 吕思勉自 1920 年起曾任教于沈阳高师,在此期间发表的不少政论和史学研究引起金毓黻的注意并在其日记中多有提及。就总体而言,金毓黻对《白话本国史》的评价相当高。1926 年后吕思勉就一直执教于上海光华大学,梁园东则任教于上海大夏大学,1937 年随大夏大学西迁贵州。1951 年,以大夏大学、光华大学为基础合并而组建华东师范大学。

评价在一定程度上带有相当的主观性,但考证则必须是"消灭自我"式的客观研究。历史学家作为历史学研究的主体,无论在人生经历、主观感情、宗教信仰、兴趣偏好等方面有多大的差异,但上述差异在考证上是体现不出来的。九一八事变后的历史研究固然要弘扬民族主义,激发民族自尊心和自信心,以达到史学经世的目的,但史学经世必须建立在严格的学术规范的基础上。历史学家推崇岳飞并不意味着就是要无限度地拔高岳飞,对岳飞的研究还是应该基于实事求是的原则。邓广铭的《岳飞》是重庆中国史学会主编的"中国历代名贤故事集"之一,这套通俗读物是为选择中国历史上之伟人而发扬伟人之精神,邓广铭认为岳飞的史料分南宋官方史书和岳氏子孙记载两大系统,需参互考订,特别值得注意的是为世人所艳称的朱仙镇之役出自岳珂记载,但是"在这本书(指《岳飞》)的正文中,我却没有一字道及……因为它不可靠"①。从宣传的角度来看,朱仙镇之役当然是极佳的素材,但从史料和考证的角度来看,朱仙镇之役至少存在着争议。

在民族主义氛围浓厚的时代背景下,学术问题很容易转变为政治问题。国民政府成立后,便积极推行"党化教育",教育行政委员会通过了《国民政府教育方针草案》,规定"应赶促审查和编著教科用的图书,使与党义及教育宗旨适合"。明确教科书应:"以不背本党的主义、党纲及精神,并适合教育目的、学科程度及教科体裁者为合格。"按此标准,《白话本国史》中有关岳飞、秦桧的论述当然是不能激发学生的民族精神,甚至与党化教育的宗旨相违背。1934 年开始的"新生活运动",岳飞以其忠君爱国的形象,成了运动典型。岳飞被宣传为"中华民族的伟人"和"革命军

---

① 邓广铭:《岳飞》,重庆:胜利出版社,1944 年,第 278—279 页。

人的模范"。① 在此背景下,《白话本国史》遭到查禁。1935 年 3 月,根据国民党上海特别市执行委员会训令,吕思勉《白话本国史》"南宋和金朝的和战第一节第二节内,持论确有悖谬之处。应予取缔"。5 月,《救国日报》报人龚德柏以吕著《白话本国史》中宋金和战一节的议论为由,向法院控告商务印书馆以及著作人吕思勉,连同为吕思勉辩护的《朝报》经理王公弢、主笔赵超构等犯外患罪及出版法,经上海地方法院检察官宣布判决,不予起诉。②

《白话本国史》的查禁和诉讼案,引发了当时学界的热议。熊梦飞提出历史教学应以"陶铸民族精神,训练公民道德为任务",《白话本国史》对民族英雄的事迹"或略而不述,或述而不详,或详而不加宣扬,反加曲解",不但"于教育政策上所赋予的使命既未能负荷",于历史学科所具有的本分"也不能做到好处"。③ 实际上就是主张历史研究和教育应当完全服务于政治。此后,《白话本国史》再版时曾对宋金和战的某些内容进行删改,极有可能系出版社所为,与吕思勉无关。

中华人民共和国成立之初即有一场关于岳飞评价的争论。按照马克思主义的阶级观点,岳飞是统治阶级中的人物,是站在广大劳动者对立面的剥削阶级。1951 年 5 月,中原大学的秦文夼在《岳飞到底算不算民族英雄》中批判了所谓的"岳飞的封建奴才思想",岳飞是"封建时代的平庸角色",更无端地将岳飞镇压农民起义与蒋介石安内攘外联系到一起,"假如当时人民因宋室的卖国,起来反

---

① 王萌:《吕思勉〈白话本国史〉查禁风波探析》,《华东师范大学学报》2015 年第 2 期,第 34 页。
② 李永圻、张耕华:《吕思勉先生年谱长编》上册,第 458、462 页。
③ 张耕华、朱伟明:《〈白话本国史〉的修订及相关问题的思考》,《华东师范大学学报》2015 年第 2 期,第 26 页。

抗,企图推翻宋室,朝廷召唤他回来镇压,我想他也一定是'先安内而后攘外',与人民为敌的"①。但是当时正值抗美援朝,需要将岳飞作为抵抗外来侵略的代表人物来进行宣传,故此秦文兮的观点几乎无人认同。从历史主义的立场出发,"当时抗战派的存在,保障了汉族民的半壁江山,保障了江南数千万人民的安定生活,保障了南宋统治区内生产事业的向上,岳飞虽不是抗战派的唯一领袖,而是几个重要领袖之一,他的存在,大大有助于当时的历史发展,完全符合人民的利益"②。在当时的抗美援朝运动中,历史学家的主要工作集中于研究中朝两国历史上的友好往来,批判美帝国主义的侵略扩张以及表彰中国人民抵抗外敌入侵的优良传统,借用吕思勉的说法,"借历史以激励爱国家、爱民族之心,用之太过亦有弊。不错,爱国家、爱民族,是确有其理的;而借历史以激励爱国家、爱民族之心,亦确是一个很好的办法。然而天下事总有一个适当的限度,超过这限度,就不是真理,而是出于矫揉造作的了,其事就不免有弊"③。至于岳飞镇压杨么起义的"污点",当时曾提出一个假说,即岳飞收编了农民起义军而进行抗金斗争,在民族矛盾尖锐的背景下阶级矛盾退居到了次要地位。岳家军"是汇合许许多多人民武装组成的军队,是民族的军队"④。

　　中华人民共和国成立后在相当长的一段时间里,对于民国时期岳飞与秦桧翻案的论争似乎已经淡忘。1958年"史学革命"的"拔

① 秦文兮:《岳飞到底算不算民族英雄》,《历史教学》第1卷第5期,1951年5月,第17—18页。

② 邢汉三:《论岳飞是不是民族英雄》,《历史教学》第2卷第1期,1951年7月,第29页。

③ 吕思勉:《历史研究法》,《吕思勉全集》第18卷,第58页。

④ 陈天启:《岳飞的民族英雄本色》,《历史教学》第2卷第3期,1951年9月,第21页。

白旗,插红旗"运动中,陈登原是西北大学的"白旗",又因《国史旧闻》稿酬与出版单位起了点争执,当时的批判论文和大字报都集中批判其"资产阶级"的考据学。陈登原三十年代替秦桧翻案在当时理应是绝好的批判材料,但却无人提及。郭沫若替曹操翻案后,历史人物翻案是当时史学界讨论的热点之一,1962 年 12 月 2 日的《文汇报》刊载《略论对历史人物的翻案》,错误地将 1923 年出版的《白话本国史》与 1931 年的"九一八事变"联系到一起,且在当时也未引发太大的反响。邓广铭作为研究岳飞的权威学者,在 1963 年《南宋对金斗争中的几个问题》中提到"从三十年前以来,就有人提出一种意见,以为: 在南宋初年,张韩刘岳等大将全是非常飞扬跋扈的,南宋政府对他们已经感到难以制驭和尾大不掉。……这样说,事实上就等于说岳飞之被害是完全应当的,是没有什么冤枉可言。这是为秦桧、赵构残害民族英雄的罪行喝采,是一种荒谬绝伦的议论!南宋初年的武将中诚然有些十分嚣张的,但岳飞的作风却不是那样。如果确是为想防制武将跋扈而杀一警百,则最先应当收拾的是刘光世和张俊,万无杀岳飞之理。今竟先从岳飞开刀,这就显见得是别有阴谋,是与所谓制裁武人一事全不相干的"①。邓广铭虽然没有点名,但其所论应该是针对吕思勉,而其论证的逻辑与梁园东差别不大。

　　但是从政治和宣传的角度来看,替秦桧这类卖国贼翻案似乎是一种"原罪",只要在适当的政治气候下总会被提出。1963 年周谷城在《艺术创作的历史地位》中提出了"时代精神汇合"论和"分别反映"论,姚文元批判周谷城的时代精神不应是无差别的精神汇合,而只能是时代的"革命精神",由此引发了对周谷城文艺美学思想的大

---

① 邓广铭:《南宋对金斗争中的几个问题》,《历史研究》1963 年第 2 期,第 31 页。

规模的批判，并进而对周谷城历史学的批判。1964 年 9 月《红旗》中《周谷城是怎样袒护秦桧、赞成投降、诋毁主战派的》一文将岳飞、秦桧旧案重提。在岳飞、秦桧问题上对周谷城进行批判，很明显是站到了道德的制高点，"后世一致唾骂卖国投降的秦桧与赵构，抗金的英雄岳飞则永远为人民所尊敬。这本是历史的公论"①。周谷城为秦桧翻案就是在宣扬投降主义，是有其时代背景的，"当时日本帝国主义正加紧进行诱降活动，汪精卫已经公开叛国投敌，蒋介石反动集团是假抗日，真反共。周谷城在这时候为南宋大汉奸秦桧翻案，这实质上是为蒋介石卖国集团的投降活动寻找历史依据"②。这种在没有任何直接证据的前提下，将研究内容与时代背景进行比附。政治批判不是平心静气、有理有据的学术讨论，后者注重史料考证，讲求学术规范。对于前者则政治正确是必须摆放在第一位的，在政治批判的语境下被批判者是不可能得到为自己公平申辩的机会的。

　　"文华大革命"结束后的学术研究工作得以正常开展，对于岳飞的评价基本上都是以正面肯定为主，而对吕思勉《白话本国史》中的岳飞评价也趋于客观。2000 年华东师范大学拟重新出版《白话本国史》，有关部门的审读意见提到《白话本国史》中关于岳飞的一些有争议的文字，认为"并不是说韩、岳的军队是强盗。说他们'骄横'，可能也是事实，因当时朝廷很软弱，一味求和，而他们主战，对朝廷就有点强头强脑。本书的这段文字，其实并没有丑化岳飞"③。

　　① 关履权：《谈"绍兴和议"后的宋金"和平"局面——驳周谷城为秦桧开脱罪行的谬论之一》，《历史教学》1964 年第 11、12 期，第 9 页。

　　② 林夫：《湖北省历史学会集会批判周谷城的反动历史观》，《江汉学报》1964 年第 6 期，第 61 页。

　　③ 李永圻、张耕华：《吕思勉先生年谱长编》下册，第 1099 页。

上海古籍出版社于 2005 年将《白话本国史》作为"吕思勉文集"第一种出版。其后各出版社纷纷重版《白话本国史》①，充分说明在当下社会中，吕思勉在《白话本国史》中对岳飞的评价并不是作为一种负能量的存在。

学术与政治应当是不可能完全割裂开来的。历史学服务于现实的先决条件是求真，即必须建立在历史真实的基础上方才能谈得上历史学的致用。《白话本国史》中有关岳飞、秦桧的论述，无论赞成或是反对，都离不开对历史事实的考证。若是以政治标准代替学术标准，先从预设的政治立场出发，结论先行，材料后补，显然是与历史学求真之旨相背离。

第三节　吕思勉与陈寅恪对崔浩的研究及评价

陈寅恪与吕思勉同为严耕望所推重的近代四大史学名家。两人在史学研究中的某些具体的学术观点上有不少相似之处，如唐高祖称臣突厥事便是。② 但亦有不少相异之处，如北魏前期崔浩国史案便是。本节拟以陈寅恪与吕思勉对崔浩的研究为例，来分析两者在考证方式、历史解释、人物评价乃至对魏晋南北朝时期历史的整体认知等方面的异同。

---

① 根据《吕思勉先生年谱长编》，至 2012 年重版的《白话本国史》有：新世界出版社 2008 年版（改名《中国通史》），长征出版社 2008 年版（改名《吕思勉讲史》），中国友谊出版公司 2009 年版，中国言实出版社 2010 年版，中国华侨出版社 2010 年版（改名《中国史》），湖南文艺出版社 2011 年版（改名《中国大历史》），武汉出版社 2011 年版（改名《中国通史》），中国致公出版社 2011 年版（改名《中国通史》），中国纺织出版社 2012 年版（改名《中国通史》），外文出版社 2012 年版（改名《中国通史》），吉林出版集团 2012 年版（改名《大中国史》），中国华侨出版社 2012 年版（改名《中国大历史》）。

② 张耕华：《陈寅恪、吕思勉治史风格的异同——以唐高祖称臣突厥之考辨为例》，《学术月刊》2013 年第 2 期，第 132—140 页。

一

崔浩为北魏名臣，《魏书》卷三五《崔浩传》对其生平仕宦记载颇详，《北史》卷二一《崔宏传附子浩传》多取材于《魏书》。关于崔浩，最有争议的便是著名的国史案。按《魏书·崔浩传》：

> 真君十一年六月诛浩，清河崔氏无远近，范阳卢氏、太原郭氏、河东柳氏，皆浩之姻亲，尽夷其族。初，郄标等立石铭刊《国记》，浩尽述国事，备而不典。而石铭显在衢路，往来行者咸以为言，事遂闻发。有司按验浩，取秘书郎吏及长历生数百人意状。浩伏受赇，其秘书郎吏已下尽死。①

仅就此段记载本身来看就不乏疑点：崔浩案的起因是《国记》，最后的罪名却是"受赇"。《国记》既然"备而不典"，何必立石铭刊。《国记》为崔浩所为，但却牵连其众多姻亲一概灭族。若果将上引国史案与其他史料相比勘则疑点更多，故引起了很多治魏晋南北朝学者的关注。陈寅恪和吕思勉的研究应该是较有代表性的观点。

陈寅恪和吕思勉对于崔浩的研究，首先是构建魏晋南北朝时期这一长时段历史发展的基本框架，然后在其框架的基础上再综合运用史料进行分析论证。

陈寅恪对于魏晋南北朝历史发展的分析主要是基于统治阶级中士、庶的分野以及两者之间的斗争来展开：

> 东汉中晚之世，其统治阶级可分为两类人群：一为内廷之阉宦。一为外廷之士大夫。阉宦之出身大抵为非儒家之寒族，所谓"乞匄携养"之类。……当东汉之季，其士大夫宗经义，而

---

① ［北齐］魏收：《魏书》卷三五《崔浩传》，北京：中华书局，1999 年，第 558 页。

阉宦则尚文辞。士大夫贵仁孝，而阉宦则重智术。盖渊源已异，其衍变所致，自大不相同也。魏为东汉内廷阉宦阶级之代表，晋则外廷士大夫阶级之代表。故魏、晋之兴亡递嬗乃东汉晚年两统治阶级之竞争胜败问题。自来史家惟以曹魏、司马晋两姓之关系目之，殊未尽史事之真相也。本来汉末士大夫阶级之代表人袁绍，其凭藉深厚，远过于阉宦阶级之代表人物曹操，而官渡一战，曹氏胜，袁氏败。于是当时士大夫阶级乃不得不隐忍屈辱，暂与曹氏合作，但乘机恢复之念，未始或忘也。……（司马懿）乘曹氏子孙孱弱昏庸之际，以垂死之年，奋起一击。二子师、昭承其遗业，终于颠覆魏鼎，取而代之，尽复东汉时代士大夫阶级统治全盛之局。①

陈寅恪认为司马氏出身于东汉儒家大族，其推行的一系列施政措施正符合门阀士族的政治理想。西晋灭亡后的学术文化从政治中心散落至各地，而以各地之名族盛门为之维系，导致了学术文化地方化与家族化的趋势，清河崔氏正是东汉以来门阀士族经永嘉之乱后未能南渡之代表。就当时中国北方而言，"统治权虽在胡人之手，而其地之汉族实远较胡人为众多，不独汉人之文化高于胡人，经济力量亦远胜于胡人，故胡人之欲统治中国，必不得不借助于此种汉人之大族，而汉人大族亦欲藉统治之胡人以实现其家世传统之政治理想，而巩固其社会地位。此北朝数百年间胡族与汉族互相利用之关键，虽成功失败其事非一，然北朝史中政治社会之大变动莫不与此点即胡人统治者与汉人大族之关系有关是也"②。简言之，北

---

① 陈寅恪：《书世说新语文学类钟会撰四本论始毕条后》，《金明馆丛稿初编》，北京：三联书店，2011年，第48—49页。

② 陈寅恪：《崔浩与寇谦之》，《金明馆丛稿初编》，第141—142页。

朝少数民族统治者和汉族门阀是互相利用的关系,崔浩欲借助少数民族统治者恢复其门阀士族的政治理想与少数民族统治者发生了矛盾,正是其身死族灭的根本原因。

陈寅恪以统治阶级内部矛盾为基点来解释北朝史,吕思勉则是将汉族和少数民族均视为整体,从民族矛盾的视角来解释北朝史。

吕思勉以八王之乱后中央政府解纽,北方少数民族势力日盛,南方由于少数民族势力稍逊而得以建立东晋及宋、齐、梁、陈四朝。北方始终处于少数民族的统治之下,有些政权虽然是汉族建立的,但基本上已经胡化了。少数民族的统治者"残暴不仁的人极多,其最甚的,就是刘聪、刘曜、苻生、赫连勃勃等"①,文明程度比较高的如鲜卑慕容氏、氐族苻坚、孝文帝等只是少数。在五胡之中,以鲜卑拓跋氏最为残暴。北魏能够统一北方的进程是非常残酷的,"作战之时,又以中国人为步兵,为前驱,而他们自己的马兵,却在后监督。有作战不力,或意图反正的,便都把他处死。其强迫作战的方法如此,至于行军时的残虐,更书不胜书。所以他入据中原以来,反抗络绎不绝"②。

在民族矛盾以及民族斗争的视角下,"自永嘉丧乱,至于晋末,中原沦陷,已逾百年。是时民族意识,尚未光昌,史家仅录官书,或载士大夫言行、家世;又好文饰,往往以辞害意,失事实之真;以致异族野蛮横暴,及我民族吞声饮泣,冒死反抗之迹,可考者甚希。然谓我人民遂甘心屈服于异族,则决无此理。当时坞堡之主,山泽之雄,切齿腐心,誓鉏非种,而名湮没而不彰者,不知凡几"③。崔浩正是在上述时代和社会背景之下从事民族斗争的代表人物。崔浩之死

---

① 吕思勉:《白话本国史》,《吕思勉全集》第 1 卷,第 216 页。
② 吕思勉:《论学丛稿·民族英雄盖吴的故事》,《吕思勉全集》第 11 卷,第 560 页。
③ 吕思勉:《两晋南北朝史》,《吕思勉全集》第 5 卷,第 254 页。

是民族矛盾的结果。

除了崔浩,吕思勉对于魏晋南北朝时期其他历史人物评价的出发点,基本上也都是基于民族主义的立场,例如:

> 帝(司马睿)之本志,盖仅在保全江表,而不问北方,即王导之志亦如此,故能志同道合。东晋之所以能立国江东者以此,其终不能恢复北方者亦以此。以建国之规模一定,后来者非有大才,往往不易更变也。

> (宋武帝)其才不可谓不雄。然猜忌亦特甚。……并时流辈,既已诛夷,而所卵翼成就者,不过战将,资名相埒,莫能相统,关中且以此不守,更无论进图恢复矣。诒元嘉以北顾之忧,不得谓非谋之不臧也。

> 梁武得国,魏政日衰,继以内乱。……此数十年,实为南方极好之机会。生聚教训,整军训武;恢复国土,攘除奸凶;在此时矣。乃不徒不能发愤为雄,并政刑亦甚废弛,致有可乘之机会而不能乘,而反以招祸,此则可为痛哭流涕者也。

> 从来人君得国,无如陈武帝之正者。……人君之责,在于内安外攘而已。当强敌侵陵,干戈遍地之际,岂可以十余龄之稚子主之哉? 陈武帝与宋武帝,并有外攘之功……论其功绩,则陈武实在宋武之上。[①]

值得注意的是王导,吕思勉强调的是其"不能恢复北方"的消极面。陈寅恪则看重其"保全江表",重建东晋门阀政治的积极面,即"王导之笼络江东士族,统一内部,结合南人北人两种实力,以抵抗外侮,民族因得以独立,文化因得以延续,不谓民族之功臣,似非平

---

① 吕思勉:《两晋南北朝史》,《吕思勉全集》第 5 卷,第 76、212、397—398、463 页。

情之论也"①。

二

从发表时间上来看,吕思勉《崔浩论》刊于 1944 年 12 月之《星花：文艺春秋丛刊之二》,《崔浩魏记》刊于 1947 年 7 月 2 日《东南日报》之"文史"副刊,后者主要讨论的是北魏史学。陈寅恪《崔浩与寇谦之》刊于 1950 年 12 月之《岭南学报》第 11 卷第 1 期。② 陈文晚出,且提到有论者以崔浩"具有民族意识,因而被祸",但未具体指明何人,很难判断陈寅恪对吕思勉所论是否了解。③ 另据吕思勉之女吕翼仁回忆,吕思勉的《两晋南北朝史》作于日寇入侵之时,"论述五胡的部分,因为激扬民族主义,不免稍失其平,以后有机会还要修改"④。历史上的五胡都已融入中华民族中,与日本帝国主义不能相提并论,"稍失其平"可能系指对少数民族统治者的负面评价。

对于历史人物的研究当然必须建立在历史事实的基础上,而历史事实则离不开考证。正史中关于崔浩被祸的史料最主要的有如下三条：

> 史料(1)：《魏书·崔浩传》："真君十一年六月诛浩……浩尽述国事,备而不典。而石铭显在衢路,往来行者咸以为言,事

① 陈寅恪：《述东晋王导之功业》,《金明馆丛稿初编》,第 77 页。

② 万绳楠 1947—1948 年在清华大学历史研究所听陈寅恪讲授所录笔记(以《陈寅恪魏晋南北朝史讲演录》为名整理出版)中已有关于崔浩的基本论述,故陈寅恪的很多研究成果不能以发表时间论其先后。

③ 1949 年 4 月 3 日香港《星岛日报》刊有张为纲记陈寅恪《五胡问题及其他》,中有"近人吕思勉氏谓"云云。(参见李永圻、张耕华：《吕思勉先生年谱长编》下册,第 873 页)吕思勉亦颇留意于陈寅恪的相关研究,例如《隋唐五代史》中曾引《唐代政治史述论稿》中关于李唐先世的考证。

④ 吕翼仁：《先父吕思勉在抗战中的生活片断》,俞振基：《蒿庐问学记：吕思勉生平与学术》,第 213 页。

遂闻发。有司按验浩,取秘书郎吏及长历生数百人意状。浩伏
受赇,其秘书郎吏已下尽死。"①

　　史料(2):《宋书·柳元景传》:"元嘉二十七年,虏主拓跋
焘南寇汝、颍,浩密有异图,光世要河北义士为浩应。浩谋泄被
诛,河东大姓坐连谋夷灭者甚众,光世南奔得免。"②

　　史料(3):《魏书·卢玄传》:"浩大欲齐整人伦,分明姓族。
玄劝之曰:'夫创制立事,各有其时,乐为此者,讵几人也? 宜其
三思。'浩当时虽无异言,竟不纳,浩败颇亦由此。"③

　　吕思勉的考证,首先是证《魏书·崔浩传》之说不足信。其次证
《宋书·柳元景传》中崔浩之义图为事实。最后,以《魏书·崔浩传》
为旁证证崔浩之民族思想。崔浩因国史案而开罪很多权贵当为事
实,"当时于浩,多有不满,致魏朝得借以为浩罪状"④,国史案只能
说是崔浩案的导火索⑤,但其案之真相疑点重重,几乎所有的相关
研究都不简单地归于修国史获罪。吕思勉并引《北史·高允传》以
证国史入罪只为表象。崔浩案当时牵连甚广,众多高门尽被夷族,
吕思勉以《宋书·柳元景传》为可信,并引《魏书·卢玄传》推测范阳
卢氏亦参与其间。吕思勉并以《魏书·崔浩传》为基础,列举在北魏
统一北方的过程中,凡是对夏、北凉、北燕等政权以及其他少数民族
用兵,崔浩无不赞成,而对南朝的战争,崔浩无不反对。以此证崔浩
之民族思想。吕思勉另以《南史·毛修之传》考证寇谦之亦具民族

---

① [北齐] 魏收:《魏书》卷三五《崔浩传》,第 558 页。
② [梁] 沈约:《宋书》卷七七《柳元景传》,北京:中华书局,1999 年,第 1316 页。
③ [北齐] 魏收:《魏书》卷四七《卢玄传》,第 707 页。
④ 吕思勉:《读史札记·崔浩魏记》,《吕思勉全集》第 10 卷,第 1098 页。
⑤ 按《北史·魏收传》云:"(文宣)帝敕收曰:'好直笔,我终不作魏太武,诛史官。'"
可知崔浩直笔亦是其获罪原因之一。

思想。崔浩不好老庄,但却师事寇谦之,受其法术,正在于此。而与崔浩交往相善的如王慧龙等人都是如此。吕思勉以《宋书·柳元景传》为主要依据,是基于对这一时期史书史料价值的认识,即"自来修史者,于魏事多取《魏书》,于南朝之纪载,所取甚罕,意谓敌国传闻之辞,必不如其人自述者之可信也,而孰知适得其反"①。

陈寅恪以魏晋以来士庶地位升降变迁入手,论述崔浩的家世门第为北朝第一盛门并为儒家领袖,而其政治理想则与以两晋司马氏为代表的世家大族相合辙,崔浩本人欲凭藉鲜卑统治者而推行其贵族政治理想。《魏书·卢玄传》所记正其所败之由。《宋书·柳元景传》中的记载则不足为据。崔浩与寇谦之均出身于当时的高门大族,两人的政治理想亦深相契合,社会阶级意识超出了胡汉民族意识。崔浩欲效法司马氏之施政推行其政治理想,最终触怒鲜卑而遭祸。

总括起来,吕思勉和陈寅恪都认为史料(1)不足为据,吕思勉以史料(2)为基础立论,陈寅恪则以史料(3)来进行立论。无论是吕思勉还是陈寅恪,在考证时所用的材料皆为正史,一是因为研究魏晋南北朝的史料除了正史以外,其他史料包括野史、杂史、笔记、碑刻等实在寥寥无几,另一方面也是因为吕思勉和陈寅恪都强调正史具有权威性。而吕思勉和陈寅恪之所以对崔浩的研究结论不同,是因为其对魏晋南北朝史的整体认知不同。他们的研究都是从整体出发来认识部分。整体应该是优于部分的,正如我们观察某个人的外貌,肯定是观察其整体,从整体出发而及部分,不会反过来先观察五官、躯体、四肢等部分,由部分而组合成整体。历史研究应该也是如此,"目能见六合之大,再回过来治一部分的事情,则其

---

① 吕思勉:《读史札记·论魏史之诬》,《吕思勉全集》第10卷,第799页。

所从事者不至于无意义"①。当有了对某个历史时代的整体认知以后，由整体而及部分。吕思勉和陈寅恪均在其对于魏晋南北朝史整体认知的基础上，分别以史料（2）和史料（3）为基础，从而得出相异的结论。

但是相比之下，陈寅恪的考证显得比较枝蔓。《崔浩与寇谦之》考证寇谦之出身为秦雍大族，其所改进之新道教与崔浩之家世背景以及政治理想尤为契合。旁征博引其他相关史料以考证寇谦之从佛教徒输入的天算医药之学，来改进其家世所旧传之道教。其引《魏书·释老志》与《魏书·殷绍传》来解释殷绍、成公兴、寇谦之三人之关系，进而论述佛教借医学、算学而得以传播，而西方传入的天算医药之学又为寇谦之所接受并加以改进旧道教。寇谦之既受佛教影响而习得天算医药之学，"不得不又从佛教徒模袭其输入之律藏以为清整之资，此自然之理也。……掇拾遗散，取其地僧徒不传之新学，以清整其传之旧教，遂诡托神异，自称受命为此改革之新教主也"②。《魏书·释老志》中记寇谦之"天神交接"受太上老君云中音诵之戒以清整道教。明显是与佛教拟配之戒律，此种做法又系魏晋南北朝时所通行的"格义"，而其配拟的结果必然是"专以礼度为首"。道教经典中"种民"含有"种姓"之义，兼括道德善恶与阶级高下之义，故与崔浩政治理想契合。除了"天神交接"外，"手笔粲然"是崔浩与寇谦之的另一契合点。陈寅恪又考证两者均善书法。陈寅恪于寇谦之部分的考证枝节比较多，很难突出重点。这种现象在陈寅恪的论文中比较常见，故此当时就有不少学者都认为陈寅恪的文章"实在写的不高明"，"冗沓而多枝节，每一篇若能删去十之三四

---

① 吕思勉：《中国史籍读法》，《吕思勉全集》第18卷，第343页。
② 陈寅恪：《崔浩与寇谦之》，《金明馆丛稿初编》，第135页。

始为可诵"。①

　　吕思勉和陈寅恪对于崔浩的研究都是基于史料而进行考证,由于史料不足得出结论亦不相同。但是在缺乏直接史料的情况下,仅依靠间接史料与历史事实发展先后的逻辑顺序来进行研究而得出结论,则是为推测。杨鸿烈引《宋书·柳元景传》"浩密有异图"之语,认为崔浩之死"或与此项阴谋不无关系"。杨鸿烈还根据《宋书·柳元景传》提出另一种假设,即柳光世与崔浩的密谋在元嘉二十七年,当时北魏南征失败,"大概崔浩等的惨死,也不过是出于托(拓)跋焘战败迁怒,因而演成人类屠杀的一幕悲剧罢了"②。拓跋焘由于战败泄愤而族灭崔浩,此种推测自然是毫无史料上的根据,只是根据历史事实时间上的先后顺序而做的推测。对于崔浩国史案另有一种观点认为是当时佛道相争的结果③,即太武帝太子拓跋晃奉佛而崔浩事道,先是太子晃之师玄高被杀,道教先胜一场,但后来崔浩却亦因此受祸,"这个说法未免把佛道之争看得太重",但最根本的还是缺乏史料上的依据,亦属推测。且以佛道之争来解释崔浩国史案很难自圆其说,"范阳卢氏固有奉道可能,太原郭氏河东柳氏便很难推定。决不至仅因宗教之争而如此牵连"。④

---

　　① 罗志田:《陈寅恪的文字意趣及其"独立精神"》,《经典淡出之后——20世纪中国史学的转变与延续》,北京:生活·读书·新知三联书店,2013年,第132页。罗志田则认为"陈先生行文,也未必像一般认知的那样缠绕,不过稍更注重余音绕梁一面,与今日文尚简白世风不协"。

　　② 杨鸿烈:《后魏司法上因种族成见牺牲的大史案》,《杨鸿烈文存》,南京:江苏人民出版社,2016年,第329—330页。原载《中华法学杂志》1937年第8期。

　　③ 按《魏书·释老志》云:"(太武帝)诏诛长安沙门,焚破佛像……始谦之与浩同车驾,与浩争,浩不肯,谓浩曰:'卿促年受戮,灭门户矣。'"此当为佛道之争的史料依据。陈寅恪和吕思勉均未论述崔浩与寇谦之在佛道关系上的分歧。

　　④ 周一良:《北朝的民族问题与民族政策》,《周一良全集》第1卷,第126页。

三

历史学的学科性质一直以来都有争议，但对于历史事实的考证则属科学。从研究的方法来看，"历史的研究，如果不仅仅视历史为娱乐的故事，从史料的观察，史料的搜集，史料的鉴定，以至史料的编比，史文的造作，史律的推究"，都要遵循"科学所使用的方法，亦即历史学所需要的方法"。[①]

陈寅恪和吕思勉在史学考证领域中成就卓著，吕思勉《历史研究法》等论著更将考证上升至方法论的高度。在通常情况下，不同的研究者使用同样的材料，运用同样的方法进行考证，理应得出同样的结论。但是陈寅恪和吕思勉对于崔浩国史案的研究结论却截然相反，造成此种差异最根本的原因毫无疑问是史料匮乏。崔浩案件牵连甚广，而相关的原始资料大概也随之销毁。正史中的相关记载非常之少，史料与史料之间的缺环和漏洞实在太多，根据极少的史料要将崔浩国史案完全考实是比较困难的。

正因为史料匮乏，所以可以对史料做出南辕北辙的解释。《魏书·崔浩传》中记载崔浩屡阻北魏南征并极力赞同对北方少数民族政权用兵。吕思勉以此论证崔浩心存华夏的民族意识，陈寅恪则认为"此正〔崔〕浩之善于为鲜卑谋，非有夷夏之见存乎其间也。盖鲜卑当日武力虽强，而中国北部汉族及其他胡族之人数远超过于鲜卑，故境内未能统一，且西北方柔然及其他胡族部落势力强盛，甚为魏之边患，此浩所谓未能一举而定江南者也。若欲南侵，惟有分为数阶段，节级徐进"[②]。同样的史料，吕思勉解释为崔浩"诡辞饰

① 李则纲：《历史学与科学》，《学风》第 5 卷第 1 期，1935 年 2 月，第 10 页。
② 陈寅恪：《崔浩与寇谦之》，《金明馆丛稿初编》，第 151 页。

说",以证崔浩夷夏之辨的民族意识,陈寅恪则解释为其"善为鲜卑谋",以证崔浩的社会阶级意识。南朝刘宋并非出身高门而为崔浩所鄙视,故其不可能心存刘宋。两种观点截然对立,但却很难判断两种解释孰是孰非,按照戴名世的说法,"夫与吾并时而生者,吾誉之而失其实,必有据其实而正之者;吾毁之而失其实,其人必与吾争辩而不吾听也。若乃从数十百年之后,而追前人之遗迹,毁之惟吾,誉之惟吾,其人不能起九原而自明也"①。"其人不能起九原而自明"使得对于崔浩是心存华夏还是善为鲜卑谋的解释陷入困境。

以"齐整人伦,分明族姓"来论证崔浩之被族灭,当然需要从崔浩政敌的角度来考量其被祸之由,与高门士族相对立的寒门庶族,"其力必不能杀浩",首先被陈寅恪排除。陈寅恪引《魏书·王慧龙传》中崔浩与长孙嵩的争论推断崔浩与鲜卑部落酋长矛盾甚深,"故杀浩者必为鲜卑部落酋长,可以无疑"②。谷霁光则认为以崔浩为代表的门阀势力的滋长与当时中央集团的君主政体大相违背,门阀政治与皇权政治的矛盾不可调和,"如果北魏君主,认门阀势力确于皇权有损,便会不惜牺牲,谋一彻底解决;二者不并立,冲突必不能免……崔浩被诛,显然是皇权得着胜利"③。崔浩被诛的相关谋主史书没有记载,陈寅恪与谷霁光的两种解释不同但均能自圆其说,同样亦难以断定孰是孰非。

历史事实是已逝的,不可再现的,历史事实只能通过史料的形式得以保存。与中国近代以来史料浩如烟海、汗牛充栋不足语其多

---

① 〔清〕戴名世著,王树民点校:《史论》,《戴名世集》,北京:中华书局,1983年,第403页。

② 陈寅恪:《崔浩与寇谦之》,《金明馆丛稿初编》,第153页。

③ 谷霁光:《崔浩国史之狱与北朝门阀》,《谷霁光史学文集》第4卷杂著,南昌:江西人民出版社、南昌:江西教育出版社,1998年,第162页。原载1935年9月17日《益世报》(天津)。

的情况相比,中国古代史,尤其是上古、中古时期的史料相当之少,"画鬼容易画犬马难,著史书不将具有同感乎? 盖著远古史易而著近代史难也"①。邓之诚《中华二千年史》"不肯轻谈古史,正是他高明过人处"②。在史料极度缺乏的情况下,研究的结论不可避免地会出现差异,且不可通约。这样,各人的研究结论在多大程度上是与历史事实相符合的,就难以判断,在某些情况下既难以证实,亦难以证伪,借用辛德勇的看法,有些论述"不是用实证的方法所能够获取读者认可的,信与不信,还是由你","或者也可以说是信不信由你的事情"。③

在考证的基础上,陈寅恪和吕思勉对崔浩其人的评价都是从正面予以肯定。吕思勉从民族斗争的角度出发,认为"(崔)浩仕魏历三世,虽身在伪朝,而心存华夏,虏欲猾夏时,恒诡辞饰说,以谋匡救;而又能处心积虑,密为光复之图;其智深勇沈,忍辱负重,盖千古一人而已。徒以所事不成,遂至所志不白"④。陈寅恪则认为以清河崔氏为代表的世家大族在学术文化上具有极高的地位,其所欲推行的政治理想对少数民族来说是进步的,"汉化在胡族中是一种潮流,但在这种潮流中,也有反汉化的逆流。……在某一个时期,逆流也可能大于正流。在北魏前期的汉化中,逆流要大于正流。这可从崔浩事件中得到说明"⑤。但是对于北方少数民族来说,汉化始终是大势所趋。

---

① 絜非:《新书评介·中国近代史》,《图书展望》第 2 卷第 1 期,1936 年 11 月,第 24 页。

② 徐世勋:《评中华二千年史》,《图书季刊》第 2 卷第 2 期,1935 年 6 月,第 1 页。

③ 辛德勇:《制造汉武帝》,北京:生活·读书·新知三联书店,2016 年,第 4—5 页。

④ 吕思勉:《论学丛稿·崔浩论》,《吕思勉全集》第 12 卷,第 867 页。

⑤ 万绳楠整理:《陈寅恪魏晋南北朝史讲演录》,贵阳:贵州人民出版社,2012 年,第 206 页。

　　上述陈寅恪和吕思勉对崔浩的评价都是正面的，只是其侧重点有所不同，从中亦可看出陈寅恪和吕思勉对于魏晋南北朝历史发展基本线索的认识。吕思勉将魏晋南北朝史看成民族斗争史，故以华夷之辨的民族主义来评价崔浩。中国古代对于少数民族有"夷狄入中国则中国之"的用夏变夷观，陈寅恪则将其提升为种族文化论的文化民族主义，即民族之间的差别不在种族而在文化，"当时之所谓胡人汉人，大抵以胡化汉化而不以胡种汉种为分别，即文化之关系较重而种族之关系较轻，所谓有教无类者是也"①。汉化应当是魏晋南北朝时期少数民族的发展趋势，对这一时期历史人物的评价也应该以此为主要标准。

---

　　① 陈寅恪：《隋唐制度渊源略论稿·唐代政治史述论稿》，北京：生活·读书·新知三联书店，2001年，第79页。